U0650212

全国铁道职业教育教学指导委员会规划教材

高等职业教育城市轨道交通运营管理专业系列规划教材

城市轨道交通车辆

赵文辉　主　编

王丽红　副主编

中国铁道出版社

2 0 1 8 年·北京

内 容 简 介

本书是全国铁道职业教育教学指导委员会规划教材、高等职业教育城市轨道交通运营管理专业系列规划教材。全书共分为八个项目,包括:城市轨道交通车辆基本认知、城市轨道交通车辆的车体结构和车门结构及操作、城市轨道交通车辆转向架认知、城市轨道交通车辆连接装置认知、城市轨道交通车辆制动系统认知、城市轨道交通车辆空调系统认知、列车控制和监控系统认知、列车乘客信息系统和广播系统认知等。

本书可作为高职、中专院校城市轨道交通运营管理专业及相关专业的教材和教学参考书,也可供从事城市轨道交通运营管理的专业技术人员参考。

图书在版编目(CIP)数据

城市轨道交通车辆/赵文辉主编 . —北京:
中国铁道出版社,2013.8 (2018.8重印)
全国铁道职业教育教学指导委员会规划教材 . 高等职
业教育城市轨道交通运营管理专业系列规划教材
ISBN 978-7-113-16782-0

Ⅰ.①城… Ⅱ.①赵… Ⅲ.①城市铁路—铁路车辆—高
等职业教育—教材 Ⅳ.①U239.5

中国版本图书馆 CIP 数据核字(2013)第 195975 号

书　　名:城市轨道交通车辆
作　　者:赵文辉　主编

责任编辑:金　锋　悦　彩　　电话:010-51873125　　电子信箱:jinfeng88428@163.com
封面设计:崔丽芳
责任校对:马　丽
责任印制:李　佳

出版发行:中国铁道出版社(100054,北京市西城区右安门西街 8 号)
网　　址:http://www.tdpress.com
印　　刷:三河市宏盛印务有限公司
版　　次:2013 年 8 月第 1 版　　2018 年 8 月第 3 次印刷
开　　本:787mm×1092mm　　1/16　　印张:10.25　　字数:253 千
印　　数:6 001~9 000 册
书　　号:ISBN　978-7-113-16782-0
定　　价:28.00 元

前言

PREFACE

　　随着经济的快速发展,我国城市规模不断扩大,城市人口飞速增长,目前,我国百万人口以上的城市达 50 多个,还有千万以上的特大城市,如上海、北京、广州、深圳等。而我国城市交通建设长期处于基础落后、形式单一的状态,严重制约了城市经济的发展和居民的正常出行。以发展轨道交通为主,以其他交通方式为辅,形成一个立体的城市公共交通运输网络是解决城市交通拥堵的有效措施。近年来,全国各大中城市如上海、北京、沈阳、成都、广州、深圳、南京、重庆、南宁、杭州、长沙、昆明、无锡等都在规划发展和完善城市的轨道交通运输网。行业的发展,使相关的轨道行业技术人才的需求大增。

　　城市轨道交通车辆是城市轨道交通体系中最重要的设备之一,对城市轨道交通运输的安全、高效、优质服务具有重要意义。它是集多种新材料、新工艺、新技术于一体的综合性设备,城市轨道交通列车的技术发展也非常迅速。

　　本教材按照全国铁道职业教育教学指导委员会面向"十二五"规划教材的编写要求,结合高等职业教育,以上海、北京、广州、深圳等地铁车辆为例来编写,主要介绍了城市轨道交通车辆中具有代表性的结构、原理、设备的用途和作用,常见故障的处理等。全书采用项目和典型工作任务的编写体系,理论和实践相结合,强调以学生为中心,突出职业能力培养。

　　本教材由湖南铁路科技职业技术学院赵文辉任主编、郑州铁路职业技术学院王丽红任副主编,湖南铁路科技职业技术学院杨晓林、南京铁道职业技术学院李宇辉参与编写。具体编写分工如下:项目 1 中的典型工作任务 1 和 2、项目 2 中的典型工作任务 1 和 2、项目 7 和项目 8 由赵文辉编写,项目 3、项目 4、项目 5、项目 6 由王丽红编写,项目 1 中的典型工作任务 3 由李宇辉编写,项目 2 中的典型工作任务 3 由杨晓林编写。

　　我国不同城市轨道交通的建设时期不同，城市轨道车辆的供应商和生产商不一致，加之编写的时间紧和编者水平有限，收集的资料可能不全面，难免有许多不妥和疏漏的地方，敬请广大读者批评指正。

编　者

2013 年 5 月

目录 CONTENTS

项目 1　城市轨道交通车辆基本认知

项目描述

本项目主要介绍城市轨道交通车辆的发展、车辆分类、组成及各组成部分的作用、车辆的编组形式、车辆尺寸及主要技术参数。

拟实现的教学目标

1. 能力目标

会识别车辆的类型和组成部分,熟悉城市轨道交通车辆的编组和类型。

2. 知识目标

了解城市轨道交通车辆的发展、基本结构和类型。

3. 素质目标

培养学生对车辆设备在运输工作中重要性的认识,自觉熟悉车辆设备的构造和特点,为城市轨道交通的运输安全打下坚实基础,培养认真、细致、严谨的工作作风。

典型工作任务 1　城市轨道交通车辆的发展和特点

1.1.1　教学目标

1. 能力目标

会识别车辆的类型和组成部分。

2. 知识目标

了解城市轨道交通车辆的发展和特点。

3. 素质目标

通过了解不同时期的地铁车辆特点,树立不断学习、与时俱进的意识。

1.1.2　工作任务

熟悉城市轨道交通车辆的发展和特点。

1.1.3　所需配备

城市轨道交通车辆的图片、模型。

1.1.4 相关配套知识

城市轨道交通（Urban Rail Transit System）包括地铁、轻轨铁路、单轨铁路及城市铁路等，是近代高科技的产物，大多采用全封闭道路、立体交叉、自动信号控制调度系统和轻型快速电动车组等手段，具有行车密度大、运行速度高、载客能力大、节约占地、污染少等优点，因此成为各大中城市疏通市内公共交通的优先发展方式。

在国外，城市轨道交通车辆产业已有 100 多年的发展历史。目前少数几个大跨国集团占有国际市场 90% 的份额，如西门子、阿尔斯通、庞巴迪等。以北京地铁为例，地铁车辆经历三次更新换代。

第一代：凸轮调阻车，生产于 20 世纪 60～70 年代，型号有 DK3G、DK20、DK16A、BD1、BD2 等。以 DK20 为例，车身最大长度为 19 000 mm，最大宽度 2 800 mm，最大高度为 3 695 mm；最高速度 80 km/h，牵引加速度 0.83 m/s²，常用制动减速度 1.0 m/s²，紧急制动减速度 1.2 m/s²；控制方式为凸轮调阻控制；制动方式为电阻制动并空气制动补足；通风方式为轴流式风机；每车设置紧急报警按钮，但没有通话装置；引导装置为门区的线路图；采用自动报站广播。

第二代：斩波调阻车（斩波调压车），生产于 20 世纪 80～90 年代，型号有 DK11、M、GTO 等。以 DK11 为例，车身最大长度为 19 000 mm，最大宽度 2 600 mm，最大高度 3 510 mm；最高速度 80 km/h，牵引加速度 0.83 m/s²，常用制动减速度 1.0 m/s²，紧急制动减速度 1.2 m/s²；控制方式为斩波调阻控制；制动方式为电阻制动并空气制动补足；通风方式为轴流式风机；每车设置紧急报警按钮，但没有通话装置；引导装置为门区的线路图；采用自动报站广播。

第三代：调频调压车，生产于 1998 年，型号有 DKZ4、DKZ5、北京八通线新型交流电动客车等。以 DKZ4 为例，车身最大长度为 19 000 mm，最大宽度 2 800 mm，最大高度 3 510 mm；最高速度 80 km/h，牵引加速度 0.83 m/s²，常用制动减速度 1.0 m/s²，紧急制动减速度 1.2 m/s²；控制方式为调频调压控制；制动方式为再生制动并空气制动补足；每车有两台空调通风；每车设置紧急报警按钮和通话装置；引导装置为门区的线路图；采用自动报站广播。

目前，我国城市轨道交通车辆新建线路主要应用现代列车，其流线型车体符合空气动力学要求，大大减轻了空气阻力；车身长度为 19 000 mm，最大宽度为 2 800 mm，车辆高度≤3 810 mm，客室内净高≥2 100 mm；最高速度为 80 km/h，列车从 0 km/h 加速到 40 km/h 时的起动加速度≥0.83 m/s²，列车从 0 km/h 加速到 80 km/h 时的起动加速度≥0.5 m/s²；车辆结构和内部装饰更加舒适便捷，设计更加人性化。现代地铁车辆在设计和制造方面采用了许多世界先进的技术，如深圳地铁 1 号线车辆主要特点如下：

1. 车辆结构特点

(1)车体结构采用大断面中空挤压铝型材模块化结构和整体承载结构设计，车辆自重轻，列车牵引能耗小。

(2)鼓形车体、对开式电动塞拉客室侧门以及手动塞拉司机室侧门结构不仅增大了客室空间，而且车体外表平整，无凹凸结构，造型美观。

(3)采用无摇枕转向架，减振系统由一系悬挂装置（金属橡胶弹簧）、二系悬挂装置（空气弹簧）以及液压减振器组成，结构紧凑，减振效果好。

（4）列车之间的连接采用密接式车钩实现机械、电路、气路的全自动连接。

（5）车体之间采用贯通式通道连接，乘客可以在车辆之间流动，使各车辆的载客量得以均匀分布。

2. 运行方式特点

（1）应用先进的列车自动驾驶（ATO）系统。

（2）主牵引系统的控制方式采用当今世界先进的微机控制的交流调频调压（VVVF）技术。

（3）逆变器采用了频率高、功率大的电力电子器件——绝缘栅双极型功率管（IGBT）。

（4）列车制动采用电气（再生制动和电阻制动）和空气混合制动方式。

（5）采用了先进的微机控制技术，并具有故障自诊断功能，如牵引控制单元、辅助逆变器控制单元、电子制动控制单元、空调控制单元及车门控制单元均采用了微机控制技术。

3. 乘客信息系统

乘客信息显示系统采用先进的车站地图闪光系统，车站地图闪光系统显示器能够实时显示列车运行的线路、运行的方向、目的地站以及将要到达的下一站、当前停靠站、车门打开侧等信息。

4. 安全性能特点

采用列车自动保护（ATP）系统和大容量撞击能量吸收车钩、设计有制动和车门电气安全回路、高压电气设备安全防护措施等。在列车出现安全故障的情况下列车具有自动紧急制动功能。

1.1.5　知识拓展

下面以上海地铁车辆为例，介绍地铁车辆的整体特点。

上海地铁各条线路采用了不同厂商、不同制式的车辆，以一号线直流车DC01型为例：

（1）车体基础结构采用高强度、耐腐蚀、重量轻的铝合金中空挤压型材，底架无中梁的整体承载全焊接结构。客室每侧为五扇大开度双叶内藏式气动门，司机室前端设有紧急疏散门，整列车所有车辆的客室通过贯通道连接。

（2）转向架为无摇枕外置式轴箱二轴结构形式。构架为钢质压型焊接结构，设二系悬挂装置，除了安装垂向和横向减振器外还设有抗侧滚扭杆机构，使转向架有良好的运行稳定性。

（3）采用微机控制的模拟制动机控制单元式基础制动装置，实现了无级制动。

（4）车辆有良好的通风设施和应急通风系统。一体式空调装置能控制车内的温度和湿度。

（5）电气传动系统采用直流斩波调速，由SIBAS-16微机系统控制，实现了无级调速。列车具有再生制动、电阻制动和空气制动。采用顺序制动的方式，优先采用电制动，减少空气制动。

（6）列车设有完善的空转和滑动保护系统。

（7）辅助静止逆变器及其配套的整流装置为辅助系统提供三相交流电及直流控制电源。

（8）列车诊断系统具有对主要车载设备的技术状态进行检测、诊断、评估、存储、显示和报警的功能。

（9）列车设有运行自动控制系统的相关设备，实现列车自动驾驶和自动保护功能。

典型工作任务 2　城市轨道交通车辆的类型、编组及标识

1.2.1　教学目标

1. 能力目标

会识别车辆的类型和组成部分。

2. 知识目标

了解城市轨道交通车辆的类型和组成。

3. 素质目标

通过识别城市轨道交通车辆的不同类型的特点,观察城市轨道交通车辆的标识标志,培养认真、细致的学习态度和工作作风。

1.2.2　工作任务

熟悉城市轨道交通车辆种类、基本组成和各部分的作用。

1.2.3　所需配备

城市轨道交通车辆的图片、模型。

1.2.4　相关配套知识

1. 车辆类型

城市轨道交通车辆主要指地铁车辆和轻轨车辆。本教材主要以地铁车辆为例介绍。

城市轨道交通车辆是技术含量较高的机电设备,是城市轨道交通工程中关键的设备,其选型和技术参数是选择线路技术标准的基础,也是确定系统运营管理模式和维修方式的基本条件。由于各条城市轨道线路建设时城市轨道交通车辆的发展水平不同、提供商的技术背景不同以及城市运用环境等的不同,我国各城市的城市轨道交通车辆的结构和性能不尽相同,但都尽可能地结合了各自城市的特点,以满足城市交通客流量大、安全、快速、舒适、美观、节能和环保的要求,具有先进性、可靠性和实用性。

目前,我国城市轨道交通车辆提供商较多,各城市的要求也不一样,因此,车辆品种较多,规格各异。为有利于我国城市轨道交通车辆制造、运营和维修,城市轨道交通车辆类型的规范化及主要技术规格的统一是必须的。中华人民共和国建设部颁发的《城市快速轨道交通工程项目建设标准》中按照车体宽度的不同将我国城市轨道交通车辆分为 A 型、B 型、C 型三种,其中 A 型车和 B 型车通称为地铁车辆,C 型车为轻轨车辆,各类型车辆主要技术规格见表 1.1。

地铁车辆按有无动力装置可分为动车(M)和拖车(T),动车和拖车都可以乘坐旅客;按有无司机室和是否有受电弓可分为带司机室拖车、无司机室带受电弓动车和无司机室不带受电弓动车等;按牵引供电方式分类,我国地铁车辆主要有两大类型,一种是以北京、天津地铁为代表的接触轨(第三轨)受流的窄车体车辆,额定电压为 DC 750 V,车长 19 m,车宽 2.8 m,车高 3.5 m,另一种是以上海、广州、深圳、南京地铁为代表的接触网受流的宽车体车辆,额定电压为 DC 1 500 V,车长 22.8 m,车宽 3 m,车高 3.8 m。

表 1.1　各类型车辆主要技术规格

序号	项目名称		A 型车 四轴车	B 型车 四轴车	C 型车 四轴车	C 型车 六轴车	C 型车 八轴车
1	车辆基本长度(m)		22	19	18.9	22.3	29.5
2	车辆基本宽度(m)		3	2.8	2.6		
3	车辆高度	受流器车(m)(加空调/无空调)	3.8/3.6	3.8/3.6	3.7/3.25		
		受电弓车(m)(落弓高度)	3.8	3.8	3.7		
		受电弓工作高度(m)	3.9～5.6				
4	车内静高(m)		2.10～2.15				
5	地板面高(m)		1.1		0.95		
6	车辆定距(m)		15.7	12.6	11	7.2	
7	固定轨距(m)		2.2～2.5	2.1～2.2	1.8～1.9		
8	车轮直径(mm)		840		760		
9	每侧车门个数		5	4	4	4	5
10	车门宽度(m)		≥1.3				
11	车门高度(m)		≥1.8				
12	定员人数(人)	单司机室车	295	230	200	240	315
		无司机室车	310	245	210	250	325
13	站立人员标准	定员(人/m²)	6				
		超员(人/m²)	9				
14	车辆轴重(t)		≤16	≤14	≤11		
15	最高运行速度(km/h)		≥80		≥70		
16	噪声[dB(A)]	司机室内	≤72		≤70		
		客室内	≤72		≤75		
		车外	80～85		≤82		

2. 城市轨道交通车辆的编组

根据客流量,城市轨道交通车辆运营时都是以动车组的形式,多则 6～8 辆,少则 2 辆都可组成一列。城市轨道交通车辆有动车、拖车、带司机室车和不带司机室车等多种形式。动车用 M 表示,拖车用 T 表示。但同为动车和拖车,由于车载设备不同,为了便于车辆的管理维护,车辆供应及运营商对其车辆按设备的不同又进行了分类。如上海地铁车辆 1、2 号线的车辆分为 A、B、C 三类(与前述的按车辆宽度尺寸分为 A 型、B 型、C 型车不同)。A 车为设有驾驶室的拖车;B 车为动车,车顶上装有受电弓;C 车为动车,车下装有一套空气压缩机组。广州地铁 1、2、3、4 号线均采用了此种分类方法。

(1)列车编组方式

国内已运营的部分地铁编组情况如下:采用 6 辆编组时按 A—B—C—C—B—A,采用 8 辆编组时按 A—B—C—B—C—B—C—A。上述编组能保证所编列车首尾两辆车均有司机室,中间各车辆间贯通,旅客可以在整个列车走动,使乘客在全列车中均匀分布,在列车发生紧急情况时,乘客可以通过司机室前端安全门撤离。

（2）车辆连接方式

上海地铁 1 号线、2 号线采用的 6 辆编组为"－A＝B＊C＝C＊B＝A－"，采用的 8 辆编组为"－A＝B＊C＝C＊B＝B＊C＝A－"，其中"－"表示自动车钩，"＝"表示半自动车钩，"＊"表示半永久牵引杆。

广州地铁 1 号线、深圳地铁 1 号线采用的 6 辆编组为"－A＊B＊C＝B＊C＊A－"。

北京地铁早期的列车采用全动车编组，两车为一单元，使用时按 2、4、6 辆编组成列车。目前，北京地铁 4 号线列车采用 6 辆编组，3 动 3 拖，按"＝Tc_1＊M_1＊M_3＊T_3＊M_2＊Tc_2＝"编组，其中"Tc"表示带司机室的拖车，"M"表示动车，"T"表示拖车，"＊"表示半永久牵引杆，"＝"表示半自动车钩。

3. 地铁车辆的标识

（1）车辆的编号

一般每节车辆都有属于自己的编号，但各大城市的地铁车辆编号并不完全统一，如上海地铁 1、2 号线车辆的编号由 5 位数字组成，采用 YYCCT 形式，其中 YY 为车辆出厂的年份，CC 为这一年同类型车辆的生产顺序号，T 为车辆类型代号（其中"1"为 A 型车，"2"为 B 型车，"3"为 C 型车）。例如，"92082"为 1992 年出厂的第 8 辆车，其车辆类型是 B 型车。目前上海地铁列车的编组是固定的，编号后的车辆在列车的编组位置相应没有变化。

广州地铁 1、2、3 号线车辆编号（如图 1.1 所示）包含的信息有：车辆所属线路（一个字母或数字）、车辆类型（A、B 或 C 型车）、生产顺序号（同类型车辆的连续编号，不同的车辆类型以新的顺序开始编号）。

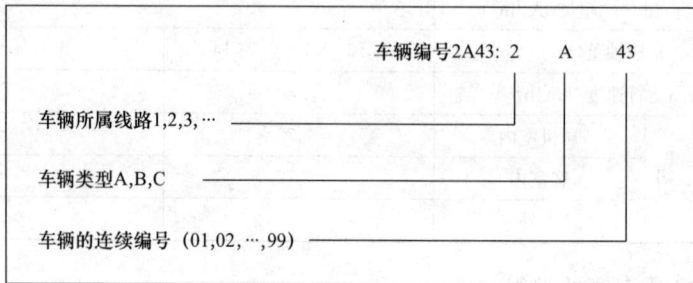

图 1.1　广州地铁 1、2、3 号线车辆编号

其他编号方式如深圳地铁车辆采用 4 位数字编号（如图 1.2 所示），车辆编号包含线路序号、车组号、车辆在车组中的位置 3 种含义。深圳地铁车辆编号举例见表 1.2。

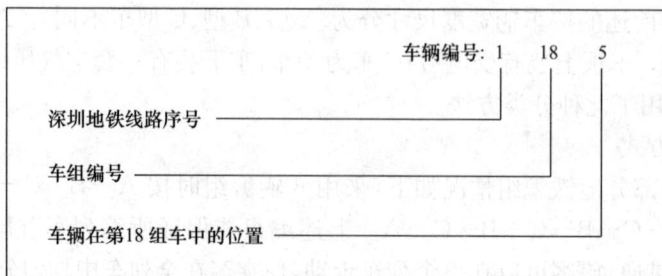

图 1.2　深圳地铁车辆编号

表 1.2　深圳地铁车辆编号举例

车型	第一列车	第二列车	第二十二列车
A	1011	1021	1221
B	1012	1022	1222
C	1013	1023	1223
C	1014	1024	1224
B	1015	1025	1225
A	1016	1026	1226

(2)车端、车侧及列车侧部的定义

①车端的定义

为了对车门进行编号,每辆车的Ⅰ位端(另一端就被定义为Ⅱ位端)按如下定义:对于A车,Ⅰ位端是带有全自动车钩的一端;对于B车,Ⅰ位端是与A车连接的一端;对于C车,Ⅰ位端是连接半永久牵引杆的一端。车端示意图如图1.3所示。

②车侧的定义

站在车辆的Ⅱ位端,面向Ⅰ位端时,观察者的右侧为车辆的右侧,观察者的左侧为车辆的左侧。车侧示意图如图1.3所示。

③列车侧部

列车左右侧是根据司机驾驶列车的方位来定义,司机的右侧定义为列车的右侧,另一侧则定义为列车的左侧。列车侧部示意图如图1.3所示。

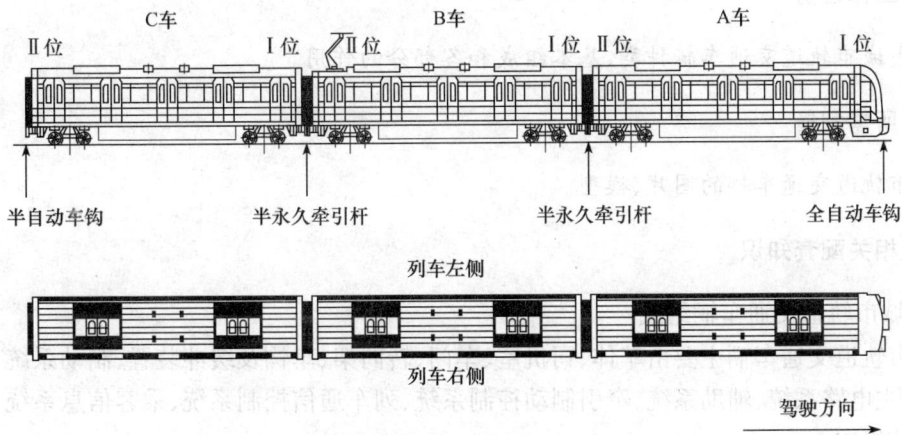

图 1.3　车辆端部、侧部以及列车侧部定义示意图

(3)车门的编号

我国地铁车辆A型车每侧设5个门,B型车每侧设4个门。如上海地铁车辆采用内藏式对开滑动门,车辆每侧设5个门,每个门有两片门叶,客室侧门沿着每节车的左右侧对称均匀分布,沿着每辆车的左侧,门页采用从1到19之间的奇数进行连续编号。沿着每辆车的右侧,门页采用从2到20之间的偶数进行连续编号。门的编号是两个单独门页的号码合并组成,左侧编号为1/3的门和右侧编号为2/4的门是距离车辆Ⅰ位端最近的门,左侧编号为17/19的

门和右侧编号为 18/20 的门距离车辆Ⅱ位端最近,如图 1.4 所示。

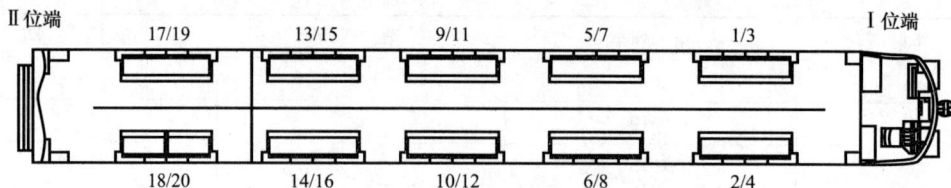

图 1.4　客室车门编号示意图

典型工作任务 3　城市轨道交通车辆的组成和主要参数

1.3.1　教学目标

1. 能力目标
会识别车辆组成部分。

2. 知识目标
掌握城市轨道交通车辆的组成及主要功能,了解车辆主要参数。

3. 素质目标
通过对城市轨道交通车辆的组成及各部分的作用的学习,认识整体与局部的关系,树立局部服从整体的意识。

1.3.2　工作任务

熟悉城市轨道交通车辆种类、基本组成和各部分的作用。

1.3.3　所需配备

城市轨道交通车辆的图片、模型。

1.3.4　相关配套知识

1. 城市轨道交通车辆组成
城市轨道交通车辆主要由车体、司机室、车门、转向架、车钩及缓冲装置、制动系统、空调通风系统、主电路系统、辅助系统、牵引制动控制系统、列车通信控制系统、乘客信息系统、照明系统等部分组成。

(1)车体
车体是车辆的主体结构,是容纳乘客的地方,又是安装与连接其他设备和部件的基础,对于有司机室的车辆,车体还是司机驾驶列车的场所。城市轨道交通车辆的车体一般采用了整体承载的模块化铝合金结构,机械紧固联结,在每个客室 A 型车设有 5 对(B 型车设有 4 对)对开式电动塞拉门供乘客出入,车窗采用全封闭式中空玻璃,车内还安装有座椅、扶手、乘客信息系统等各种乘客服务设施以及紧急开门装置、紧急对讲、灭火器等安全设施。

车体分为有司机室车体和无司机室车体,一般由底架、端墙、侧墙及车顶等组成。车体的传统材料有碳钢、耐候钢或不锈钢等几种。随着科技的发展,现代城市轨道交通车辆采用高强度整体承载的铝合金轻金属结构,满足了车体强度的要求,极大地减轻了车体的自重,降低了车辆运行时的能耗。

(2)司机室

司机室是供司机驾驶的地方,安装在 A 车前端,为模块结构,主要由车钩托梁、前端结构、顶部结构和侧墙结构等组成,外罩玻璃钢罩板。司机室前端设有防撞装置,紧急疏散门、侧墙设有供司机上下的侧门,后墙设有通向客室的间隔门,司机室前窗为电热式车窗,可通电加热。当列车发生撞车时,防撞装置能分散碰撞力,减少车体损失。此外,司机室内还有许多电气设备,包括电线槽内部配件等,这些设备要在总装配之前安装完成并进行测试。

(3)车门

按照安装位置不同,车门分驾驶室侧门、驾驶室疏散门和客室车门。驾驶室侧门一般采用折页门或手动塞拉门,驾驶室疏散门采用折页门。客室侧门是供乘客上下车的通道,是动作最频繁的设备之一,地铁客室侧门一般采用了对开外挂式电动塞拉门或双开内藏式拉门,每辆车有 10 个客室车门,左右侧对称布置,具有自动开关门功能,每个车门的动作由一个门控单元控制。

(4)转向架

转向架是车辆的走行部,是支撑车体载荷并且牵引和引导车辆沿着轨道行驶,承受、传递和缓和来自车体及线路的各种载荷的装置,它是保证车辆运行品质和安全的关键部件。转向架分动力转向架和非动力转向架,转向架由 H 形构架、一系悬挂装置(金属橡胶弹簧)、二系悬挂装置(空气弹簧)、轮对装置、基础制动单元等组成,具有能根据负载情况对地板高度进行自动调整的装置,动力转向架还装有牵引电机和齿轮传动装置。在采用第三轨受流的线路上,转向架还安装有受电靴装置。转向架的主要作用是:承担车体及载客的重量;传递列车牵引力,保证列车顺利通过小半径曲线。

(5)车钩及缓冲装置

城市轨道交通多辆编组,车辆之间设有牵引缓冲连接装置和贯通道装置。

车钩是联结车辆以及车辆之间的电路和气路,并传递列车运行的牵引力、制动力以及缓解车辆之间的冲击力的装置。车辆采用密接式车钩,包括全自动车钩、半自动车钩和半永久牵引杆三种。全自动车钩设置在列车端部,能够实现机械、电路、气路的自动连接与分离。半自动车钩设置在列车中部的两个车组之间,可以实现机械、气路自动连接与分离,电路需要人工连接与分离。半永久牵引杆安装在列车车组内车辆上,半永久牵引杆的机械、电路、气路均需要人工进行连接和分离。当一列车以小于 15 km/h 的速度运行时与另一静止的列车相撞,车钩系统能够有效地吸收碰撞能量。

贯通道装置是使载客车辆之间连通,有效地调节各客室的乘客分布,也便于发生紧急情况时疏散乘客。

(6)制动系统

制动系统是使车辆减速和停车的系统,是保证列车安全行车的重要系统之一。为保证运行中的列车能够按需要减速或在规定的距离内停车,在动车和拖车上均安装有制动系统。城市轨道交通车辆制动装置可分为摩擦制动(闸瓦制动和盘形制动)、电阻制动、再生制动和磁轨制动。如深圳地铁车辆制动系统由电气制动和空气制动两部分组成,根据需要分别对列车施加电气制动、空气制动或电空混合制动,使运行中的列车减速或在规定的距离内停车。空气制动系统包括空压机单元、空气控制单元、空气干燥器、储风缸。

(7)空调通风系统

空调装置是改善车厢内的空气质量的必要的通风和温度调节装置。车辆的每节车辆配有两台独立的车顶单元式空调机组,用于客室的通风和空气调节,每节车两台空调机组的运行由一个控制板进行控制。带司机室的 A 车配有独立的司机室通风机,可通过手动旋钮对风量做多级调节。正常情况下,由空调机组提供给每节车的总风量为 10 000 m³/h;在列车交流供电失效的情况下,提供客室和司机室紧急通风 45 min,紧急通风的通风量为 4 000 m³/h,全部为新风。

(8)主电路系统

主电路系统是列车牵引动力和电制动力得以实现的有效载体,同时列车其他各系统的电源也均来自主电路系统。主电路系统通过安装在 B 车车顶的受电弓将接触网的 DC 1 500 V 引入 B 车底架下部的 PH 箱(整合高压器的牵引箱,装在 B 车,箱内一半是高速断路开关及高压传感器,一半是变频调速系统的牵引逆变器)中,在 PH 箱中受高速断路器控制后,经牵引逆变器逆变送入牵引电机,并最终通过接地碳刷经由车体、转向架形成电流回路。

(9)辅助系统

辅助系统直接通过受电弓从接触网获得 1 500 V 高压电,并通过内部转化处理向列车提供 380 V 交流电和 110 V 低压直流电的供电系统,车辆上的辅助设施如空调、电气设备通风、空气压缩机等交流辅助负载以及列车控制系统、客室车门控制和驱动、列车照明、乘客信息系统等直流辅助负载,都是由辅助供电系统供给电源。

辅助供电系统主要由辅助逆变器、蓄电池充电机、蓄电池、线路电抗器、控制电器等部件组成。辅助逆变器将 DC 1 500 V 输入逆变成 AC 380 V 供给车辆交流负载,还有一路交流输出在转换成 DC 110 V 低压直流输出供给车辆直流负载。DC 110 V 输出还有一类是与辅助逆变器分开设置,单独直接将 DC 1 500 V 输入转换成 DC 110 V 低压直流输出供给车辆直流负载。

(10)牵引制动控制系统

列车牵引制动控制系统是指为实现列车牵引和制动控制相关功能而设计的有节点逻辑控制电路系统,其采用的主要部件为继电器、行程开关、按钮开关、旋钮开关以及连接用的导线等。在该系统中,继电器是实现各项逻辑功能的主要部件,通过确定继电器的线圈得电吸合的条件以及其触头开关所关联的功能电路,则可以实现一定逻辑的电路逻辑功能,以达到列车整体性牵引、制动控制的条件,并将该信息输入到列车通信控制系统,通过其内部的控制程序运算,最终来实现对列车的有效控制。

(11)列车通信控制系统

列车通信控制系统(TCC)是将列车的各个子系统及相关外部控制电路的信息进行读取、编码、通信传递、数据逻辑运算及输出控制的一个计算机网络系统。该系统对列车的供电状况、速度、列车运行模式等状态信息进行实时监控和识别,并根据读取到的列车驾驶人员发出的指令信息,对列车上各个子系统发出相关控制指令,进而使各子系统产生相应的调整控制,以符合设定的功能要求,实现对列车的有效控制。

(12)乘客信息系统

乘客信息系统的作用是向乘客提供列车运行信息、安全信息和其他公共信息等。乘客信息系统由列车有线广播系统和乘客信息显示系统两个部分组成,其中乘客信息显示系统又由列车综合图文显示系统和车站地图闪光系统(安装在客室车门上方)组成。车站地图闪光系统显示器能够实时向乘客显示列车运行的线路、运行的方向、目的地站以及将要到达的下一站、当前停靠站、车门打开侧等信息。

(13)照明系统

由于地铁车辆主要在隧道内运行,所以车辆的照明非常重要,这不仅是列车安全运行的需要,也是乘客乘坐地铁的需要。列车照明系统分为车辆外部照明和车辆内部照明,外部照明包括(远、近)前照灯、尾灯和运行灯,车辆内部照明包括司机室照明和客室照明。

2. 城市轨道交通车辆的主要技术参数

车辆技术参数一般可分为主要尺寸和性能参数两大类。

(1)车辆的主要尺寸

①车体的长、宽、高。车体的长、宽、高又有车体外部和车体内部之分,车体内部的长、宽、高必须满足旅客乘坐等需要,车体的外部长、宽、高要符合车辆限界的要求。

②车辆最大宽度和最大高度。车辆最大宽度指车体最宽部分的尺寸;车辆最大高度指车辆顶部最高点距钢轨水平面的距离。例如,深圳地铁 1 号线车辆最大宽度为 3 080 mm,最大高度为 3 800 mm。

③车钩高。车钩高是指车钩中心线至轨面的高度。各车辆的车钩高度应基本一致,以确保正常传递牵引力及列车运行时不发生脱钩事故。目前,城市地铁车辆的车钩高度还没有统一标准。例如,北京地铁车辆的车钩高为 660 mm,上海地铁和深圳地铁车辆车钩高为 720 mm。

④地板面高度。地板面高度是指新造或修好的空车,从地板面距轨面的高度。地板面高度受到两方面的制约:一是车辆本身结构高度的限制;另一方面又与站台高度的标准有关。北京地铁车辆地板面高度为 1 100 mm,上海地铁的为 1 300 mm,深圳地铁的为 1 130 mm。

⑤车辆定距。车辆定距是指支承车体的前后两转向架中心间的距离。

⑥转向架固定轴距。指同一转向架最前位轮轴和最后位轮轴中心线间的距离。

⑦车辆全长。指车辆前、后车钩连挂中心线之间的距离。

(2)车辆性能参数

①自重、载重。自重指车辆本身的全部质量;载重指车辆允许的正常最大装载质量。

②构造速度。构造速度是指车辆设计时所允许的车辆最高行驶速度。它决定于线路轨道以及车辆的结构强度、运行品质、制动性能等,车辆实际最大运行速度不能超过构造速度。

③轴重。指车辆总质量(自重+载重)与全车轴数之比。轴重受线路、桥梁和行车速度等限制。

④每延米轨道载重。指车辆总质量与车辆全长之比,其值不允许超过线路和桥梁所允许的数值。

⑤座席数及每平方米地板面积站立人数。

⑥通过最小曲线半径。

1.3.5 知识拓展

下面以深圳地铁 1 号线车辆为例介绍车辆的主要参数。

1. 列车载客容量见表1.3。

表 1.3 列车载客容量

缩写	定义	每车乘客数（人）	列车乘客数（人）
AW0	无乘客（空载）	0	0
AW1	座客载荷	45	270
AW2	定员载荷（6人/m²）	320	1 920
AW3	超员载荷（9人/m²）	417	2 502

2. 车辆重量见表1.4。

表 1.4 车辆质量

定义	乘客载荷（t）			车辆质量（t）			列车质量（t）
	A	B	C	A	B	C	
空载 AW0	0	0	0	35.80	38.90	39.00	227.40
座客载荷 AW1	2.88	2.88	2.88	38.68	41.78	41.88	244.70
定员载荷 AW2	19.20	19.20	19.20	55.00	58.10	58.20	342.60
超员载荷 AW3	25.02	25.02	25.02	60.82	63.92	64.02	377.50

注：乘客每人质量按60 kg计算。

3. 车辆主要尺寸见表1.5。

表 1.5 车辆主要尺寸

	A	B	C
车辆长度（车钩连接面之间）	24.4 m	22.8 m	22.8 m
列车长度	140 m		
车辆宽度（鼓形处）	3 090 mm		
车辆高度	3 800 mm		
车辆最高点（含排气口）	3 855 mm		
受电弓工作范围	175～1 600 mm		
接触网洞内高度	4 040 mm		
轨道至地板面高度（AW0）	1 130 mm		
转向架中心距	15.7 m		
转向架固定轴距	2 500 mm		
车钩中心线距轨面距离	720 mm		

4. 车辆动力性能

(1)牵引性能

在额定载荷（AW2）和半磨耗轮（805 mm）的情况下，列车在额定电压下，在符合规定条件的线路上的牵引特性如下：

①加速度

车速由0加速到36 km/h的平均加速度　　　　　1.0 m/s²

车速由 0 加速到 60 km/h 的平均加速度	$\geqslant 0.6$ m/s^2
车速由 0 加速到 80 km/h 的平均加速度	$\geqslant 0.4$ m/s^2
②冲击极限	0.75 m/s^2
③计算用牵引黏着系数	0.170
④最高运行速度	80 km/h
⑤设计/结构速度	90 km/h
⑥车钩连接速度	0.6~5 km/h
⑦反向牵引(倒退)最大速度	10 km/h
⑧在车辆段的最大速度	25 km/h

⑨动力撤除时间,即主控制器从牵引位置移到惰行位置,直到电机电流为零的时间(包括冲击极限)为:

0~40 km/h	$\leqslant 1.5$ s
40~80 km/h	$\leqslant 1.05$ s

(2)制动性能

常用制动冲击率	0.75 m/s^3
计算用制动黏着系数	0.14~0.175
电制动消失点	7~12 km/h 之间且可调

速度从 80 km/h 到 0,包括响应时间的常用制动平均减速度为 $a = 1.0$ m/s^2。

速度从 80 km/h 到 0,不包括响应时间的常用制动平均减速度为 $a = 1.1$ m/s^2。

(3)紧急制动距离

空载(AW0)、定员载荷(AW2)条件下,初速度为 80 km/h,制动距离$\leqslant$190 m;

超员载荷(AW3)条件下,初速度为 80 km/h,制动距离$\leqslant$215 m。

以上制动距离是在平直的、干燥的轨道上进行(要求测试过程防滑阀没有触发),制动距离的测量从紧急制动指令信号输入开始到停车结束(包括响应时间)。

在 ATO 运营模式下,车辆在站台的停车精度为±0.25 m。

(4)制动优先级别

第一优先为再生制动,第二优先为电阻制动,第三优先为空气制动。

(5)混合制动的控制原则

电制动和空气制动的混合制动是平滑的,并满足正常运行的冲击极限。空气制动用来补偿电动制动力的不足,当负载从 AW0 到 AW2,电网电压高于直流 1 500 V 时,列车仅采用电制动;当负载从 AW2 到 AW3,且电网电压高于直流 1 500 V 时,附加空气制动,空气制动力大小取决于各车的载荷。当载荷从 AW0 到 AW3,电网电压为 1 000~1 500 V 时,需要附加空气制动。按照电压降低的大小,所有列车上的空气制动力可以连续地进行补充,因此列车减速度将不受电网电压高低的影响。

(6)制动力的分配

假如每节的制动力由自身提供,则需 300% 的制动力,此制动原则适合由 A、B 和 C 车组成的半列车。在此情况下,每节车的 ECU(电制动控制单元)根据每节的重量(动车与拖车之间的差异)负责本车 100% 的制动力。

由于每三节车有两个 DCU(牵引控制单元),总共需提供 300% 的制动力。根据以上定义,每个 DCU 需通过牵引回路为常用制动提供 150％的制动力。

为了清洁轮对踏面,使轮轨之间的摩擦力达到最大值,同时使机械制动的响应时间减到最小,制动闸瓦向轮对踏面施加一个接近零的制动力(制动缸压力约为 30～50 Pa)。

5. 列车故障时对牵引系统的要求

当一节动车不能工作时,在定员载荷(AW2)下,列车可往返一个全旅程。

当两节动车不能工作时,在超员载荷(AW3)下,列车可在 35‰的坡道上起动,并使列车前进到最近车站,乘客下车后,列车空车返回车辆段。

当一列载荷为 AW3 的列车,因故障停在 35‰的坡道上,另一列空车能够从坡底将故障车顶推到下一站。

6. 空调与通风

每辆车的总风量不小于 10 000 m³/h。在正常情况下,新鲜空气总量不少于 3 200 m³/h,人均新鲜空气不少于 10 m³/h。应急通风的风量为 4 000 m³/h,全部为新鲜空气,并可维持45 min。

7. 照明强度要求

在车内离地板面高 800 mm 处测得的照明强度≥300 lx。

8. 机械设计准则

车辆设计寿命为 30 年,按每年运行距离 125 000 km 计。

项目小结

本项目重点介绍了城市轨道交通车辆的发展历程和未来发展趋势、车辆特点、车辆类型、车辆编组与标识标志、城市轨道交通车辆的组成和技术参数。通过项目的学习,使学生掌握城市轨道交通车辆的基本知识,了解城市轨道交通车辆的总体结构和性能特点,让学生充分认识车辆设备在运输工作中的重要性,自觉熟悉车辆设备的构造和特点,培养认真、细致、严谨的学习态度和工作作风,为城市轨道交通安全打下坚实基础。

复习思考题

1. 现代城市轨道交通车辆的特点有哪些?
2. 城市轨道交通车辆如何分类?
3. 城市轨道交通交通车辆的主要技术参数有哪些?
4. 城市轨道交通车辆主要由哪些组成部分?

项目2 城市轨道交通车辆的车体结构和车门结构及操作

项目描述

本项目主要介绍城市轨道交通车辆车体的类型、车体的组成与结构及其材料的轻量化;车门的类型及常见车门原理与操作;车内设备及空调通风系统。

拟实现的教学目标

1. 能力目标

能够识别车体的组成部分,准确指出客室车门各组成部分的具体位置;能够掌握车门的正常操作和应急操作程序。

2. 知识目标

了解城市轨道交通车辆的类型和车体结构特点,常见的车门类型和结构原理,车内设备与空调通风系统的结构,车辆轻量化的发展。

3. 素质目标

通过熟悉正常情况和非正常情况下车门操作方法,培养学生应对突发情况时沉着冷静、临危不乱的心理素质。

典型工作任务1 车辆车体类型和结构认知

2.1.1 教学目标

1. 能力目标

能够识别城市轨道交通车辆的不同类型和车体的各组成部分。

2. 知识目标

了解城市轨道交通车辆的类型和车体结构特点。

3. 素质目标

培养学生的创新精神与实践能力以及良好的职业道德和大局观念。

2.1.2 工作任务

熟悉城市轨道交通车辆车体的不同类型和车体各组成部分的作用。

2.1.3 所需配备

城市轨道交通车辆车体的图片、模型。

2.1.4 相关配套知识

1. 城市轨道交通车辆的作用与特点

车体是车辆的主体结构,主要功能是运载旅客、承载和传递载荷。车体支撑在转向架上,是安装与连接车辆设备和部件的基础,其底架下部及车顶上部安装大量机电设备,构成车辆的主体,是城市轨道交通车辆最重要的部件之一。车体要承受各种动静载荷、各种振动,结构上要适应 100 km/h 左右速度的运行,为使旅客乘车的安全舒适,车体还要安装防火、隔声、隔热材料,在事故状态下尽可能保证旅客安全。

城市轨道交通车辆的车体与一般铁路客车有许多相同之处,但由于其用于城市交通或近郊客运,因而又有其独特的特征:

①一般为电动车组,有单节、双节和三节式等,有头车(带有司机室的车辆)和中间车、动车与拖车之分。

②由于服务于城市内的公共交通,在车内平面布置上具有座位少、车门多而且开度大的特点,内部服务于乘客的设备较简单。

③重量限制较为严格,特别是高架轻轨车和独轨车,要求轴重小,以降低线路的工程投资。

④为使车体轻量化,对于车体承载结构一般采用大型中空截面挤压铝型材、高强度复合材料或不锈钢材料,构成整体承载筒形结构,车体的其他辅助设施尽量采用轻型化材料。

⑤车体的防火要求严格,特别是运行于地下隧道的地铁车辆,一旦发生火灾,后果不堪设想。对车体的结构及选材上均采用防火设计和阻燃处理。

⑥对车辆的隔声和减噪有严格要求,以最大限度地降低噪声对乘客和沿线居民的影响。

⑦由于用于市内交通,对车辆的外观造型和色彩都有美化及与城市景观相协调的要求。

2. 车体类型

①城市快速轨道交通车辆车体的基本形式,按材料不同可分为耐候钢车体、不锈钢车体和铝合金车体三种。

普通碳素钢车体使用中腐蚀十分严重,为了提高车体的耐腐蚀性,延长车体的使用寿命,现在较多应用的是含铜或含镍铬等合金元素的耐腐蚀的低合金钢材料(或称耐候钢)。

采用半不锈钢(地板为不锈钢,骨架为普通碳素钢)或全不锈钢车体,免除了车体内壁涂覆防腐蚀涂料和表面油漆,在保证强度、刚度的前提下,板厚可减小,同时也提高了使用寿命。一般不锈钢车体自重比普通碳素钢可减轻 1～2 t(约 10%～20%)。

为了进一步实现车体轻量化,新型地铁车辆和轻轨车辆采用铝合金车体。为了充分发挥材料的承载能力,铝制和钢制车体在结构形式上有很大的差异。

②按照车体结构不同以及有无司机室,可分为有司机室车体和无司机室车体两种。

③按照车体尺寸可分为 A 型、B 型、C 型车体,如广州地铁 1、2 号线和深圳地铁车辆采用 A 型车;广州地铁 3 号线和天津滨海轻轨采用 B 型车等。

④按照车体结构工艺不同可分为一体化结构和模块化结构。如广州地铁 1 号线车辆采用

一体化结构,广州地铁 2 号线、深圳地铁车辆采用模块化结构。

3. 车体结构

(1)钢制车体

钢制车体的底架、侧墙、端墙(必要时设司机室)和车顶这几大部件单独制成以后,再进行组焊形成整体车体结构,如图 2.1 所示。

底架采用无中梁焊接结构,由边梁、横梁、波纹地板、枕梁、牵引梁和缓冲梁组成。

侧墙由边梁、立柱、窗立柱、横梁和墙板等零部件组成。在车门周围设有门边立柱和横梁进行补强。

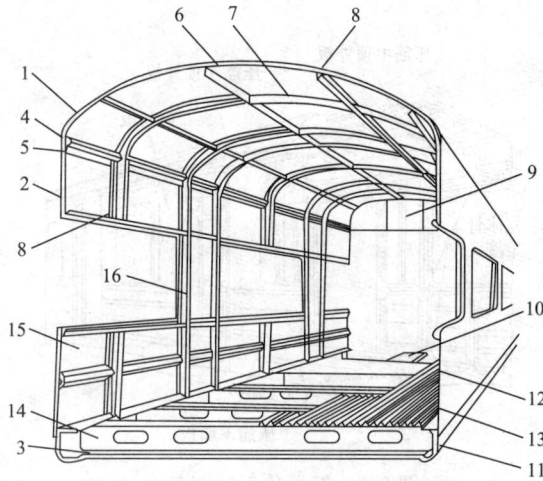

图 2.1　钢制车体结构

1—车顶;2—侧墙;3—底架;4—车顶边梁;5—侧墙上边梁;6—顶板;7—弯梁;8—纵向梁;
9—车车端部;10—牵引梁;11—边梁;12—枕梁;13—波纹地板;14—横梁;15—墙板;16—立柱

车顶由边梁、弯梁、纵向梁、顶板和车顶端部组成。如果在车顶上安装受电弓或空调机组等设备,则必须根据需要适当加强承载能力,确保满足强度要求。

国内铁路客车的端墙都设有端门,除在端门两边设有立柱进行补强以外,其他结构基本与侧墙结构相似。地铁车辆除部分车辆的一端设有司机室外,其余端墙有的设有端门,有的设有贯通道。

司机室的侧墙和顶部的基本结构与客室的侧墙、车顶基本相似,前端一般设有前窗和为满足功能需要而加装的必要的结构。

国内生产的钢制铁路客车和北京地铁车辆车体,在 20 世纪 80 年代以前采用的是碳素结构钢,其自重大、腐蚀严重,在使用中不仅强度随腐蚀而降低,而且增加了维修工作量与维修费用。为了提高车体的耐腐蚀性、减轻自重、延长车体的使用寿命,从 20 世纪 80 年代开始,采用 09CuPbCrNi 这种含铜或镍铬等金属元素的耐大气腐蚀的低合金钢系列,可使车体钢结构自重减轻 10%～15%;在工艺上采取了一些防腐措施后,使车体寿命有所延长,但仍不能彻底满足减轻自重和防腐蚀的需要。

(2)不锈钢车体

不锈钢车体的结构和钢制车体基本相同,由板、梁及柱组成的骨架构成。但不锈钢车与钢制车体不同的是,不锈钢车在组合外板、梁、柱时,为了减少热量的输入,采用点焊代替弧焊,梁柱的结合部采用连接板传递载荷。由于不锈钢导热系数只是碳钢的1/3,而热膨胀系数是碳钢的1.5倍,不锈钢受热后变形非常大,所以进行不锈钢车体结构设计时,要尽量采用点焊结构,这就决定了不锈钢车必须采用很多与钢制车不同的特殊结构,以实现点焊联结的目的。由于受到设备、工装、工序等各方面的限制,有一些部位无法实现点焊,这种情况原则上应尽量采用塞焊,以尽可能减小热影响区。

如图2.2所示,不锈钢车体呈鼓形,整车除底架端部采用碳钢材料外,其余各部位均采用高强度不锈钢材料。各零部件间采用点焊联结,梁、柱间通过连接板相连接,各大部件间也是采用点焊联结。

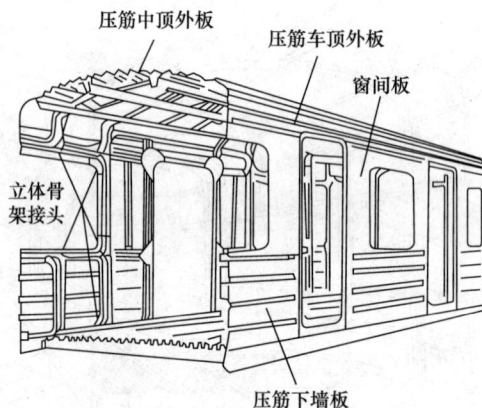

图 2.2 轻量化不锈钢车体

①车顶

车顶由波纹顶板、车顶弯梁、车顶边梁、侧顶板、空调机组平台等几部分组成。

车顶采用波纹顶板无纵向梁结构,顶板间搭接缝焊连接,与车顶弯梁点焊在一起,机组平台由纵梁、弯梁、顶板点焊组成部件,再与车顶通过点焊及塞焊组成一体。由于车顶是无纵梁结构,波纹顶板要传递车体纵向力,所以选择强度较高的 SUS301L-MT 材料,厚度为0.6 mm。

车顶弯梁采用 SUS301L-ST 材料,厚度为 1.5 mm。

车顶边梁是车顶、也是整车主要承载部件,所以选用强度最高的 SUS301L-HT 材料,整体冷弯成形,材料厚度为 1.5 mm。

②侧墙

侧墙选用塞拉门、连续窗结构。为适应该要求,侧墙钢结构部分采取了比较特殊的方法。一扇连续窗全长4 070 mm,在此范围内,钢结构必须便于车窗的安装、固定,不得有任何与车窗相干涉的结构。同时工艺性要好,结构上必须可实现点焊。设计中,将窗间有玻璃通过的侧立柱压出凹形,再通过窗带过渡与窗框相连接。为便于加工,压出凹形的立柱采用了强度较低的 SUS301L-ST 材料,同时为保证该处强度,在其背面加了一根补强梁。为保证窗口及侧墙的平面度,窗口周围所有梁柱、补强部分均为点焊结构。

不锈钢车体上采用了塞拉门。由于塞拉门要求门开口开度大,对钢结构的强度和刚度破坏很大,为此采取了很多补强措施,如加长门上框翻边长度、在门上加补强板、将底架碳钢边梁延长过门口等。为消除门角应力集中问题,在门口外围进行补强及加过渡圆弧,在门角内加上半径为 20 mm 的门角补强铁。所有这些在增加车体刚度及强度方面起到了关键性的作用。

③端墙

不锈钢车体的端墙采用的是板、梁点焊结构。

④底架

主横梁与边梁利用过渡连接板实现点焊联结。底架边梁采用 4 mm SUS301L-HT 材料,以提高底架的整体强度和刚度。

(3)铝合金车体

纯铝合金车体一般可分四种形式:

①车体由铝板和实心型材制成,铝板和型材通过铝制铆钉、连续焊接和金属惰性气体点焊进行联结。铝合金车体除了车钩部分及车体内的螺钉座使用碳钢外,其他部位都使用比重为碳钢 1/3 的铝合金,以实现车体的轻量化。这些材料多为拉延材料(板材、挤压型材、锻造材料)。目前,铝合金车体上很多部位使用了进行热处理的大型挤压型材,其机械性能有很大的提高。这种大型型材相互组合,车辆制造时焊接量大量减少,使作业更加合理。

②车体结构是板条骨架结构,连接方法采用的是气体保护下的熔焊。

③整体结构在车体结构中得到了应用,其板皮和纵向加固件构成了高强度大型开口型材的组成部分。

④车体结构由于采用空心截面的大型型材而变得更加简单。这种车体结构也以具有多种截面的型材为基础,大型型材平行放置,并总是在车体的全部长度上延伸,他们通过自动连续焊接而互相联结。上述型材利用铝合金的极好的机械性能,可最大限度地减少构件的多样性和数量。

除了上述纯铝合金车体外,还有钢底架的混合结构铝合金车体。这种车体侧墙与底架的连接基本都采用铆接或螺栓联结的方式。其作用有两点:一是可避免热胀冷缩带来的问题,二是取消了成本很高的车体校正工序。

采用铝合金材料可最大限度地减轻车体自重,从而带来如下诸多优点:提高车辆的加速度,降低运能消耗,牵引及制动能耗低,减轻了对线路的磨耗及冲击,扩大了输送能力。此外铝合金车体还有以下特点:耐腐蚀性好(但在潮湿处易腐蚀,所以应特别注意排水和密封);外墙板可不涂漆,节省了涂装费,缩短了制造周期,且可延长检修周期;可以采用长大宽幅挤压型材。与一般钢结构相比,采用铝合金车体人工费可节省约 40%,车辆重量减少约 30%。

(4)模块化车体

新型地铁车辆的车体采用了铝合金模块化结构。模块化结构是近几年发展起来的技术,模块化结构车体是将整个车体分为若干个模块,在每个模块的制造过程中完成整车需要的内装、布管与布线的预组装,并解决相互之间的接口问题。各模块完成后进行整车组装,每一模块的结构部分采用焊接,而各模块之间的组装采用紧固件机械连接。模块化车体组成如图 2.3 所示。

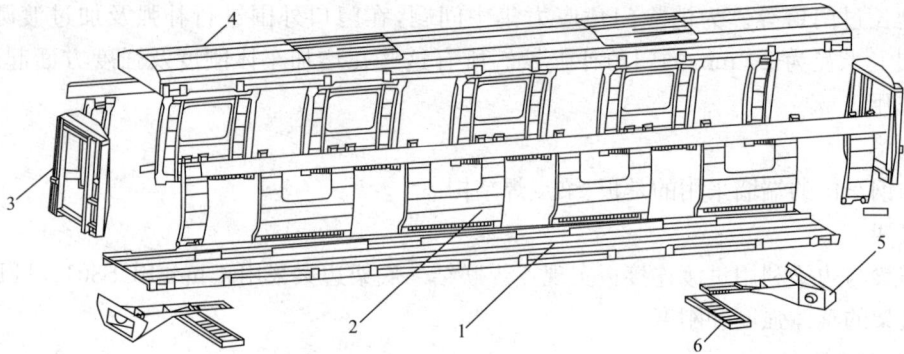

图 2.3　模块化车体组成

1—底架模块；2—侧墙模块；3—端部模块；4—车顶模块；5—牵引梁模块；6—枕梁模块

①铝合金模块化结构的主要特点

a. 车体结构采用铝型材模块化结构和整体承载结构设计，铝合金的比重仅为钢的 1/3，从而降低车辆的自重，动力的消耗，节省运行的能源，还可减少车辆对轨道线路的负荷，延长钢轨的使用寿命和维修周期，节约维修费，从而降低运营成本。

b. 鼓形车体、对开式电动塞拉客室侧门以及手动塞拉司机室侧门结构不仅增大了客室空间，而且车体外表平整，无凹凸结构，造型美观。鼓形车体使车辆在隧道内获得最大的空间截面积，提高了车辆在圆形隧道内的活塞效应，加强隧道的自然通风能力。

c. 车体的主要承载件（如地板梁、侧梁、侧墙板、车顶板等）均制成断面较复杂、承载能力强的大型中空挤压型材，从而充分发挥材料的承载能力，达到重量轻、强度高、寿命长的目的。

②铝合金模块化车体组成及作用

a. 底架

底架是车体的基础结构，底架结构模块包括地板、边梁（左和右）、枕梁（2 根）、牵引梁（2 个）组件。边梁、枕梁、牵引梁采用连续焊接组合在一起，将地板、隔热隔声材料、底架下管路和电线槽预先与底架组成一体，然后与侧墙和端部模块连接，底架边梁在整个长度上与侧墙模块进行机械连接，在底架的架车位置进行局部加强。城市轨道交通车辆的车体采用由底架、侧墙、端墙（司机室）、车顶四大部分组成的封闭筒形薄壳整体承载结构。

铝合金模块化车体各组成部分的作用有：车体底架的主要作用是承受车体上部载荷以及因各种原因而引起的横向力和走行部传递来的各种振动和冲击，并传递列车的牵引力和制动力；底架上的主横梁用于走行部的连接并传递其载荷；牵引梁用于安装车辆的车钩缓冲器，用来传递车辆间的牵引力和制动力。

b. 侧墙

侧墙是决定车体高度的重要部件，侧墙与底架、车顶联结在一起，共同承受和传递来自车体的载荷。

钢制车体的侧墙由边梁、立柱、窗立柱、横梁和墙板等部件组成。在车门边立柱和横梁进行补强。

侧墙由上墙板、下墙板、窗间墙板三部分组成，侧墙由普通铝型材和中空铝型材焊接而成，在侧墙内侧预装有隔热隔声材料、车窗和内墙板。侧墙模块与底架和车顶模块之间用拉铆紧固联结。侧墙模块由焊接挤压型材组成，纵向布置，并加上采光设计。

c. 车顶

车顶结构由车顶侧梁(左和右)、车顶板(3 块)和空调机组安装槽（2 块）组成，B 型车车顶结构还包括受电弓安装槽(2 块)。

车顶侧梁由三个部分组成，下部挤压型材件有侧墙模块的接口，并包括门口，其特点与底架上边梁相同。中间挤压型材件具有侧墙和车顶的弯曲形状，上部挤压型材件包括车顶板插槽和内部安装槽的接口。

车顶板与车顶侧梁和风道一起形成封闭的车顶，它包括六个纵向布置的小型挤压型材件。安装槽有一些纵向的小挤压型材件(根据车辆长度)和安装空调机组及受电弓的支架，空调机组安装槽也包括与内部(由板制成的)空调机组安装槽连接的接口槽。

d. 中间端(IME)

中间端(IME)安装在客室的两端头，其作用是联结客室车体与贯通(或司机室)的联结体，其结构包括地板、贯通道框架、侧墙部件。中间端上有许多结构部件和孔用于内部和外部设备的安装联结。

e. 贯通道

贯通道的作用是连接两节车辆的过渡结构，使乘客沿全列车可以随意走动，使乘客在全列车中均匀分布，也有利于在列车发生意外事故时让乘客有秩序地沿贯通道经司机室前端安全门撤离。

贯通道由金属框架、折棚、侧护板、顶板、脚踏板、下部贯通道设备、金属框架支撑等部件组成，如图 2.4 所示。贯通道四周采用橡胶棚布密封，防止雨水和灰尘的侵入。一个贯通道具有两个结构相同的金属框架和折棚，其中车端金属框架通过紧固件与车体端部牢固联结，另一端(中央金属框架)通过压板相互联结，侧板、顶板和脚踏板安装在相连的贯通道上，平稳地跟随两个车体运动。贯通道内部和外部实物图如图 2.5 所示。

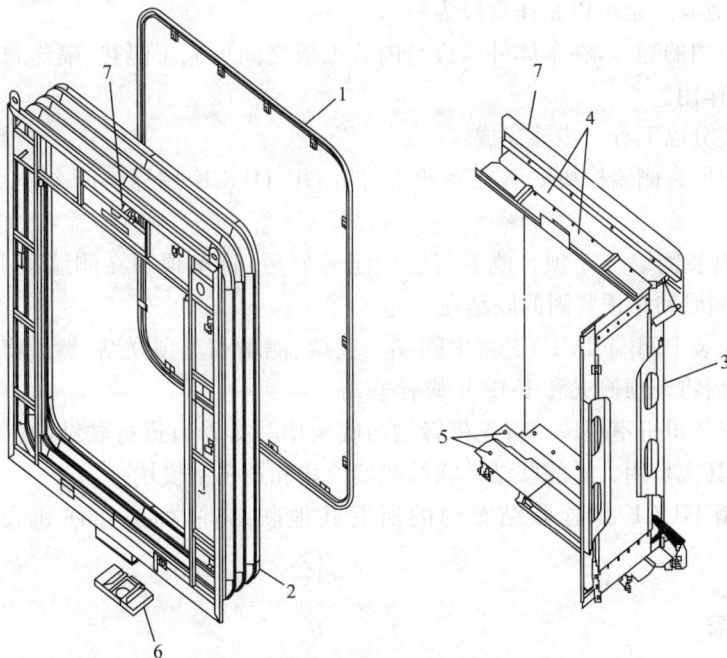

图 2.4　贯通道结构图

1—金属框架；2—折棚；3—侧板组成；4—顶板组成；5—脚踏板组成；6—下部贯通道设备；7—金属框架支撑

图 2.5　贯通道内部和外部实物图

③车体组装

底架、侧墙、顶板、端墙焊接成一个整体的车辆壳体,形成一个整体承载结构,共同承受作用在车体上的一切载荷,充分发挥车体各个构件的强度能力,极大地提高了车体的整体刚度,在材料力学中称这种结构为闭口薄壁杆件。

由于整体承载式车体具有很大的强度和刚度,侧墙和顶板能够承受由底架传来的相当大的一部分载荷,故其底架可以制作得较为轻巧。

为了减少车内的噪声,在车体外墙板与内装饰板之间填充了隔热、隔声材料,这样就起到了隔声、隔热的作用。

车体的组装分以下五个步骤完成:

第一步是把所有侧墙模块安装在底架上,然后用 HUCK 螺栓将两个模块紧固地联结在一起。

第二步是组装侧墙与车顶。侧墙与底架组装好后,将车顶扣在侧墙顶上,对齐位置,用 HUCK 螺栓将侧墙和车顶紧固的联结在一起。

第三步是安装中间端(IME)。将中间端与底架、侧墙和车顶联结,然后将边梁和 IME 之间进行联结,最后将车顶边梁和 IME 用螺栓联结。

第四步是安装司机室模块。首先将管槽与底架用一排铆钉进行联结,底架是司机室与管槽的安装底座;其次是用大量的联结件联结侧墙模块和司机室模块。

第五步是用 HUCK 螺栓联结车内的所有其他联结件,如门立柱和底架车顶之间的联结。

2.1.5　知识拓展

深圳地铁 1 号线车辆车体技术参数见表 2.1。

表 2.1　深圳地铁 1 号线车辆车体技术参数

技术参数		车型		
		A 型车	B 型车	C 型车
车体长度		23 612 mm	21 860 mm	21 860 mm
车体宽度	鼓形处车体宽度	3 090 mm	3 090 mm	3 090 mm
	地板处车体宽度	3 000 mm	3 000 mm	3 000 mm
车体高度		3 486 mm	3 364.5 mm	3 364.5 mm
车体挠度要求	AW3 状况下	在车体底架边缘测量的下挠度不超过 −20 mm		
	AW2 状况下	在车体底架边缘测量的下挠度不超过 −17 mm		
	AW0 状况下	在车体底架边缘测量的下挠度不超过 −10 mm		
车体的强度要求		车体在承载各种最大垂直载荷的同时,沿车体纵向水平方向施加不小于 1 200 kN 的静载荷,不小于 960 kN 拉伸载荷,车体不产生变形		
设计寿命		在正常运用条件下,运用期限至少 30 年,对车体结构件无需加固		

注:车辆载荷定义见表 1.4。

典型工作任务 2　客室车厢结构和内装设备

2.2.1　教学目标

1. 能力目标

能够熟悉客室内部设备。

2. 知识目标

掌握城市轨道交通车辆车厢布局和内装设备。

3. 素质目标

深刻理解车辆车厢结构和内部设备对运营安全和舒适性的影响,能够自觉熟悉客室车辆结构和客室内部设备,培养相应的安全意识。

2.2.2　工作任务

熟悉城市轨道交通车辆车厢布局。

2.2.3　所需配备

城市轨道交通车辆车体车厢布局的图片、模型。

2.2.4　相关配套知识

1. 客室车厢结构

城市轨道交通车辆,无论是轻轨、地铁、磁悬浮或是高架单轨列车,都要安全、快速,尽可能舒适地运送旅客,所以它的内装饰及车内有关设备与铁路客车相比并无本质区别。一般而言,对车辆内部装饰及设备的要求应当是美观、适用、隔声、隔振、防火、安全可靠。城市轨道交通车辆客室车辆内部设备和布置如图2.6和图2.7所示。

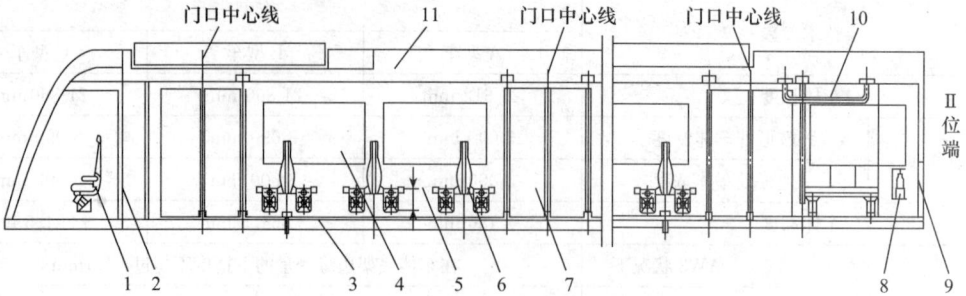

图 2.6　城市轨道交通客车内装及设备
1—司机门;2—内端墙;3—地板;4—窗;5—侧墙;6—座椅;
7—塞拉门;8—灭火器;9—外端墙;10—车内扶手;11—车顶

图 2.7　城市轨道交通车辆客室车厢结构

城市轨道交通车辆内部装饰包括客室内部墙板、顶板、地板安装及司机室布置。

城市轨道交通车辆车内设备主要有旅客上下车的侧拉门、司机室侧门、客室隔门、端门、座椅、车窗。客室是供乘客乘坐的地方,在车厢的两侧设置有不锈钢长座椅,在每个座椅上设置有一个透明车窗,供乘客观看车外和站台景色,客室内还设置有立柱、扶手杆、拉手给乘客提供抓扶,保证乘客安全,为增加客室内的美观,安装了白色内饰板(包括天花板、侧墙板、侧顶盖板)、蓝色地板布,客室顶部纵向设置有两条送风格栅,来自空调的新风和混合风从送风格栅徐徐向客室内输送,提供给乘客一个舒适的环境。

(1)客室座椅

现代地铁列车的客室座椅都采用新型的防火材料,或在钢材制成的框架上加设人造革制座垫,或在玻璃钢制品上加人造革、纺织制品座垫。座椅有纵向布置(如图2.8所示)和横向布置(如图2.9所示)两种方案,横向布置的客室座椅为两人座椅(2+2排列),两端为3人或4人座椅。大多由钢骨架支撑的玻璃制品,采用符合人体工程学的造型,使乘客更加舒适;客室座椅颜色清新明快,以蓝色为主。按 2 个座位或 6 个座位为一组,能够方便地拆卸和安装。座椅被固定在车体侧墙上没有与地板联结的部分,这样方便清洗地板。列车的供暖设备装到座椅下,保证暖空气覆盖车厢底部,避免头顶热风造成乘客燥热、头晕。

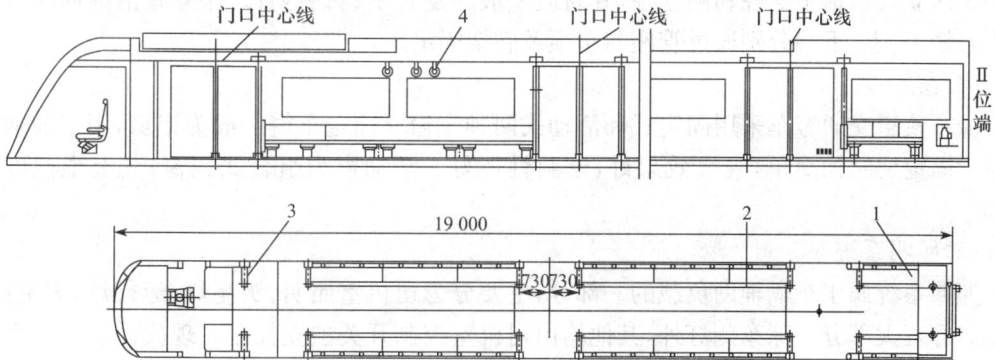

图 2.8 纵向布置的座椅

1—客室座椅;2—纵向护手杆;3—侧立杆;4—安全吊环

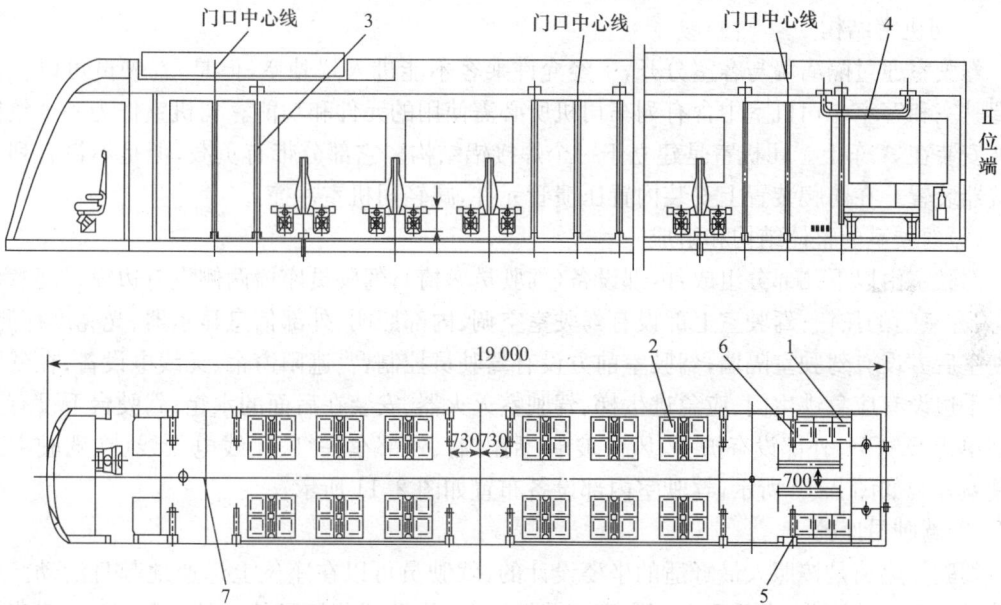

图 2.9 横向布置的座椅

1—纵向座;2—横向座椅;3—侧立杆;4—纵向扶手;5—左横向挡风板;6—右横向挡风板;7—中立柱

(2)扶手杆

车内扶手杆包括双开侧门扶手杆和水平扶手杆。双开侧门扶手杆一般为不锈钢焊接结构,表面抛光处理,其主要作用是为在门区的旅客站立及下车提供方便。水平扶手杆沿车体纵向布置的有两条,除门区外贯穿客室内部。另外,在每个门区侧墙与立柱之间各有两根水平扶手杆。水平扶手杆的安装方式有两种。一种是一端由管座与端墙、侧墙或间壁固定,另一端由三通与立柱联结。第二种是两端均由三通与侧立柱联结。水平扶手杆的材质多为复合不锈钢钢管。

列车横竖扶手都应保障乘客在车内任意位置都有扶手抓握。车门两侧的屏风用来分隔开门口区域和座位区域。

（3）立柱

车内立柱包括中立柱和侧立柱，其材质一般为复合不锈钢钢管。中立柱沿纵向布置于车体中心线上，上、下端分别通过管座与车顶及底架固定。

（4）窗

城市轨道交通客车采用固定式和活动式两种车窗。固定车窗一般为铝窗，用于前端窗和客室。固定窗结构简单，视线效果好，密封性能好。活动窗为组合式铝窗，其上半截可内翻约 30°。

（5）照明系统

照明系统属于车辆辅助负载的一部分，主要分为司机室照明、头尾灯、运行灯、客室照明、车侧灯等五大部分。除车侧灯外，其他均由司机室控制开关独立控制。现代地铁列车客室的左侧和右侧都有一排照明，它们通过司机室中的开关进行控制。如果电源有故障，每辆 A 车中的 6 个紧急照明灯和每辆 B 车和每辆 C 车中的 7 个紧急照明灯将投入使用。每个照明灯具有一个共用的镇流器，驱动两个荧光灯管。

2. 司机室结构

驾驶室通过隔离墙与客室分开，未经允许乘客不能进入驾驶室，但是，驾驶员可以自由进出驾驶室和客室。司机室中含有列车司机所必需使用的元件和功能。司机室作为一个整体预先被安装在 A 车上。司机室是建立于一个焊接铝结构。它部分带有负载，但是不带有列车的连接器装置。在防爬装置上安装内置压溃管元件，减轻司机室冲撞。

（1）驾驶室的整体结构和组成

驾驶室由以下几部分组成：内部设备（驾驶员座椅）；驾驶员座椅两侧设有边窗、驾驶室门、开/关客室门的按钮；驾驶室上部设有驾驶室空调、内部照明、外部信息显示器、光亮度探测器；驾驶室后方设有驾驶室隔墙；驾驶室前方设有驾驶员控制台、遮阳窗帘、无线电设备；在驾驶员的左手边设有应急逃生门、应急逃生梯、驾驶室灭火器、安装在后面的水箱；驾驶台下设有音频控制单元 DACU；外部设有护手、风窗玻璃、刮雨器、外部车头灯、无线电天线（在驾驶室顶）。驾驶室外观如图 2.10 所示，驾驶室内部设备布置如图 2.11 所示。

（2）驾驶员座椅

驾驶员座椅是按照人最舒适的坐姿设计的，驾驶员可以在座位上迅速地起身活动。座椅的前后由调节杆调节，高低可以用高度调节杆调节，旋转调节杆可使座椅旋转 180°，椅背倾斜调节杆用来控制靠背角度。座椅透气功能好，座椅质量小于 30 kg。

（3）驾驶室

驾驶员可从驾驶室两个侧门进入驾驶室。驾驶室窗设有 7 个位置（1 个高位的，5 个中间位置，还有 1 个在底部），使驾驶员有宽广的视野。驾驶室的上部顶板装有灯和空调。驾驶室后部由一个安全隔离墙把驾驶室和客室隔开，在隔离墙上设有后端门使驾驶室与客室相通，驾驶员要进入客室需打开后端门。

（4）驾驶台

驾驶台（驾驶员驾驶台）是列车驾驶员驾驶车辆的操作台，集成了车辆的各种状态信息、性能信息及控制手段。虽然各个车辆厂生产的列车根据用户要求有所区别，但是驾驶台的布置基本相同,驾驶员控制器、操纵台显示屏等按照标准的制式规格统一制作。驾驶台的设备包括列车监控显示屏、列车故障显示屏、无线电系统、网压表、双针气表、司控器和各种功能按钮。驾驶台在驾驶员的正前方,这种设计使驾驶员有良好的视野进行观察,方便操作和驾驶。司机驾驶台如图 2.12 所示。

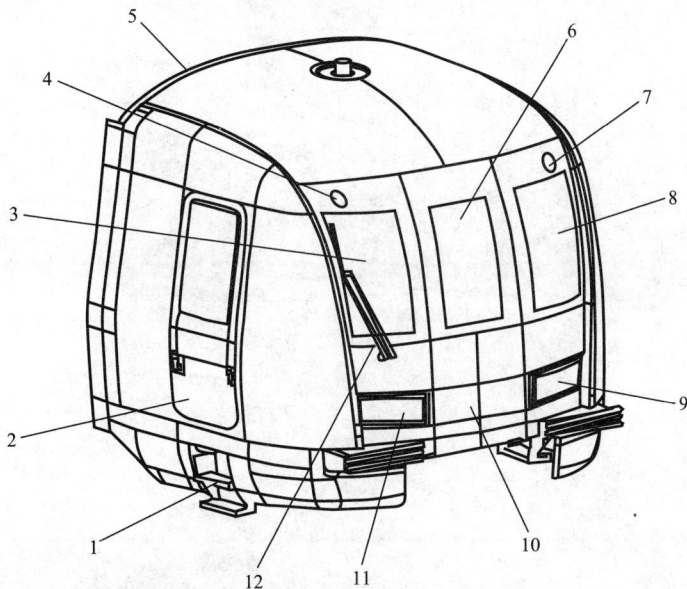

图 2.10　司机室外部结构图

1—踏板;2—司机室门;3—右前窗;4—右运行灯;5—隔墙;6—中间前窗;
7—左运行灯;8—左前窗;9—头灯;10—逃生门;11—头灯;12—挡风玻璃刮雨器

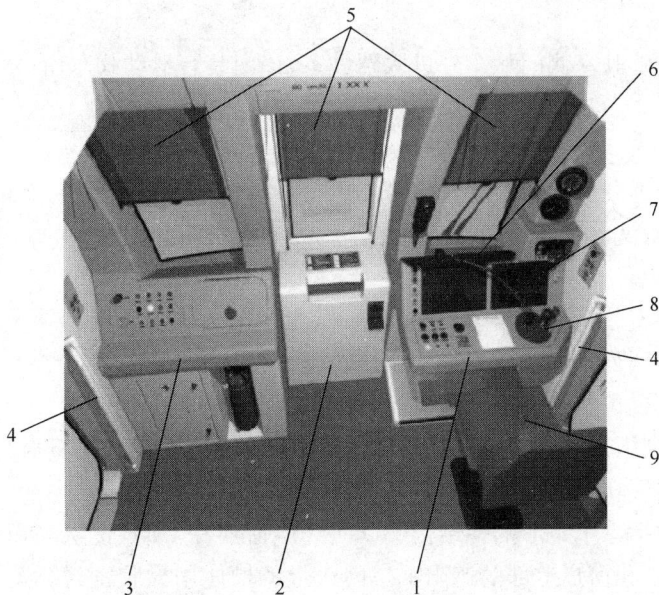

图 2.11　司机室内部结构图

1—司机台;2—逃生门盖板;3—副司机台;4—扶手;5—遮阳帘;
6—司机控制面板照明;7—司机控制面板;8—主控制器;9—司机座椅

驾驶室显示屏在不同列车有不同的名称,这与系统和设计有关。MMI 和 HMI 是人机交互界面,TOD 是列车监控系统显示屏,DDU 是驾驶员显示单元,负责列车状态的监控。

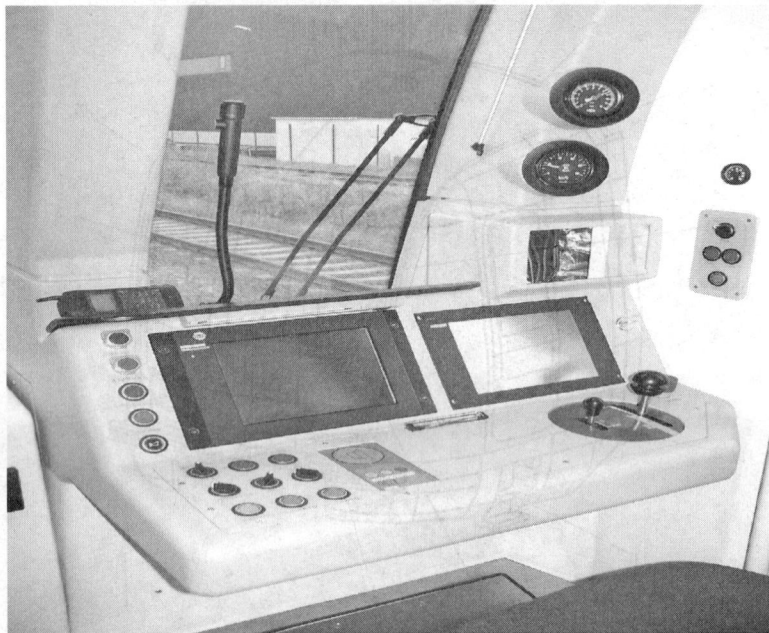

图 2.12　司机驾驶台

(5)驾驶室门

驾驶员可通过驾驶室侧门从车外进入驾驶室,该门装有滑动式车窗,驾驶员可通过该车窗观察车外情况。

(6)风窗玻璃

风窗玻璃用于驾驶员观察线路及信号。风窗玻璃内置自动调温的除霜器、一个刮雨器和清洗器,刮雨器和清洗器是与应急逃生门的刮雨器和清洗器共同控制的。

(7)紧急疏散装置

在司机室前部安装有一个紧急疏散装置,作为列车全体乘务员和乘客的备用出口。紧急疏散可以是从列车到列车或者从列车到轨道。当不使用时,紧急疏散装置保持在司机室前端内部。紧急疏散装置包括一个应急逃生门、斜坡、梯子和扶手,如图 2.13 所示。应急逃生门装有风窗玻璃、一个刮雨器和清洗器。紧急情况下,手动解锁后通过气簧执行机构机械动作后,可推一下专门的接近轨道的应急梯,即可应急逃生。

紧急疏散门包括一个矩形的铝结构、3D 曲线形窗户和 GRP 覆层与司机室外观匹配。门内部安装有折叶、锁和窗户上部的遮阳帘。门边上的槽使用橡胶密封。紧急疏散门是四点锁紧:两个锁塞与窗户下面的一个操作手柄连接,两个单独的偏心锁在窗户上部。只能在司机室内部打开紧急疏散门。由司机室结构和紧急疏散门扇之间的一个导杆控制,打开和关闭紧急疏散门时,紧急疏散门与司机室外墙为平行移动。

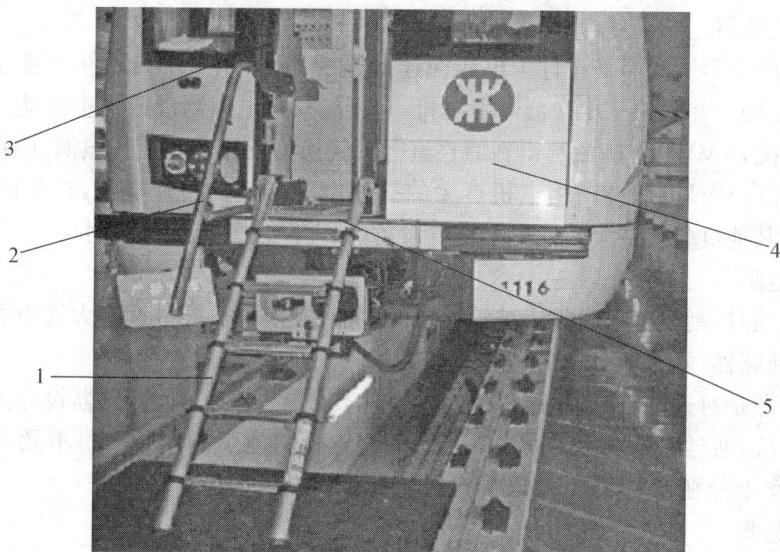

图 2.13　紧急疏散装置和应急逃生门
1—伸缩梯；2—导向扶梯；3—扶手；4—紧急疏散门(开启位置)；5—斜坡

2.2.5　知识拓展

1.地铁车辆车顶设备

(1)受电弓及浪涌吸收器

每单元车的 B 车车顶前端装有一个高压受流设备——受电弓。1 500 V 直流电源由受电弓从接触网获得，电流通过在受电弓上的终端流向位于车底的高速断路器。C 车上的辅助逆变器 DC/AC 及 A 车上的 DC/DC 变换器直接从受电弓上得电，电流回路通过轴箱上的接地碳刷闭合。每个受电弓旁装有一个浪涌吸收器，是用来防止来自车辆外部的过电压(如雷击等)对车辆电气设备绝缘的破坏。本单元车组的受电弓只能控制本单元车组。受电弓通过压缩空气升起，由电磁阀控制。如果空压机故障，列车无压缩空气，B 车车顶的受电弓通过弹簧自动地回到降落位置，在这种情况下，可用安装在 B 车 Ⅱ 位端的脚踏泵使受电弓升起来接触到架空电网。

(2)空调单元

每辆车设有两个车顶一体式空调单元。在通风机作用下，新风从吸风口吸入，与来自客室的回风混合，再经过过滤，冷却后由风道均匀地送入客室，司机室是由单独的风道送风。

2.地铁车辆车下设备

车下设备主要有设备箱、辅助设备箱、电子设备箱、蓄电池充电器、蓄电池箱、PH 箱、PA 箱、制动电阻、供风单元、辅助线路感应器(ACM)、牵引线路感应器(MCM)、紧急逆变器、转向架、车钩缓冲装置、制动控制模块、供风模块等。

车下安装的主要电气设备或部件的功能简述如下：

(1)线路滤波器

线路滤波器是由电容和电感组成的能量储放装置，可以在斩波器导通和关断时吸收和释放能量，使电机电流平滑，并减少车辆在牵引和电制动时对接触网电压的不良影响。

（2）牵引逆变器

深圳地铁的牵引逆变器是设计为电压源连接逆变器，采用 IGBT 元件。通过它的电源回路，逆变器驱动四个并联的三相交流牵引电机，它还能执行电阻制动或再生制动。

在运行工况，VVVF 将接触网得到的直流电源转换为三相变频变压电源，驱动牵引电机。

在制动工况，VVVF 将此时由电机产生的三相电源转换为直流电源，产生的电源反馈回到接触网供给其他负载或供给其他车上耗电设备（如辅助设备、空调、照明）。

（3）制动电阻

在电阻制动时，制动电阻吸收未被消耗掉的电能，转换为热能散逸到大气中去。

（4）高速断路器

高速断路器是对过电流（如短路、接地）的迅速高效保护装置，此断路器设计为一旦检测到过流即迅速反应，通过电弧发生时间内一定瞬间过电压将电弧抑制掉。每单元车两台高速断路器，装在 B 车上分别与本组的 B 车和 C 车连接。

（5）车间电源

车辆不从接触网及受电弓上受流供电，而是用车间的电源设备接入 1 500 V 直流电源进入车辆的车间电源上。每单元车组的车间电源设在 B 车上。

（6）牵引单元

牵引系统包括牵引电机、联轴节和齿轮箱。三相牵引电机的转矩通过曲形联轴节传递给齿轮箱，驱动轮对。动车的每根轴均由一个牵引电机驱动。牵引电机额定功率是 220 kW。

（7）DC/AC 逆变器

每节 C 车都有一台 DC/AC 逆变器，由接触网 1 500 V 直流输入驱动逆变器。只有一条 1 500 V 列车线为辅助系统专用，用二极管与外电路隔开。

每台逆变器有一组 380 V、三相、50 Hz 输出。逆变器应直接或间接驱动空气压缩机、空调压缩机、冷凝器风扇、蒸发器、设备通风机、方便插座（220 V 交流）、挡风玻璃除霜器等交流负载。

（8）DC/DC 变换器

静态辅助电源变换器（完全静态结构），每台 A 车有一台 DC/DC 固态变换器 DC 1 500 V/DC 110 V 以直流 110 V 输出，驱动所有 110 V 直流负载，如照明、牵引控制单元等，包括对蓄电池充电，为其提供冗余量。

（9）列车自动控制系统 ATC 天线

ATC 天线是用于传播信息的车载信号设备。

典型工作任务 3　客室车厢车门结构和车门故障处理

2.3.1　教学目标

1. 能力目标

能够掌握车门结构，熟悉车门开关的操作、车门故障处理。

2. 知识目标

掌握城市轨道交通车辆车门结构、车门控制系统与操作。

3. 素质目标

充分认识车门在运输安全中重要作用,牢固树立安全第一的思想,自觉熟悉和掌握车门的操作和故障处理方法。

2.3.2　工作任务

熟悉城市轨道交通车辆车门类型及结构特点,熟悉车门开关操作和车门故障处理。

2.3.3　所需配备

城市轨道交通车辆车体车门结构的图片、模型。

2.3.4　相关配套知识

1. 车门特点及类型

（1）车门特点

随着世界城市轨道交通的发展,各个国家的轨道交通车辆的车门类型较多,但根据城市轨道交通的特点,城市轨道交通车辆车门具有以下特点:

①有足够的有效宽度。

②车门要均匀分布,方便旅客上下车。

③有足够数量的车门,可使旅客迅速上下车,满足城市轨道交通列车高密度运输的要求。

④车门附近有足够的空间,方便乘客上下车时周转。

⑤具有较高的可靠性,确保乘客安全。

（2）车门类型

对城市轨道交通车辆而言,按照车门功能不同可分为客室侧门、客室端门、驾驶室侧门、驾驶室后端门和紧急疏散门,客车门位置布置如图 2.14 所示。

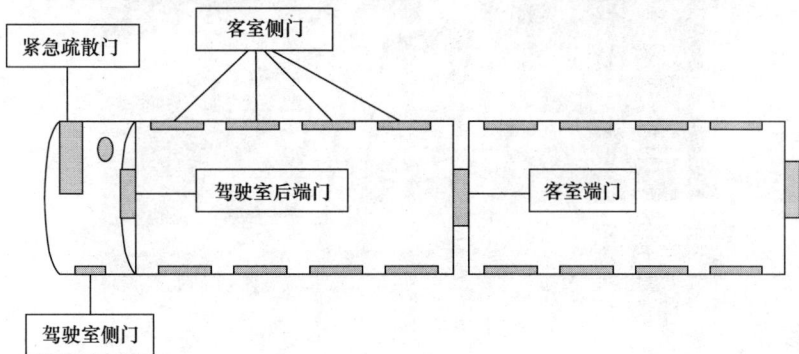

图 2.14　城市轨道交通车辆各类车门位置布置示意图

按其驱动机构来分,有电控气动式和电控电动式两种形式。电控电动式车门的动力来源是直流电动机或交流电动机,电控气动式车门的动力来源是驱动气缸。按照车门的运动轨迹以及车体的安装方式,客室车门可分为内藏嵌入式车门、外挂式车门、塞拉式车门和外摆式车门四种。

早期城市轨道交通车辆的车门一般采用以压缩空气为动力的气动门。例如,北京地铁1、2

号线,上海地铁 1、2 号线和广州地铁 1 号线的车辆每侧设有 5 对内藏嵌入式对开气动车门。现在城市轨道交通车辆车门多采用电气驱动的电动门,例如上海明珠线,广州地铁 2、3、4 号线,深圳地铁和南京地铁等后期建设的线路车辆都采用电控电动门。

电控气动门由压缩空气驱动传动气缸,再通过机械传动系统和电气控制系统完成车门的开关动作。机械传动系统的作用是将传动气缸活塞杆运动传递至车门,使门动作。电气驱动车门由电动机、传动装置(轴、磁性离合器、带轮和齿形传动带)、控制器、紧急开门装置、锁闭装置组成。传动装置与车门的连接,一种是齿形带与两个门翼相固定,闭锁和解锁所需要的转矩由电动机提供;另一种驱动装置由电动机通过一根左右同步的螺杆和球面支承螺母驱动滚珠摆动导向件与其固定的门翼组成。

①内藏嵌入式车门

内藏嵌入式车门(简称内藏门),在车辆开关车门时,门叶在车辆侧墙的外墙板与内饰板之间的夹层内移动。传动系统设于车厢内部车门的顶部,装有导轮的门叶可在导轨上移动,传动机构的钢丝绳、皮带或丝杆与门叶连接,用气缸或电动机驱动传动机构,从而实现车门的往返开关动作。双开内藏式拉门结构简单,安装方便。

②外挂式车门

外挂式车门与内藏门的主要区别是:外挂式车门门叶和悬挂机构始终位于侧墙的外侧。车门传动机构的工作原理与内藏门完全相同。

③塞拉式车门

塞拉式车门(如图 2.15 所示)是车门开启状态时,门叶贴靠在侧墙外侧,车门关闭时门叶外表面与车体外墙成一平面。不仅使车辆外观美观,而且也有利于在列车高速行驶时减少空气阻力,减少噪声,也便于使用自动洗车装置对车体进行清洗。塞拉门具有良好的密封性、隔声性和隔热性能。车门关闭后与侧墙平齐,有利于减小运行阻力和高速行驶。

图 2.15 塞拉门实物

司机室侧门一般采用折页门或手动塞拉门,客室端门采用折页门或拉门,侧门采用双开外露塞拉门或双开内藏式拉门,开度为 1 300 mm 左右,每侧有 4～5 对。车门门体均为铝合金蜂窝结构。

④外摆式车门

外摆式车门在开门时,通过转轴和摆杆使门叶向外摆出,并贴靠在车体的外墙上,门关闭后门叶与车体成一平面,这种车门结构的特点是当门在开启的过程中,门叶需要较大的摆动空间。

上述四种车门的性能比较见表 2.2。

表 2.2   四种车门的性能比较

性能指标		塞拉式车门	外挂式车门	内藏门	外摆式车门
舒适度	隔声	好	差	较差	较好
	隔热	较好	较差	较差	较好
	乘客候车区无障碍	较差	一般	一般	差
	开门速度	好	好	较好	较差
安全性	夹手	有护指橡胶	有护指橡胶	有护指橡胶	有护指橡胶
	在事故中门叶掉落的危险	低	高	低	高
门系统特征	门系统首次使用费用	较高	一般	高	较高
	门系统的可靠性	一般	较高	高	一般
	车体内侧的有效宽度	一般	较差	差	一般
	可维修性	一般	较差	差	一般
	设计造型	流线型	凸出车体	凹进车体	流线型

通常地铁车辆每一节车厢的每一侧安装有 4 扇或 5 扇门(如上海地铁 1、2 号线,深圳地铁1 号线)客室侧门,每个车门都有自己的编号,不同地铁线路的车辆,车门编号不同。深圳地铁1 号线的编号方法是:沿着每节车的左右侧对称均匀分布,沿着每辆车的左侧,门页采用从 1到 19 之间的奇数进行连续编号。沿着每辆车的右侧,门页用从 2 到 20 之间的偶数进行连续编号。门的编号是两个单独门页的号码合并组成,左侧编号为 1/3 的门和右侧编号为 2/4 的门是距离车辆Ⅰ位端最近的门,左侧编号为 17/19 的门和右侧编号为 18/20 的门距离车辆Ⅱ位端最近。客室车门编号如图 2.16 所示。

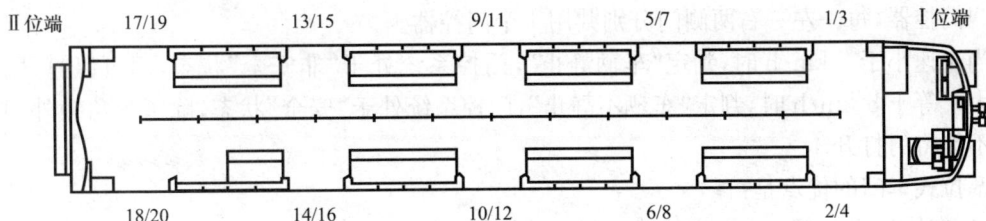

图 2.16   客室车门编号示意图

2.塞拉门

塞拉门分为内塞拉门和外塞拉门。城市轨道交通客车一般采用外塞拉门,即车门由外塞入车门口处,使之关门密封。该门开启时离开车体侧面一定距离后,沿车体外侧滑动。

塞拉门由门体、门框、驱动机构、承重机构、传动装置、导向装置、门锁、闭锁装置、车内和车外操作装置、密封设施、防压装置、活动脚蹬、气动元件及电控系统等组成。

塞拉门的门体为铝合金夹层结构。驱动装置为气缸机构,一般开门时间单程 3~6 s,门的运动速度由气缸两端的节流阀调整。门的导向由上、下导轨实现。闭锁装置产生的机械闭锁力能保证在电器、压缩空气发生故障时车门不会自动开启,活动脚蹬与车门可连动,当车门关闭后,脚蹬翻起并与侧墙外表面平齐。防挤压装置是防止列车关门时挤夹乘客而设置的,其防挤压动作压力不大于 150 N。防挤压装置在关门全行程的 98% 范围内具有塞拉门遇障碍物时可自动返回功能,10 s 再自动关闭。车门内、外操纵装置用于车门的开关操作。塞拉门可实现列车集中控制和本车控制,紧急情况下,亦可手动。通过集中控制箱、本车三角钥匙开关或车门的按钮/电子钥匙来实现列车各车门的操作。

以深圳地铁 1 号线列车为例,其车门的技术参数见表 2.3。

表 2.3　车门的技术参数

参数序号	性能项别	性能要求
1	车门净开度(在车门中间高度测量)	$1\,400^{+20}_{0}$ mm
2	车门净高度(从地板面至门驱机构盖板底部)	1 860 mm
3	开门时间	(3.5 ± 0.5) s
4	关门时间	(3.5 ± 0.5) s
5	关门峰值力	230 N
6	锁定杆长度	(122.5 ± 0.5) mm
7	同步杆长度	(993.3 ± 0.5) mm
8	能检测到的最小物体(硬物体)尺寸	宽×高＝30 mm×60 mm
9	10 mm×60 mm 物体(表面光滑硬物体)被夹住时的最大拆除力	150 N
10	供给电压	DC 110 V
11	门组成的总重量	176.48 kg

各种塞拉门主要组成相似,气动原理也基本一致,一般由车辆风源、调压器、风缸、气路控制阀及空气管路组成。

列车塞拉门的电控系统主要由一个集控箱和车厢的单车电控系统组成。单车电控系统主要由门控器、传感器、操作原件、控制元件及电器等组成。1 个车厢每侧有 4~5 对侧门、4~5 套侧门门控器,每一左一右两侧门分别共用 1 个门控器。

当车速小于 5 km/h 时,判定"车辆静止",门控系统处于"非安全"状态,门可以打开。当车速大于等于 5 km/h 时,判定"车辆不静止",门控系统处于"安全"状态,除了紧急锁外,其他方式不能将门打开。

塞拉式车门的优点是:

(1)车体外形美观。由于塞拉式车门在关门状态时门叶外表面与车体外表面平齐,在行车时空气阻力小,也不会因空气涡流产生大的噪声。

(2)车内噪声小。塞拉式车门的密封性能好,可以减少车内噪声。根据香港地铁的试验,与外挂门比较,塞拉式车门可使车内噪声减少 2~3 dB。

(3)节约车内空间。采用塞拉式车门能使车内有效宽度增加,节约空间,增加载客量。

塞拉式车门的缺点是:

结构较复杂,价格比外挂门高;故障率高,根据香港地铁的统计,采用外挂式车门的市区地铁车辆中,车门的故障率为16％,采用塞拉门的机场快线,车门的故障率为33％。

3. 双开内藏式侧拉门系统

(1)双开内藏式侧拉门的传动形式

双开内藏式侧拉门有空气驱动和电力驱动两种。传动形式有:

①齿轮齿条传动结构。此结构体积大,噪声大,但传动平稳。

②链轮链条传动结构。此结构体积大,噪声小,但传动不平稳。

③绳轮传动结构。此结构体积小,噪声小,门的行程调整比较方便,但传动不平稳。

④左右丝杠传动。

对地铁电动客车而言,目前国内外均趋向于用无声链条传动。

(2)风动双开侧拉门系统

风动双开侧拉门的开闭由司机集中操作双向电控电磁阀来实现,也可以双侧同时开闭。除此之外,还具有门未关妥时再开闭门扇的机械锁闭,即电气安全锁闭、故障隔离及紧急缓解开门等多种功能。侧门的风路系统采用符合国际标准的快速接头及尼龙管。

①主要技术规格见表2.4。

表 2.4　风动双开侧拉门主要技术规格

项别	性能要求	项别	性能要求	项别	性能要求
车门形式	双开侧拉门(风动)	系统工作压力	300～600 kPa	关门时间	(3±0.5)s
有效开度	1 300 mm	风源动力	600 kPa	快速压力	330 N
门洞高度	1 800 mm	开门时间	(2±0.5)s	慢速压力	138 N

②主要部件

整个系统由传动机构、门扇、驱动开关、隔离开关、机械锁钩、紧急缓解阀、双电控电磁阀、减压阀、风管路及电气安全锁闭电路等组成。

传动机构是最终正确执行车门开关动作的重要部件。传动机构由左右门吊铁、皮带轮、齿轮皮带、行程开关、锁钩及锁钩风缸等部件组成。

门扇是由铝板、铝型材及铝蜂窝经过热压成型。门扇前后边缘装有防噪声的橡胶条,门扇下部装有耐磨导槽,门扇的弯曲度应与车辆侧墙的弯曲度相匹配。

驱动机构安装在每对门扇上方,它具有双重活塞单向动作的功能,风缸由硬质铝合金缸筒、不锈钢活塞杆、大小活塞组及密封组件等组成。机械锁钩由固定在左传动装置上的锁钩和解钩风缸组成。紧急缓解阀由滚轮架、凸轮轴、钢丝绳、手把及安装角铁组成。

4. 端门、司机室侧门、间壁门

(1)端门

端门有单开拉门和折页门两种。端门是折页门的,其开向客室,有效开度为90°,门上设有安全玻璃窗,还设有一把手动门锁。

(2)司机室侧门

司机室侧门是向司机室侧开启的折页门,其有效开度为88°。门上设有半开式下拉窗,该窗的最大下拉开度为330 mm。司机室侧门窗上设有窗帘,门上还设有一把手动门锁。

(3)间壁门

间壁门是由司机室开向客室的折页门,其有效开度为90°,在司机室侧设有窗帘。门上还设有一把手动门锁、手柄、窥视孔和通风口。

5. 紧急疏散门和逃生装置

列车在隧道内运行一旦发生火灾或其他险性事故时,必须疏散车上的乘客,司机可打开端墙中间的紧急疏散门,引导乘客通过紧急疏散门走向路基中央,然后向两端的车站疏散。紧急疏散门为可伸缩的套节式踏级板,两侧设有扶手栏杆,中间铝合金踏板上涂有防滑漆。门锁在驾驶室内或室外都可开启,一旦门锁开启,车门能自动倒向路基。紧急疏散门带有缓冲器,不致使倒下的加速度过大而损坏疏散门装置。逃生装置在前端墙的中部,包括一个在顶部铰接的大窗和位于两个司机台之间的一个梯子,正常情况该梯子折叠并隐藏起来。在列车不能到达下一站时,逃生装置用于疏散乘客。

6. 客室车门的信息显示

(1)车门指示灯

每个客室门的上方都有一个橙色指示灯。亮灯表示该门开起;闪烁表示已发出关门指令,有车门尚未关上或尚未锁住;灯灭表示车门全部关好。在连续3次关门过程中均检测到障碍物,指示灯持续亮,直到任何开门或关门指令重新将门启动。当门被切除,该指示灯不再闪烁。

(2)车门切除指示灯

每个客室门的内侧上方都设有一个红色指示灯,该灯亮表示该车门已切除。但当EDCU故障或该门处于关闭情况下,切除时该灯不亮,此时可通过切除开关是否在切除位,反推确认车门机械锁死。驾驶室内显示屏打叉,全关闭灯亮可判断车门切除到位。当车门与电子门控器隔离后,列车内侧的红色的门状态指示灯亮,提示乘客"此门发生故障,驾驶员无法对其进行中央控制"。

(3)外侧车门指示灯

在每个车门口的上方外侧墙上,各设有一个橙色指示灯,该灯亮表示车门开起,关门后该灯灭。

(4)门蜂鸣器

每个客室侧门的上方均设有一个蜂鸣器。当蜂鸣器鸣响时,表示已发出关门指令,有关的车门尚未关上或尚未锁住。车门全部关好后蜂鸣器停止鸣响。如果操作了紧急入口/出口装置,蜂鸣器持续鸣响,该装置复位后蜂鸣器停止鸣响。

(5)车辆运行状态指示灯

运行状态指示灯设置在车体外墙19、20号门叶附近,每侧有5盏指示灯,显示每车不同的运行状态和紧急情况。指示灯的颜色从上到下为绿、橙、白、红、蓝,橙色指示灯对应的是车辆车门信息,如果橙色指示灯亮表示此车该侧至少有一扇门没锁闭。

(6)驾驶室车门指示灯

当所选车侧的车门均关闭并锁紧时,所选车侧的联锁安全回路闭合,所选车侧的驾驶室侧墙上车门关好,绿灯亮。当左侧和右侧的联锁安全回路均闭合时,驾驶台上的车门关好,绿灯亮。列车只有在驾驶台上的车门关好绿灯亮时才可以开动,否则列车无法开动。

(7)驾驶操作显示屏车门状态显示

在驾驶操作显示屏有反映车辆车门状态的显示信息图标,该信息图标是由不同颜色来表示车门状态。深圳地铁1号线车辆在司机室的列车显示屏(TMS-MMI)上,有一组车门图标,显示车门当时的工作状态。当车门关闭时,车门图标为蓝色;当车门打开或正在打开、正在关闭时,蓝色的车门图标闪烁;当车门发生故障时,图标显示红色;当车门的紧急开门装置手柄被拉下时,图标显示黑色;当车门被切除时,图标显示黄色。MMI 显示的车门图标如图 2.17所示。

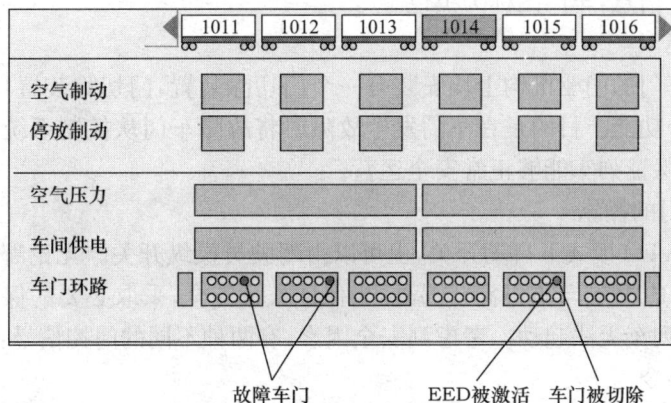

图 2.17　MMI 显示的车门图标

7. 客室车门功能

以深圳地铁一期工程车辆为例,介绍客室车门的功能。

深圳地铁一期工程地铁车辆的客室车门由上海法维莱公司制造,其结构为对开式电动塞拉门。每个客室车门上均安装有一个车门控制单元(EDCU),车门的开关指令由列车控制单元(VTCU)通过列车总线传输到每个车门的 EDCU,车门的动作由 EDCU 控制。

(1)基本功能

①自动开关门功能。

②车门参数调整功能。

(2)提示功能

在车门关闭之前,每个车门自动发出自动警示信号以提示乘客。警示信号分听觉信号和视觉信号两种:

①听觉警告信号在关门前 1~4 s(可调)响起,车门关闭后至少持续 2 s。

②视觉信号。在开关门时,车门内部上方设有一只橘黄色灯,该灯闪烁时表示关门指令已发出,该门尚未关上或未锁闭,用以提示乘客。另外,在车门上设有一只红色灯。红灯亮时,表示该门已切除,暂不能使用。

(3)安全功能

①障碍物检测功能

车门关闭过程检测到障碍物时,停顿约 1 s,然后打开约 200 mm(车门控制单元 EDCU 预先设定,可调),在 EDCU 预设的时间内车门自动再关闭。这个循环重复 3 次(预先设定,可调)。如果障碍物不被移走,在尝试第 3 次关门后,该车门将完全打开,并保持开门状态。要关闭该门,需要在司机室重新给出一个开门指令,同侧车门全部打开后,然后再给出一个关门指令,同侧车门全部关闭。产生过防夹功能的车门在撤出障碍物后,前 2 次关门过程,会比别的车门稍慢一些,开关门 2 次后,车门恢复正常状态。

②紧急开门功能

在每个客室车门的左侧安装有一个紧急开门装置,在危急情况下,乘客可以拉下紧急开门手柄,自行打开车门。紧急手柄被拉动后,车门机械结构解锁,车门安全环路断开,在人工驾驶模式下列车惰行,在列车自动驾驶(ATO)模式下,列车产生紧急制动,列车 TMS-MMI 显示车门紧急拉手被拉下信息,车门图标为黑色。

③门切除功能

在每个客室车门的门驱机构上均安装有一个门切除装置,门切除装置具有将车门机构锁定和电气隔离两个功能。目的是在车门发生故障时将故障车门从控制系统中隔离出去,并且车门被机械锁定,保证列车能够正常安全运营。

8. 电控气动门的操纵

车门既可在 ATO 模式下自动开关,也可以由驾驶员操纵开关。无论哪种模式,气动门的控制电路都采用 110 V 有节点电路。另外,为保证人员安全,采取必要的保护措施,确保当车门没有关闭好时,列车无法起动。考虑到安全因素,有两种不同的门控信号:门开使能;"开门"指令和"重开门"指令。

通常车门打开可以由 ATP 来使能,即当列车静止且在站台正确的位置时,ATP 系统给出使能信号,在非受限人工驾驶(URM)模式下,可以通过操作驾驶室的按钮实现开门使能,此时,车门使能与牵引控制单元的 0 km/h 信号互锁,或用乘务员钥匙也可以单独打开局部门。

门的电气动作通过控制中央控制阀进行,依靠一个单向作用的气缸去使锁钩打开。

(1)关门

当满足驾驶台激活、列车速度为"0"、ATP 给出门开使能信号后,按下开门按钮,经过整列车、单节车、单个门的相关继电器,控制单个门的中央控制阀状态,控制车门打开。停站时按下"关门"按钮,经时间继电器延时,中央控制阀控制使车门关闭。

(2)车门的监测

由于车门的状态关系到乘客及运营安全,为确保列车运行过程中车门正确锁闭,系统只要检测到有一个车门没有正确锁闭,列车将无法起动;而在运行过程中,如果有乘客将紧急解锁手柄拉下,列车将触发紧急制动并停车。

(3)重开门

当单个或多个车门没有完全关上时,可以按下"重开门"按钮重新把门打开并关闭(驾驶操作台:右侧按钮开右侧门;副驾驶操作台:左侧按钮开左侧门)。若按钮一直按下,车门将一直打开直至松开按钮。已锁闭车门将不会被打开。

(4)自动折返门操作

如果驾驶操作台在自动折返线时已锁,在 ATP 控制启动之前,开门命令一直保持有效。如果指令输出"列车控制已开",则开门指令被尾端驾驶室控制取代。尾端驾驶操作台启动激活后,门就可以由该操作台控制打开。

(5)用乘务员钥匙开门

只要列车已通电(蓄电池连接上)且压缩空气可以利用,则每节车的 19/17 门和 20/18 门可以局部打开。乘务员可操纵门上的旋转钥匙开关(车内或车外均可)即可局部打开车门。同时,此开门命令存储下来,门一直开着,直到以下三种情况出现门才关闭:

①门上的一个旋转钥匙开关给出局部关门命令。

②列车给出该侧"关门"指令。

③列车给出该侧"重开门"命令。

用乘务员钥匙进行局部开门不受 ATP 的释放或者在非受限人工驾驶(URM)操作模式下速度为 0 km/h 的限制,即使列车在驾驶时也可以进行局部开门。但当门被切除时此项功能失效。

9. 电控电动门的操作

当列车进站停妥后,司机发出的开关门指令通过列车控制系统的信号线向车门控制单元输入符合其工作要求的环境信号,使车门电机在 EDCU 的控制下驱动车门动作,其工作原理框图如图 2.18 所示。

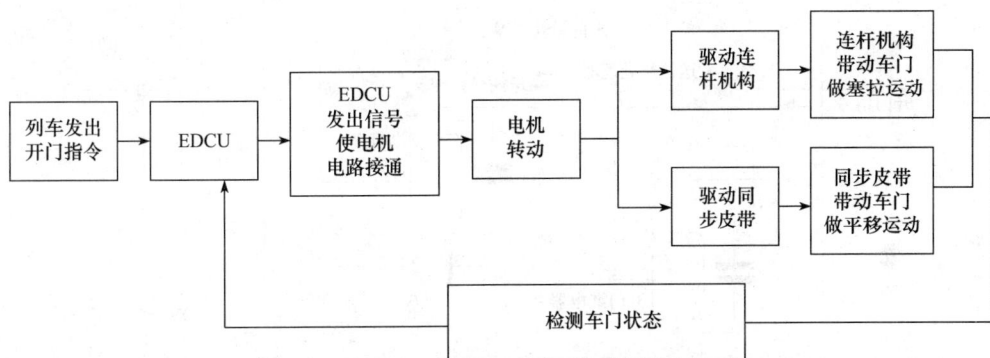

图 2.18　客室车门原理框图

车门打开需要具备两个条件:一是司机发出开门指令,二是列车处于停止状态,即列车速度为零。车门控制单元(EDCU)负责检测列车司机室发出的指令,当司机室发出"开门"指令,则控制电路会给出一个高电平的信号给 EDCU,EDCU 在得到一个高电平的开门指令以及列车零速的高电平信号时,EDCU 就执行开门命令,只要两个信号的其中一个是低电平,则EDCU配置的继电器就会阻止车门打开。EDCU 原理如图 2.19 所示。

(1)开关门

整个门系统的运动是由电子门控单元(EDCU)控制,电动机驱动。电动机通过传动系统驱动丝杠螺母系统,丝杠上的螺母通过铰链与门叶相连,驱动门叶开关。丝杠螺母机构保证了门叶的同步性。

通常开关门是驾驶员操纵开关门按钮实现的,开关安装在驾驶室内,驾驶室内每侧一套开关门按钮,单独电路。当驾驶员用主控钥匙启动驾驶台时,开关门按钮得电。当所有车门关闭和锁闭时,关门按钮灯亮,若任一门保持在打开状态,所有关门按钮均不亮。这样为驾驶员提供了车门的状态指示。

车门既可在 ATO 模式下自动开关,也可以由驾驶员操纵开关。考虑到安全因素,也有两种不同的门控信号:门开使能;"开门"指令。

在通常的操作中车门打开可以由 ATP 来使能,电子门控单元控制开关门。

只有当列车静止且在站台正确的位置时,ATP 系统才能给出使能信号。在 URM 模式下操作,可以通过驾驶室的按钮来实现开门使能。在这种情况下,车门使能与牵引控制单元的0 km/h信号互锁。门只有在驾驶操纵台启动下才能打开。当列车控制只连接着 ATP 系统时,中央开门及关门是不可能的。

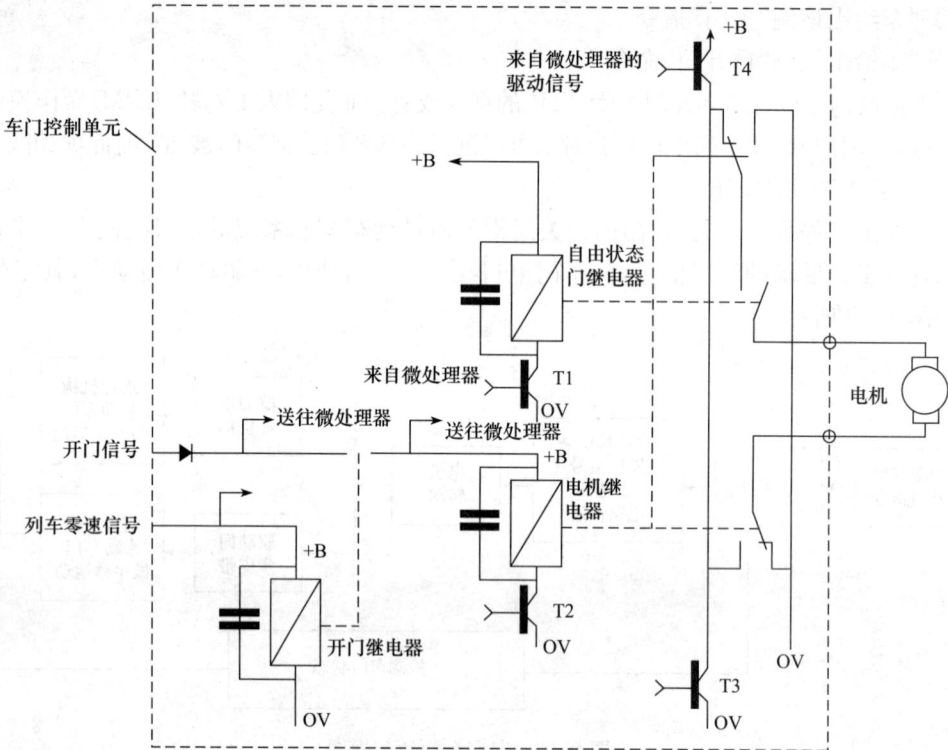

图 2.19　车门控制单元(EDCU)原理图

当驾驶员按下关门按钮后,关门信号通过列车线向每个车门发出,每个车门的电子门控单元收到关门信号后将控制电动机驱动丝杠,从而使门叶关闭并锁好。

单个车门的开关还可以通过乘务员钥匙开关来实现。在每辆车上的两个车门内外都安装有乘务员钥匙开关。当车门关闭锁上且蓄电池电源可用时,乘务员钥匙开关可被授权人员使用。钥匙开关有三个挡位,即"开""断"和"关"。只有当开关处于"断"位置时,钥匙才能被插入和拔出。当该装置处于"开"位时,车门解锁并部分打开,手动全部打开。打开车门将会断开车辆的安全回路。将钥匙重新设定在"断"位不会影响车门的状态。将钥匙旋转至关闭位置将使车门关闭并锁上。一旦锁上,列车安全回路将重新形成。如果所有门接收来自驾驶室开关门按钮的指令开门时,操纵该装置将不起作用。

(2)零速度保护

车速为"0"时,车门控制器得到"零速"信号,开门功能起作用。当车速大于 5 km/h 时,车门仍然开启时,将启动自动关门。

(3)安全回路

锁闭开关检测到车门完全关闭后,其常开触点闭合,同一节车同侧所有车门的锁闭开关常开触点串联,形成关门安全联锁电路。一列车的关门安全联锁电路形成环路,所有车门关好后,驾驶室内"门已锁闭"指示灯亮,列车方可起动。列车左右侧安全联锁电路相互隔离。由于车门状态关系到乘客及运营安全,为确保列车运行过程中车门正确锁闭,只要检测到有一个车门没有正确锁闭,列车将无法起动;而在运行过程中,如果有乘客将紧急解锁手柄拉下,安全回路断开,列车将可能触发紧急制动并停车。

（4）紧急开门

在紧急状态下，乘客扳动某个车门的紧急开门手柄后，门控电子单元（EDCU）根据"零速"监控回路的信息做出下述决定：

①在列车速度大于 3 km/h 时，车门关闭，锁闭线路不中断，车门无法打开。

②列车速度小于 3 km/h 时，列车的"零速"监控回路被激活，"零速"信号直接激活 EDCU的内部安全继电器，此时车门可手动开关。

③若将紧急装置复位，门的开关恢复正常。内部紧急装置可通过手柄复位，外部紧急装置只能通过方孔钥匙复位。

（5）车门的切除

当单个车门故障时，为了不影响列车的运行，通过专用钥匙将该车门进行电隔离称为切除车门。切除车门后，安全回路将通过"门切除"行程开关组成安全回路。门切除后，该门将不再受开关门指令控制，可以通过专用钥匙将该车门复位。

（6）障碍物探测

如果关门时碰到障碍物，最大关门力最多持续 0.5 s，然后车门可以重新打开一段距离，再重新关闭或保持这个位置进行一段时间的调节，再完全关上。如果障碍物一直存在，经过几次探测后，门将处于打开状态。障碍物探测的次数及障碍物的大小由电子门控单元设定。

气动门的障碍物探测通过压力传感器测定关门阻力来实现；电动门的障碍物探测通过测定电动机电流值实现，关门时序中，每一时序的额定电动机电流曲线存储并可自动调整，如果电动机电流实际值超过额定值，则启动障碍物探测功能。

10. 地铁车辆运行时的开、关门程序

（1）地铁车辆客室门开门程序

①在自动驾驶或 ATP 防护人工驾驶模式下，地铁车辆客室门开门程序如下：

a. 列车停稳。

b. ATP 将允许开门按钮灯左侧或右侧点亮。

c. 如果列车停在准确的位置（仅在自动驾驶模式），ATO 发出一个开门控制指令。如果列车停车位置超出或处于任何其他的驾驶模式，驾驶员可按下"允许"开门按钮，允许开门按钮灯点亮，然后开门操作。

d. 列车综合管理系统送出一个持续 3 s 的音频信号。

e. 车门的两个指示灯（内/外侧）闪烁。

f. 门打开。

g. 驾驶操作显示屏上的门图标变为黄色。

h. 门关到位后灯熄灭。

i. 关门按钮灯左侧或右侧点亮为红色。

②在人工驾驶模式下，驾驶员必须根据不同的车站选择左侧或右侧一边开门。

a. 列车停稳。

b. ATP 不会点亮左侧或右侧允许开门按钮灯。

c. ATO 不会送出一个开门控制指令。驾驶员必须手动按下相应的开门按钮"允许"开门。

d. 列车综合管理系统送出一个持续 3 s 的音频信号。

e. 车门的两个指示灯（内/外侧）闪烁。

f. 门打开。

g. DDU 上的门图标变为黄色。

h. 门关到位灯熄灭。

i. 关门按钮灯左侧或右侧点亮为红色。

（2）地铁车辆客室门关门程序

①自动驾驶模式时

a. 驾驶员根据关哪一侧门的需要按下"左侧关门"或"右侧关门"按钮。

b. 列车综合管理系统发出一个持续 3 s 的音频信号。

c."所有门关到位"点亮,关门按钮灯熄灭,驾驶操作显示屏上的图标变为黑色。

d. 驾驶员接下"起动允许"按钮,列车开始加速。

如果有人拉客室紧急手柄,在驾驶操作显示屏上显示相应门的图标(箭头);如果列车处于停止状态,列车不能起动;如果列车已经起动运行,驾驶员可根据列车在轨道上的位置决定是否停车(采取紧急制动)或让 ATP 掌管,此时,门安全回路打开。

②人工驾驶模式时

a. 驾驶员根据关哪一侧门的需要按下"左侧关门"或"右侧关门"按钮。

b. 列车综合管理系统发出一个持续 3 s 的音频信号(蜂鸣器)。

c."所有门关到位"点亮,关门按钮灯熄灭,驾驶操作显示屏上的图标变为黑色。

d. 驾驶员将驾驶主手柄向前推到牵引区,列车开始加速。

如果有人拉客室紧急手柄,在驾驶操作显示屏上显示相应门的图标(箭头);如果列车处于停止状态,列车不能起动;如果列车已经起动运行,驾驶员可根据列车在轨道上的位置决定是否停车(采取紧急制动)或让 ATP 掌管,此时,门安全回路打开。

③慢行模式时

a. 驾驶员根据关哪一侧门的需要按下"左侧关门"或"右侧关门"按钮。

b. 列车综合管理系统发出一个持续 3 s 的音频信号。

c."所有门关到位"点亮,关门按钮灯熄灭,驾驶操作显示屏上的图标变为黑色。

无论车门是否关好,驾驶员都可将驾驶主手柄向前推到牵引区,列车开始加速,速度可达 3 km/h。在车门打开的情况下驾驶,驾驶员必须负责。

11. 车门特定故障时的应急处理

车门是列车运用过程中开关频率、出现故障频率最高的设备之一。因此,掌握车门故障处理技巧尤为重要。下面以北京地铁 SFM04 型车辆为例介绍车门故障时的处理方法。

（1）全列车车门打不开的应急处理

①确认车门选向开关的作用是否正常。

②确认开门按钮的作用是否正常。

③检查头车空气自动开关 QF16 是否跳开,如跳开,则将其闭合。

④短接操纵端零速旁路开关 SK2,动车前将零速旁路开关恢复。

⑤如仍然打不开门时,更换操作台,到尾车进行试验。

⑥如仍然打不开车门时,利用紧急开门装置(位于客室门右上方)将车门打开后疏散旅客,立即清客下线。

（2）全列车车门关不上的应急处理

①确认开门按钮的作用是否正常。

②将车门选向开关回零强行关门（注意：关门时无防挤压功能、再开门功能）。

（3）门灯与 TMS 显示不符的应急处理

①若确认全列车车门确已关好，列车开、关门指示灯异常，TMS 显示器及侧墙门灯显示正常，短接关门旁路开关 SK1，并随时注意 TMS 的运行显示画面。遇到显示不正常时立即停车检查，防止开门走车。维持运行到终点站下线。

②若确认全列车车门确已关好，列车关门指示灯显示正常，而列车车厢外侧壁门灯不灭，TMS 显示器关门光带显示异常时，司机应加强观察，在运行中随时注意开、关门指示灯的显示，加强对车门关闭状态的确认。

（4）个别车门打不开或关不上的应急处理

①若发现个别车门未打开，可在 2 s 后再次按下开门按钮。

②若发现个别车门关不上，可在 2 s 后再次按下关门按钮。

（5）单节车门打不开或关不上的应急处理

①检查故障车空气自动开关 QF17 是否跳开，如跳开，则将其闭合。

②如该开关连续跳，立即清客下线。

（6）客室车门发生无防挤压功能、无再开门功能（门控器故障），只能执行关门指令的应急处理

①先将故障车门障碍物清除，然后将车门封闭。

②如果车门障碍物无法取出，则将故障车门上盖内的门控器开关跳开，手动将门打开，清除障碍物，然后再手动关好故障车门并将其封闭。

（7）单个车门关不上的应急处理

①门槽有异物：清理异物关门或撬开门扇关闭车门；如果车门障碍物无法取出，则将该车门上盖内的门控器开关跳开，手动将车门打开，清除障碍物，然后再手动关好故障车门并将其封闭，再闭合该车门的门控器开关。

②门扇胶条变形：捋直胶条关闭车门。

③手动关门后确认该车门已故障不能正常动作时，使用隔离开关切除故障车门，挂上门故障牌，维持运行。

④采用人工手动关门但关闭不了时，若门间隙小于 100 mm，则挂好门栅栏，副司机在故障处监护，维持运行到终点站清客下线；若门间隙大于 100 mm，则需副司机在故障处监护，将关门旁路开关 SK1 置于"强制"位，立即清客下线。

12. 轻轨客车车门故障应急处理

以武汉轻轨列车为例，轻轨客车车门故障应急处理方法如下：

（1）列车整列客室车门无法打开

①故障现象

列车对标停车后，司机进行正常的开门操作步骤后，整列车门没有打开。

②处理方法

a. 在车门自动控制模式下

检查 TOD 显示屏是否有"开门"提示，如有"开门"提示，则将相应侧"门允许"开关置于"旁路"位，检查并闭合"列车门控"自动开关。若以上方法无效，则转为车门手动控制模式开

门。如没有"开门"指示,则转为车门手动控制模式开门。

b. 在车门手动控制模式下

(a)检查"开门允许"指示灯是否亮。如该指示灯未亮,则将相应的"门允许"开关置于"旁路"位后开门;如仍不能开门,则按压"试灯"按钮,判断"开门允许"指示灯是否损坏;如"开门允许"指示灯良好,则检查并闭合司机室右侧电气柜内的"列车门控"自动开关,进行开门操作;如自动开关在"闭合"位,则按压"换端"按钮至"开门允许"指示灯亮,进行开门操作,开门操作完成后按压"换端清除"按钮(约3 s后,"开门允许"指示灯灭)。

(b)按压司机操纵台上的"开门"按钮ODC开门。

(c)报告行调,至另一端司机室进行开/关门作业,清客,退出运营。

(d)若以上方法无效,紧急解锁车门,手动开门后,清客,退出运营。

(2)单节车客室门无法打开

①故障现象

司机进行正常的开门操作步骤后,某节车车门没有打开。

②处理方法

a. 通过司机室液晶显示屏和车外侧车门指示灯(黄色)判断故障车辆。司机通过广播告知乘客从相邻车门下车。检查并闭合故障车的"本车门控"自动开关后,转车门手动控制模式开门。

b. 若以上方式无效,清客,退出运营。

(3)个别客室车门无法打开

①故障现象

司机进行正常的开门操作步骤后,个别车门没有打开。

②处理方法

a. 如在车门自动控制模式下,转车门手动控制模式开门;如果在车门手动控制模式下,则重新进行开门操作(注意:按压开门按钮的时间不少于0.5 s)。

b. 若以上方法无效,如确认该车门关闭正常,维持运行;否则人工切除该车门,维持运营至终点站,向驻站检修人员报修。

c. 一节车单侧客室车门无法打开的车门不超过一个时,在车门上贴上标志,维持运行至全天运营结束,否则在终点站报告行调,听从行调的安排。

(4)个别车门打开后没有开到位

①故障现象

司机进行正常的开门操作步骤后,个别车门打开后没有开到位。

②处理方法

a. 待关门操作完成后,人工切除该车门,维持运行。

b. 一节车单侧客室车门无法正常打开的车门不超过一个时,在车门上贴上标志,维持运行至全天运营结束,否则在终点站报告行调,听从行调的安排。

(5)"门全闭"指示灯不亮

①故障现象

列车关门后,列车"门全闭"指示灯不亮。

②处理方法

a. 通过 TMS 显示屏检查客室车门是否全部关闭,否则按"个别车门无法关闭"处理,直至所有客室车门关闭。

b. ATO 模式下检查前后端司机室侧门是否关闭。非 ATO 模式下检查后端司机室侧门是否关闭。

c. 按压"试灯"按钮,判定"门全闭"指示灯是否损坏,如损坏则通过 TMS 显示屏判断客室车门是否全部关闭,维持运行至终点站,向驻站检修人员报修。

(6)个别客室车门无法关闭

①故障现象

列车关门后,"门全闭"指示灯不亮,TMS 显示屏显示某个车门没有关闭。

②处理方法

a. 通过 TMS 显示屏判断故障车门。

b. 如有异物,则在取出后在车门手动控制模式下开门;否则人工关门,并切除该车门,维持运行。一节车单侧客室车门无法正常打开的车门不超过一个时,在车门上贴上标志,维持运行至全天运营结束,否则在终点站报告行调,听从行调的安排。

c. 如人工无法关门,则报告行调,清客,转 ATP 切除模式,按压"门旁路"开关并推出运营。

(7)司机室车门无法关闭

①故障现象

操作端或非操作端司机室车门无法关闭。

②处理方法

重新关闭司机室门两次,如仍然无法关闭,则进行下列操作:打开相应司机室车门侧罩板,检查司机室车门锁钩、锁座,如发现锁钩断裂、卡死,锁座错位、脱落等机械故障,司机无法修复时,用白布带或绝缘胶布或绳子将司机室车门把手和扶手绑扎固定,转为 PM 模式(保护人工模式)运行至终点站,退出运营。

2.3.5　知识拓展

深圳地铁一期工程地铁车辆的客室车门由上海法维莱公司制造,其结构为对开式电动塞拉门。每个客室车门上均安装有一个车门控制单元(EDCU),车门的开关指令由车辆控制器(VTCU)通过列车总线传输到每个车门的 EDCU,车门的动作由 EDCU 控制。

1. 车门打开步骤

(1)车门解锁(如图 2.20 和图 2.21 所示)

EDCU 接到开门指令,给电机通电,由于门机构上导轨端部被协调杆上滚轮锁定,平移运动受阻,造成电机齿轮无法带动同步皮带运动,电机产生的力使电机体转动并驱动连杆传动机构,使悬挂装置及门页向外做塞出运动,使车门解锁。

(2)塞出＋平移混合运动(如图 2.22 和图 2.23 所示)

伴随着悬挂装置及门页的塞出运动,协调杆上臂开始绕着它的轴转动;协调杆上臂滚轮离开门页导轨的端部,当锁定杆到达并压迫塞拉止挡时,悬挂装置及门页的塞出运动结束,电机体转动停止,只有电机齿轮逆时针转动。

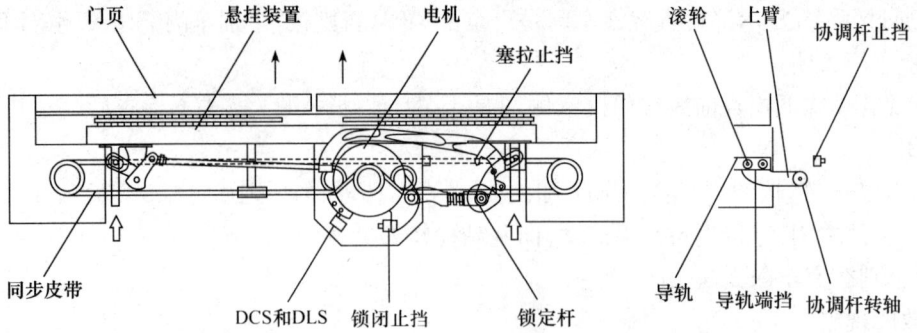

图 2.20　门机构准备解锁示意图

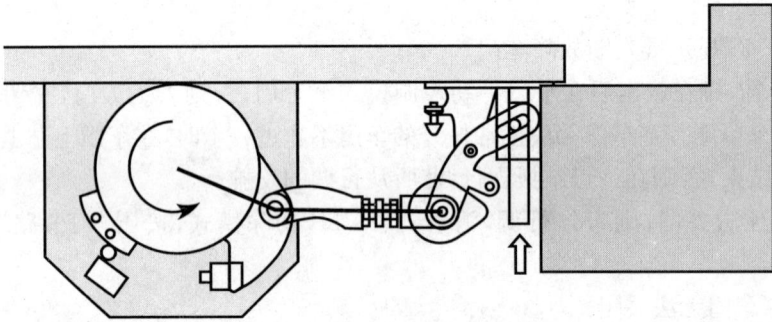

图 2.21　开门第一步(车门锁闭状态)连杆机构示意图

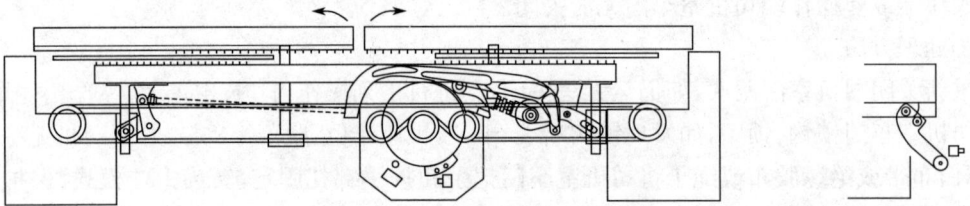

图 2.22　开门第二步(塞出＋平移混合运动)示意图

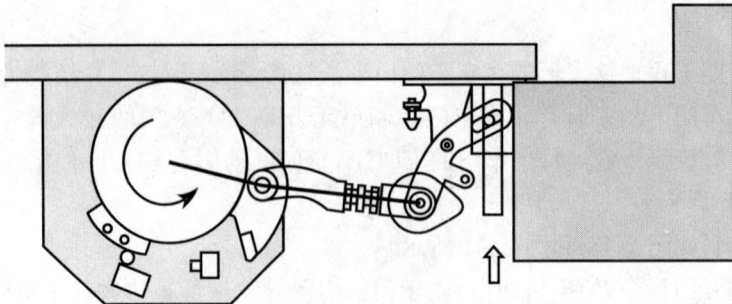

图 2.23　开门第二步连杆机构工作原理图

(3)平移运动(如图 2.24 和图 2.25 所示)

电机体锁定,电机齿轮逆时针转动,驱动同步皮带沿着开门方向运动,并通过驱动臂带动门页在伸缩滑道及协调杆滚轮的导向下做平移运动;当开门止挡碰到门框时,电机电流增大,EDCU 根据开门时间和电机电流值判断车门开到位,于是切断电机电源,开门运动结束。

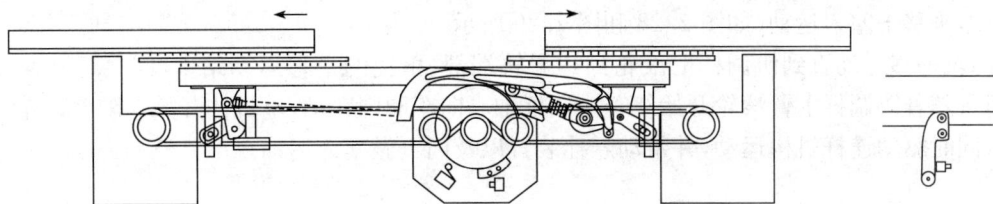

图 2.24　开门第三步(平移运动)示意图

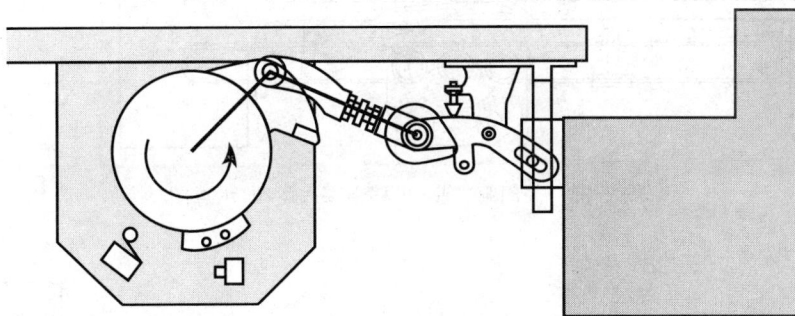

图 2.25　开门第三步(平移运动)连杆机构示意图

2. 关门步骤及工作原理

(1)平移运动(如图 2.26 和图 2.27 所示)

　　EDCU 接到关门指令,使电机通电,电机齿轮开始顺时针转动,并通过驱动臂带动同步皮带运动,门页在伸缩滑道及协调杆滚轮导向作用下,向着关门方向以较高的速度平移运动。

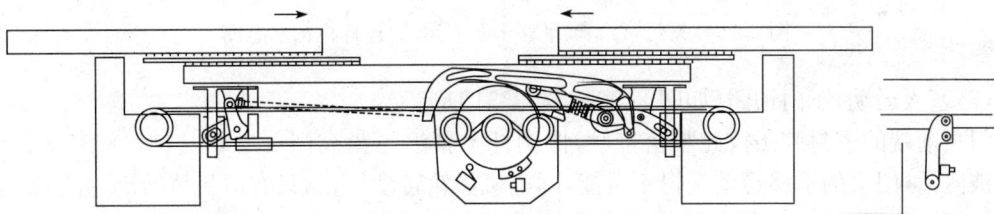

图 2.26　关门第一步(平移运动)示意图

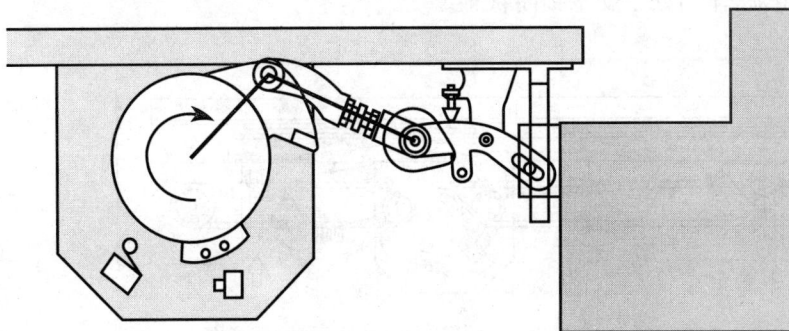

图 2.27　关门第一步(平移运动)连杆机构示意图

（2）平移＋塞入运动（如图 2.28 和图 2.29 所示）

门页平移运动直到协调杆上滚轮到达导轨端部，单纯的平移运动结束，门页运动速度减慢，门页随着协调杆上臂滚轮开始绕着协调杆轴心向车厢内转动，电机体开始伴随着齿轮一起转动，同时驱动连杆机构运动，并带动悬挂装置以及门页做塞入运动。

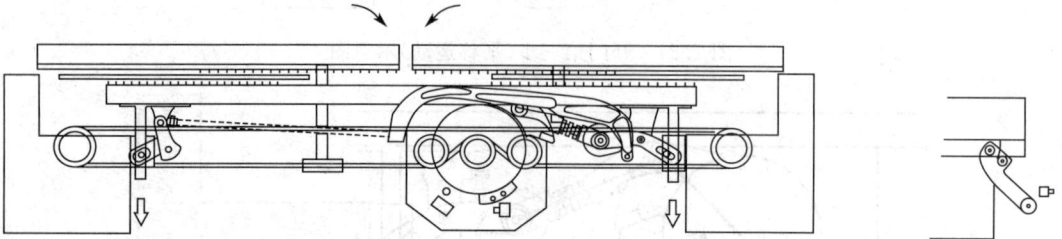

图 2.28　关门第二步（平移＋塞入运动）示意图

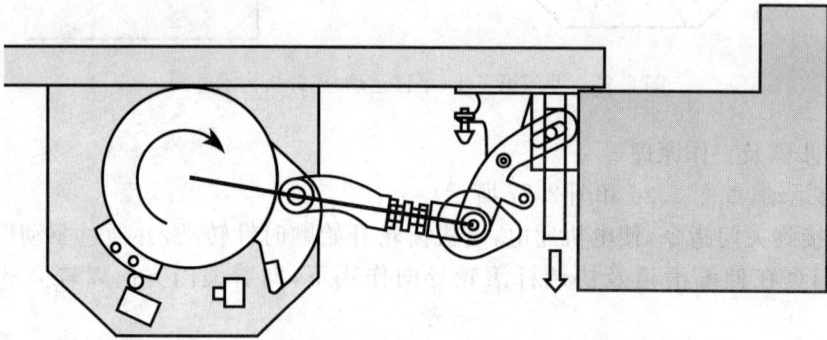

图 2.29　关门第二步（平移＋塞入运动）连杆机构示意图

（3）塞入运动，车门锁闭（如图 2.30 和图 2.31 所示）

门页前端的密封胶条彼此紧密接触，协调杆上臂滚轮紧靠门页导轨端部，DCS 双位置继电器被激活，门页的平移运动变得不可能，即电机齿轮转动停止，只有电机体转动，并驱动锁定杆超过死点位置，DLS 双位置继电器被激活，电机体继续转动到电机体凸缘压迫锁闭止挡，当电机电流增大到规定值时，EDCU 根据关门时间、DLS 状态以及电机电流值判断车门关闭好后，切断电机电流，车门处于安全锁闭状态。

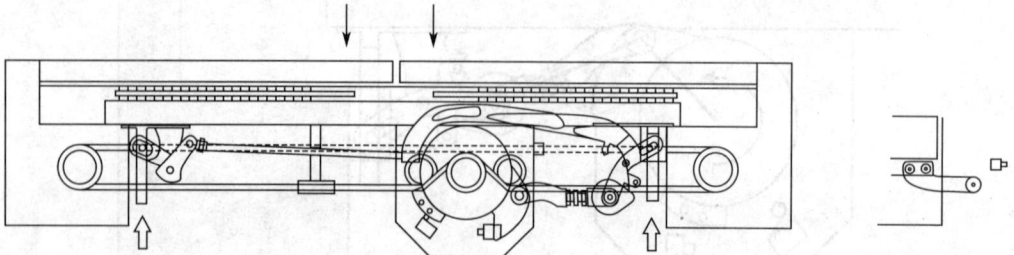

图 2.30　关门第三步（塞入运动）示意图

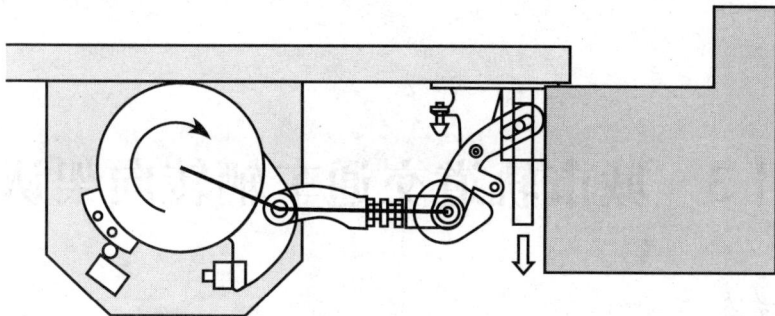

图 2.31　关门第三步(塞入运动)连杆机构示意图

项目小结

　　本项目主要介绍了城市轨道交通车辆的类型、结构和组成,同时介绍了司机室的结构和内部布置以及车门种类、结构和控制原理,通过本项目的学习,要求学生熟悉城市轨道交通车辆的内装设备,掌握各种车门故障时的应急处理方法,培养良好的应急处理能力和安全意识。

复习思考题

1. 城市轨道交通车辆的车体有什么功能?
2. 城市轨道交通车辆的车体按材料不同有什么形式? 各有什么特点?
3. 根据城市轨道交通的特点,客室车门有哪些要求?
4. 城市轨道交通车辆车门按照功能和安装位置有哪几种?
5. 全列车车门打不开时,司机应如何处理?
6. 单节车门打不开或并不上时应如何处理?

项目 3　城市轨道交通车辆转向架认知

项目描述

转向架是车辆最重要的组成部件之一，它的结构、性能直接影响着车辆的运行可靠性、动力性能和行车安全。本项目主要介绍转向架的作用、类型、结构、主要组成部件、预防性维修、牵引装置、动力转向架传动系统的主要配置方式以及上海、广州城市轨道交通车辆转向架的结构组成与主要特点。

拟实现的教学目标

1. 能力目标

能够对照实物指认转向架上各部件的名称，包括牵引和传动装置结构中各组成部件的名称。

2. 知识目标

了解城市轨道交通车辆转向架的类型、结构、主要组成部件、牵引连接和传动装置、转向架的预防性维修以及上海、广州城市轨道交通车辆转向架的结构组成与主要特点。

3. 素质目标

培养学生对转向架在行车中的重要作用的认识，自觉熟悉不同类型转向架的结构和特点，培养学生的专业兴趣和专业学习能力，不断学习新技术、新设备，树立终身学习的意识，适应城市轨道交通快速发展的需要。

典型工作任务 1　转向架基本结构认知

3.1.1　教学目标

1. 能力目标

能够对照实物指认转向架上各部件的名称。

2. 知识目标

了解城市轨道交通车辆转向架的类型、结构、各组成部分的作用以及转向架的预防性维修内容。

3. 素质目标

培养学生城市轨道交通车辆转向架各部件的运用及检修能力以及爱护工具、设备，维护工作环境整洁的习惯。

3.1.2　工作任务

了解城市轨道交通车辆转向架的作用、类型,熟悉转向架各组成部件的作用与结构特点,熟悉部分转向架主要部件的月检与定修规程。通过对上海地铁1、2号线、广州地铁1号线车辆转向架的详细描述,完成知识的拓展与能力的提高。

3.1.3　所需配备

多媒体教室;相关课件、视频及动画演示;城市轨道交通车辆模型实训室;动力和非动力转向架模型;轮对装置模型;《转向架维修手册》及室内安全管理规定。

3.1.4　相关配套知识

转向架是安装在车体与轨道之间、用来牵引和引导车辆沿着轨道行驶、承受与传递来自车体及线路的各种载荷,并可缓和其动力作用的装置,是城市轨道交通车辆最重要的组成部件之一,其结构、性能直接影响着车辆的运行可靠性、动力性能和行车安全。

城市轨道交通车辆的转向架分为动车转向架(如图 3.1 所示)和拖车转向架(如图 3.2 所示),两者的主要区别是动力转向架设有牵引电机及其传动装置。除此之外,城市轨道交通车辆运行于地下隧道或城市的高架道路上,因此要求转向架具有较低的噪声和良好的减振性能,并且具有适应车辆载重量变化较大的能力,所以广泛采用空气弹簧和橡胶弹簧作为弹性悬挂元件。

1. 转向架的分类

(1)按有无牵引电机可分为动车转向架和拖车转向架。

(2)按轴箱定位方式可分为拉板式定位、拉杆式定位、转臂式定位、层叠式橡胶弹簧定位、

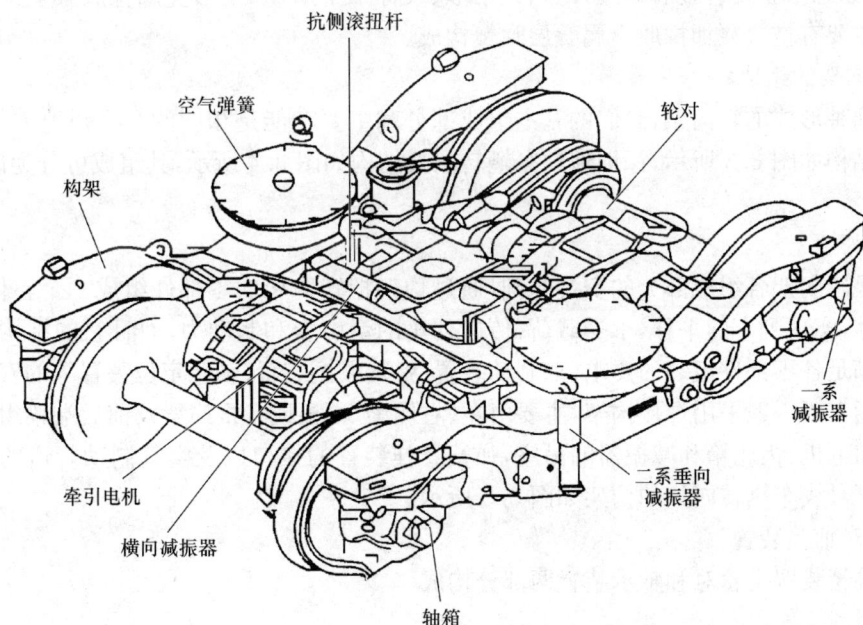

图 3.1　动车转向架

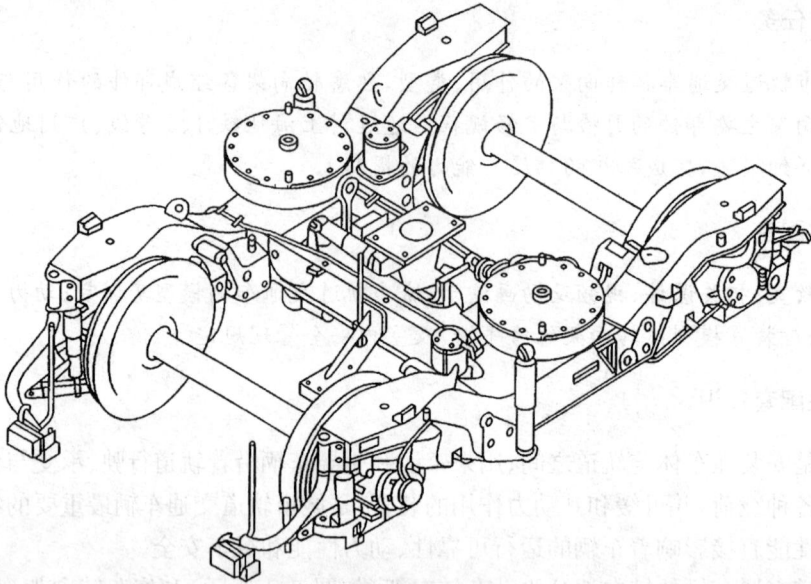

图 3.2 拖车转向架(先行拖车)

干摩擦式导柱定位。

(3)按弹簧装置的形式可分为一系弹簧悬挂、二系弹簧悬挂。

(4)按弹簧的横向跨距可分为外侧悬挂、内侧悬挂、中心悬挂。

(5)按车体与转向架之间的载荷传递方式可分为心盘集中承载、非心盘承载、心盘部分承载。

城市轨道交通车辆的转向架一般采用二轴构架式转向架,并普遍采用无摇枕结构。主要特点是:一系悬挂主要有金属螺旋弹簧、人字形(或称八字形)和锥形金属橡胶弹簧三种结构;二系悬挂主要有空气囊加橡胶金属叠层弹簧构成。

2. 转向架的组成

不管何种形式的转向架,它们的基本组成部分和主要功能是相同的。广州地铁 2 号线车辆转向架结构如图 3.3 所示,深圳地铁车辆转向架结构如图 3.4 所示,其组成可分为以下几个部分:

(1)构架

构架是转向架各组成部分的安装基础,通过构架把转向架的零部件组成一个整体。它不仅支撑车体,实现列车的平移,承受载荷,传递列车的牵引力和制动力,而且它的结构、形状和尺寸都应满足各零部件组装的要求(如制动装置、弹簧减振装置、轴箱定位装置等的安装)。城市轨道交通车辆一般采用焊接构架,主要由左、右侧梁,一根或几根横梁及前后端梁组焊而成,并设有牵引电机、齿轮箱和减振器的吊座,弹簧悬挂装置的接口以及空气制动管道的支架等。广州地铁 1 号线车辆转向架的构架如图 3.5 所示。

(2)轮对轴箱装置

轮对轴箱装置由轮对和轴承装置两部分构成。

①轮对

轮对是组成转向架的重要部件之一,由一根车轴和两个相同的车轮采用过盈配合使之牢

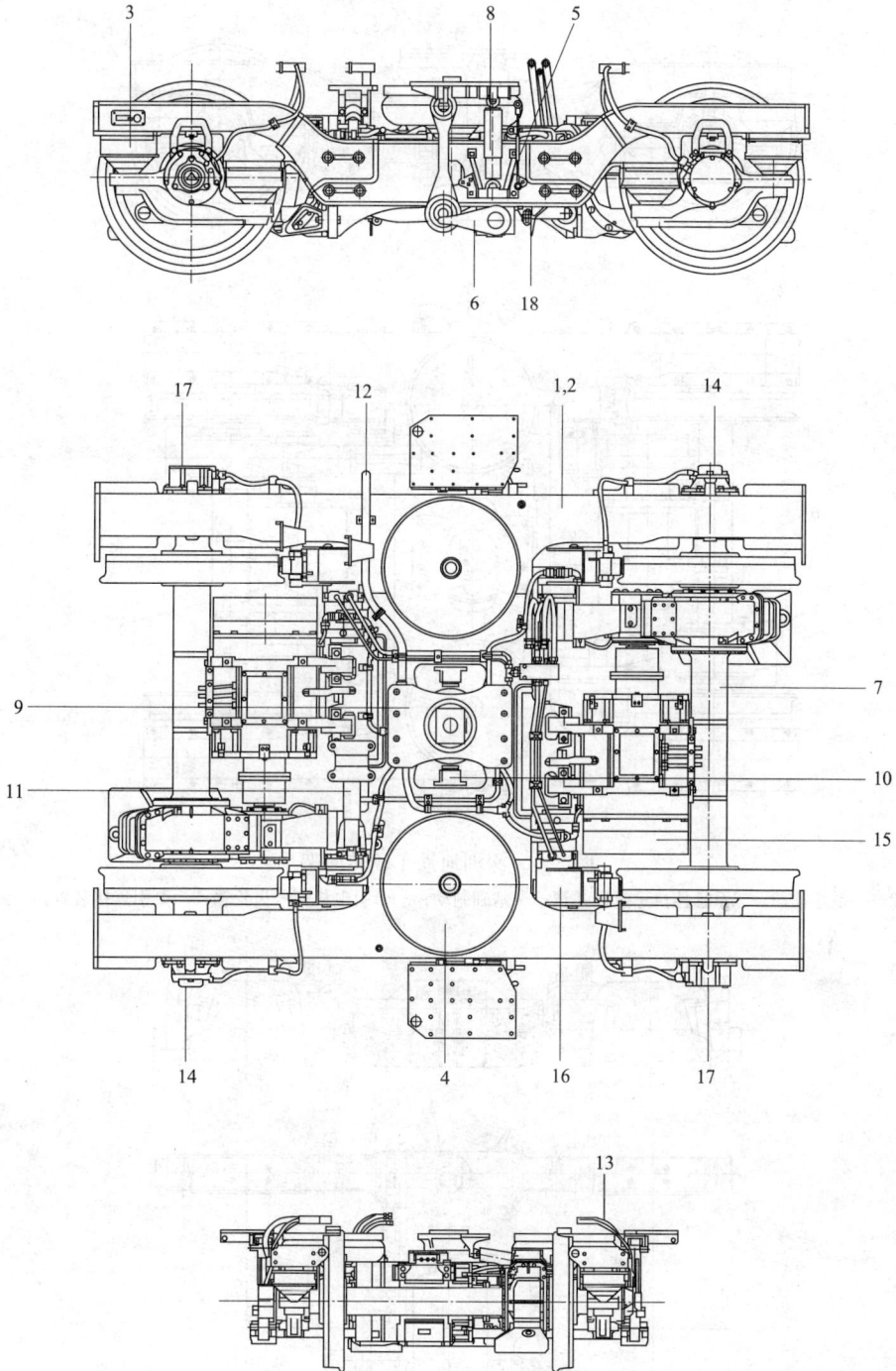

图 3.3　广州地铁 2 号线车辆转向架结构

1—转向架构架；2—塞子和制造商/铭牌；3—一系悬挂；4—二系悬挂；

5—高度调整系统；6—防侧滚扭杆；7—轮对；8—垂向减振器；9—中心销；

10—横向止挡；11—横向减振器；12—传感器电缆；13—管路；14—轴和接地；

15—牵引电机；16—单元制动器；17—BCU 速度传感器；18—制动缓解阀

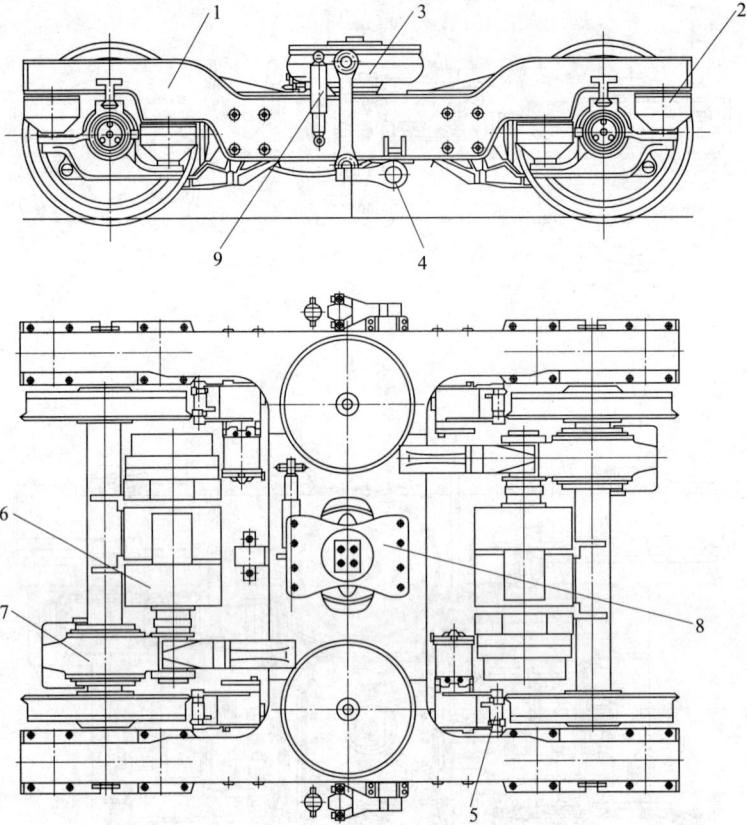

图 3.4 深圳地铁车辆转向架

1—构架;2—一系悬挂;3—二系悬挂;4—扭杆弹簧;5—基础制动;6—牵引电机;7—齿轮箱;8—牵引连接装置;9—液压减振器

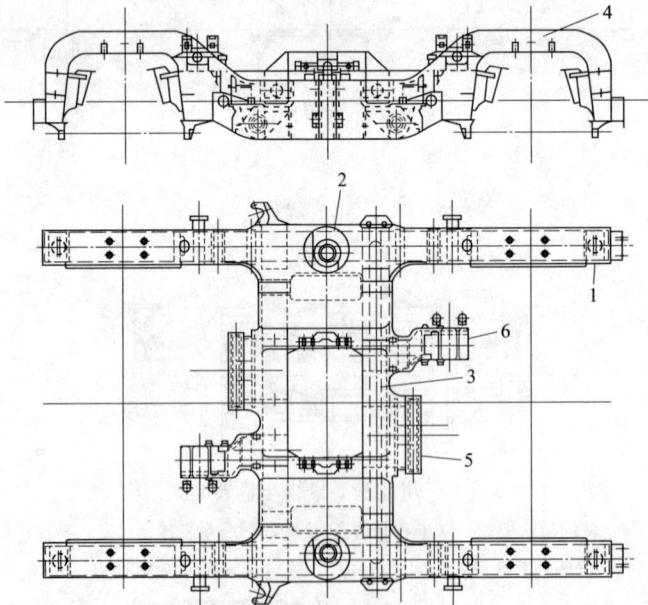

图 3.5 构架

1—侧梁;2—空气弹簧座;3—横梁;4—轴箱吊框;5—电机安装座;6—齿轮箱吊座

固地结合在一起,如图 3.6(a)所示。轮对承担车辆全部载荷,引导车辆沿着钢轨高速运行,传递从车体、钢轨传来的各种作用力。

城市轨道交通车辆使用的车轴,绝大多数为圆截面实心轴,采用优质碳素钢加热锻压成型,再经热处理和机械加工制成。车轮按结构分为整体轮和轮毂轮两种,整体车轮按其材质可分为辗钢轮和铸钢轮等。目前我国城市轨道交通车辆普遍采用整体辗钢轮,由踏面、轮缘、辐板和轮毂组成,如图 3.6(b)所示。新轮的直径是 840 mm,磨损后的车轮直径极限是 770 mm。轮对的内侧距是保证车辆运行安全的一个重要参数,所以,必须有严格的规定,我国城市轨道交通车辆轮对的内侧距为(1 353±2)mm。

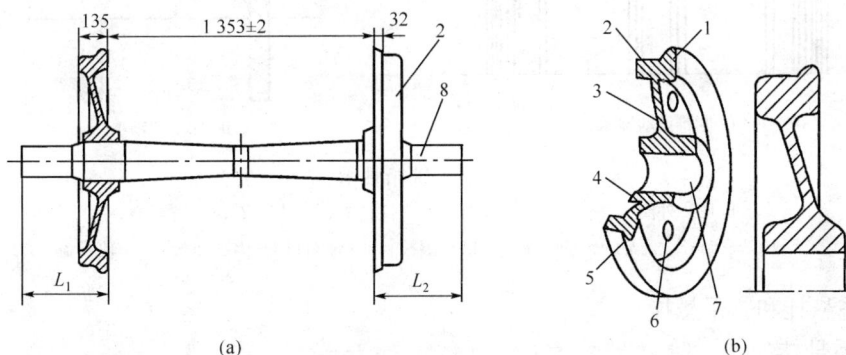

图 3.6 轮对和整体辗钢轮

1—轮辋;2—踏面;3—辐板;4—轮毂;5—轮缘;6—工艺孔;7—轮毂孔;8—车轴;L_2-L_1—轮位差

②轴承装置

轴箱装置的作用是将轮对和构架联系在一起,使轮对沿钢轨的滚动转化为车体沿轨道的平动,并把车辆的重量以及各种载荷传递给轮对,保证良好的润滑性能,减少磨耗,降低运行阻力。与滑动轴承相比较,采用滚动轴承可显著降低车辆的起动阻力和运行阻力,改善车辆走行部分的工作条件,减少燃轴的惯性事故,并大量减少轴承的维护和检修工作量,降低运营成本。

一般地铁车辆用的滚动轴承按滚动体形状可分为:圆柱滚动轴承、圆锥滚动轴承、球面滚动轴承。图 3.7 所示为圆柱滚动轴承和圆锥滚动轴承。

(3)弹性悬挂装置

弹性悬挂装置也称弹性减振装置,包括弹性元件及减振器。其作用主要体现在两方面:一是使载荷比较均衡地传递给各轮对,并使车辆在静载状况下(包括空、重车),两端车钩距离轨面高度应满足规定的要求,以保证车辆的正常连挂;二是缓和及减少因线路的不平顺、轨缝、道岔、钢轨的磨耗和不均匀下沉,以及因车轮擦伤、车轮不圆、轴径偏心等原因引起车辆的振动和冲击。

车辆上安装的弹簧减振装置按其作用的不同,大体可分为三类:第一类为主要起缓和冲击作用的弹簧装置,如空气弹簧和轴箱弹簧;第二类是主要起衰减振动的减振装置,如垂向、横向减振器;第三类是主要起弹性约束作用的定位装置,如轴箱定位装置,心盘与构架之间的纵、横向缓冲止挡等。

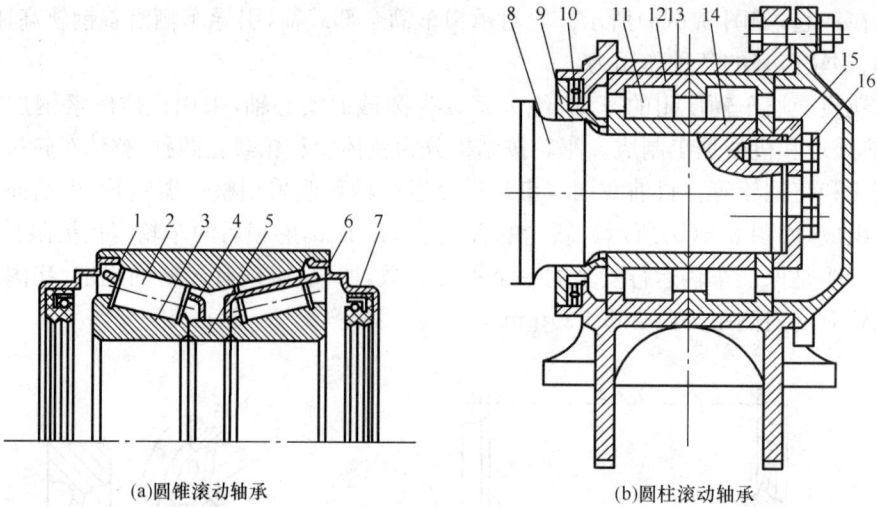

(a)圆锥滚动轴承　　　　　　　　(b)圆柱滚动轴承

图 3.7　轴箱轴承

1,12—外圈;2—滚子;3,14—内圈;4—保持架;5—中隔圈;6—密封圈;

7,10—密封;8—车轴;9—防尘挡圈;11—滚柱;13—轴箱;15—内圈压板;16—轴箱盖

①一系悬挂和二系悬挂

a. 一系悬挂

一系悬挂位于车体与轮对之间。它可以设在车体与构架之间,也可以设在构架与轮对之间。一系悬挂与转向架的轴箱定位方式有关:采用人字弹簧定位时,其一系悬挂为人字弹簧;采用转臂式轴箱定位时,其一系悬挂为内、外圈刚弹簧,附加垂向减振器;采用锥形橡胶套定位时,一系为锥形橡胶套。

b. 二系悬挂

二系悬挂的功能主要是使乘客感到舒适。该悬挂对车身进行挠性支撑,使得车身相对于转向架移动并且与此同时提供横向重新定位功能。车体通过二系弹簧直接坐在转向架上,它起着传递载荷、减振和消音的作用。城市轨道交通车辆转向架中普遍采用空气弹簧作为二系悬挂装置。

空气弹簧悬挂系统如图 3.8 所示,主要由空气弹簧、附加空气室、高度控制阀、差压阀及滤尘器等组成。空气弹簧所需的压力空气,由列车制动主管 1 经 T 形支管接头 2、截断塞门 3、滤尘止回阀 4 进入空气弹簧储风缸 5,再经纵贯车底的空气弹簧主管向两端转向架供气。转向架上的空气弹簧管路与其主要连结软管 6 接通,压力空气经高度控制阀 7 进入附加空气室 10 和空气弹簧 8。

②减振器

车辆上采用的减振器与弹簧一起构成弹簧减振装置,它的作用力总是与运动的方向相反,起着阻止振动、消耗振动能量的作用。减振器按阻力特性可分为常阻力和变阻力两种减振器;按安装位置可分为轴箱减振器和中央减振器;按减振方向可分为垂直和横向减振器;按结构特点又可分为摩擦减振器和液压减振器。城市轨道交通车辆多采用液压减振器,主要是利用液体黏滞阻力所做的负功来吸收振动能量,其特点是振幅的衰减与幅值大小有关,振幅大时衰减量也大,反之亦然,形成"自动调节"减振的性能。

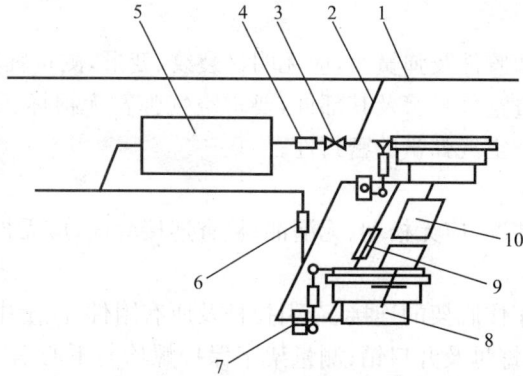

图 3.8 空气弹簧悬挂系统装置

1—列车主风管；2—支管；3—截断塞门；4—止回阀；5—储风缸；
6—连结软管；7—高度控制阀；8—空气弹簧；9—差压阀；10—附加空气室

(4)制动装置

为使运行中的车辆在规定的距离范围内停车，必须安装制动装置，其作用是传递和放大制动缸的制动力，使闸瓦与轮对之间产生的转向架的内摩擦力转换为轮轨之间的外摩擦力（即制动力），从而使车辆承受前进方向的阻力，产生制动效果。

(5)转向架支承车体装置

车体与转向架联结部分的结构应能安全可靠地支承车体，并传递各种载荷和作用力，同时车体与转向架之间应能绕不变的旋转中心相对转动，以使车辆顺利通过曲线。一般转向架支承车体的方式有心盘集中承载、非心盘承载（或旁承承载）和心盘部分承载三种。

3. 转向架的维修

目前我国尚无城市轨道交通车辆检修制度方面的规范，各城市轨道交通车辆类型不同、制造技术水平不同，检修周期也不尽相同。车辆转向架检修主要采用预防修和互换修，即根据车辆各种零部件的磨耗规律进行定期检查和维修，一般分为日检、周检、月检、定修、架修、大修六级修程。计划检修遵循高一级修程包含低一级修程内容的原则，并且磨损件限度标准要保留足够的使用余量至下一修程。以下以上海地铁 1 号线车辆为例，介绍转向架主要部件的月检项目及规程。

(1)轮对

目测检查车轴，要求轴身无裂纹、碰伤；目测检查车轮踏面的擦伤、剥离和钩状磨耗状况，应在允许范围内；检查轮径；测量轮缘及轮对内侧距，尺寸应在允许范围内；目测检查车轮注油孔螺堵，要求无丢失。

(2)轴箱及轴箱拉杆

检查紧固螺栓、油脂及密封情况，应无松动、无渗漏；检查轴箱止挡，应正常；检查紧固螺母、开口销及拉杆套，要求无松动、脱落。

(3)构架

主要检查构架内外侧、牵引电机悬挂座、牵引拉杆座，要求无裂纹、无锈蚀、无损伤，附件完好，悬挂装置螺栓紧固无松动。

（4）悬挂装置

一系悬挂主要检查橡胶件及弹簧座,应无明显裂纹、变形,测量轴箱与构架的距离,应符合要求。二系悬挂主要检查空气弹簧及其部件,要求空气弹簧无损坏、无老化裂纹,各部件无结构性损伤、附件齐全;检查空气弹簧的密封性。

（5）液压减振器

检查紧固件及漏油情况,应无松动、无漏油;检查连接套筒,应无损坏。

（6）中央牵引装置

目测检查心盘座与车体底架的连接、牵引拉杆及所有附件;测量中心盘与中心销套筒之间的距离;检查中心销槽形螺母及开口销;测量架车保护螺栓与下心盘上部的距离;检查横向止挡缓冲橡胶。

（7）齿轮箱及其悬挂

检查齿轮箱外观及其所有附件,要求无漏油,无松动;检查齿轮箱与悬挂装置连接螺栓,要求无松动;检查齿轮箱油位,要求油位在上下两油位线之间;检查齿轮箱紧急止挡及紧固螺栓,要求无损伤、无裂纹,螺栓无松动。

（8）高度调节阀

检查高度调节阀,要求完好,无松动、无损伤;目测检查高度调节阀联动装置,要求完好,无损伤;高度阀调节杆应垂直,不应倾斜。

（9）抗侧滚扭杆

目测检查抗侧滚扭杆松紧螺套紧固螺母,要求放松标记清晰,无错位。

（10）牵引拉杆

检查所有螺栓及衬垫,要求螺栓、衬垫完好,无损伤,衬垫橡胶件无松动;检查扭矩。

3.1.5　知识拓展

上海地铁 1、2 号线,广州地铁 1 号线车辆都采用德国杜瓦格（Duewag）公司制造的无摇枕空气弹簧转向架,结构基本相同,如图 3.9 所示,与其相似的还有新加坡地铁转向架。

1. 轮对轴箱装置（如图 3.10 所示）

（1）轮对

轮对由整体辗钢轮和车轴压装而成。车轮轮径为 840 mm,采用磨耗型踏面,允许车轮磨耗最小直径为 770 mm,并在轮辋上刻有一沟槽记痕作为警告标记;轮缘根部最小厚度为 26 mm;轮缘角为 70°。

轮毂与车轮装配的内孔是锥度为 1∶300 的锥形孔。轮子与车轴之间的配合为过盈配合,其过盈量约为 0.30 mm。动力转向架的轮对轴身上安装有齿轮减速箱,用来将牵引电机的转矩传递给轮对,以牵引车辆沿轨道运行。而减速箱的大齿轮与车轴的配合也为过盈配合,过盈量约为 0.40 mm。

（2）轴箱弹簧装置（如图 3.11 所示）

人字形多层橡胶弹簧装设在构架与轮对轴箱之间,是转向架的重要组成部分,它影响转向架的运行平稳性和安全性以及通过曲线时轮轨间的磨耗。它是由四层橡胶和四层钢板及一层铝合金经硫化而制成的弹性元件,每一个转向架共有四组一系弹簧,每组两个单元,相对连接在构架和轴箱之间。

2. 构架

构架由 st52 钢板压制成型后,经焊接而成 H 形,其侧梁和横梁为全封闭箱形结构,并在主要受力部位进行拉适当的补强处理。构架两根侧梁的两端设有轴箱导框,用来安装人字

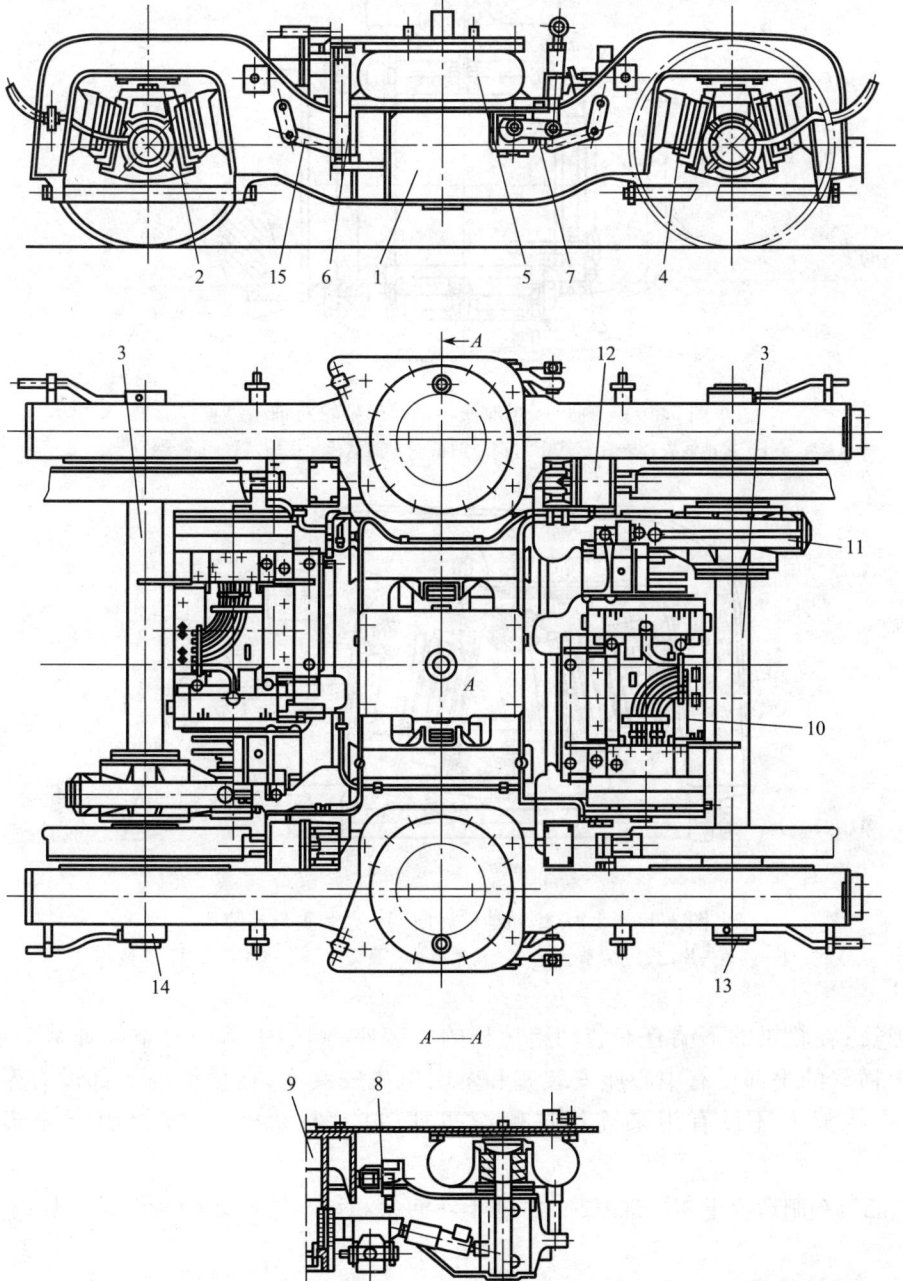

A——A

图 3.9　上海、广州地铁动力转向架

1—构架;2—轴箱;3—轮对;4—橡胶弹簧;5—空气弹簧;6—垂向液压减振器;
7—抗侧滚扭杆装置;8—横向橡胶缓冲挡;9—中央牵引连接装置;10—牵引电机;
11—齿轮减速箱;12—单元踏面制动;13—速度传感器;14—接地装置;15—高度控制阀

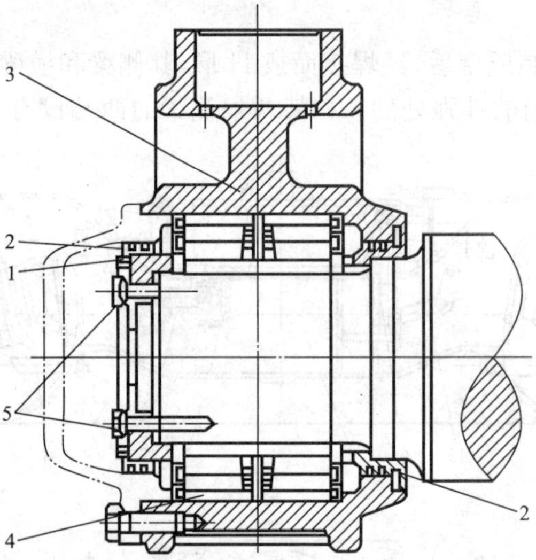

图 3.10　上海、广州地铁车辆转向架轮对轴箱装置

1—接地装置；2—迷宫式密封；3—轴箱；4—轴承；5—接地装置固定螺钉

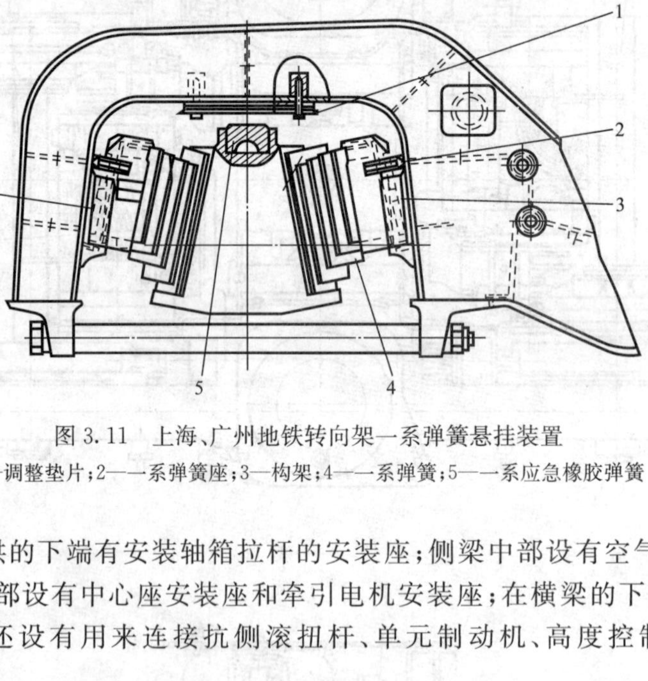

图 3.11　上海、广州地铁转向架一系弹簧悬挂装置

1—调整垫片；2—一系弹簧座；3—构架；4—一系弹簧；5—一系应急橡胶弹簧

形橡胶弹簧；在轮拱的下端有安装轴箱拉杆的安装座；侧梁中部设有空气弹簧安装座；构架的两根横梁的中部设有中心座安装座和牵引电机安装座；在横梁的下部设有牵引拉杆安装座；在构架上还设有用来连接抗侧滚扭杆、单元制动机、高度控制阀等部件的安装座。

为了能节约制造成本和增加互换性，拖车转向架和动车转向架的构架是一样的，能互换使用。

3. 中央悬挂装置

中央弹簧悬挂装置是由空气弹簧和层叠式橡胶弹簧组合而成的弹性元件，车体通过二系弹簧直接坐在转向架上，它起着传递垂向载荷、减振和消音的作用，如图 3.12 所示。当空气弹簧失效（气囊破裂、泄漏等）时，层叠式橡胶弹簧还起着应急维持最低限度运行的要求。

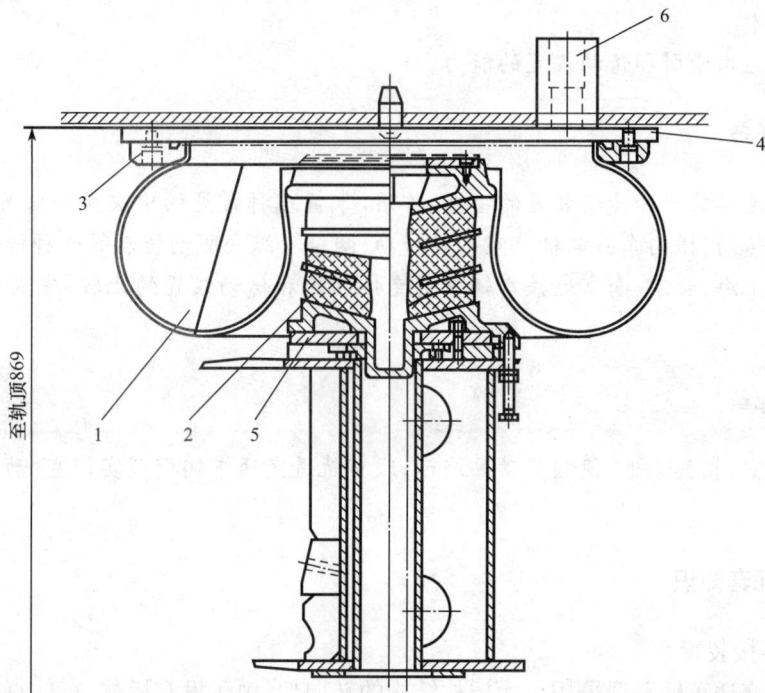

图 3.12　上海、广州地铁转向架二系弹簧悬挂装置
1—空气弹簧气囊；2—圆形橡胶堆弹簧；3—安装环；4—导向板；5—补偿垫片；6—管路连接件

为了使车厢地板面距轨平面的高度（1 130 mm）保持不变，在车体与转向架间装有三个高度控制阀，以调节空气弹簧橡胶囊内的压缩空气（充气、放气或保持压力），使车辆地板面不受车内乘客的多少和分布不均的影响，始终保持水平，并和轨面保持规定的距离。三个高度调整阀分别控制前转向架的一个空气弹簧及后转向架的两个空气弹簧，形成三点定位的形式。两个空气弹簧之间设有压差阀，使两个空气弹簧内的压力保持一致。

4. 基础制动装置

广州、上海地铁车辆的制动有电制动和气制动两个制动系统，电制动与牵引电机有关，与基础制动装置无关。基础制动装置为单元制动机，是气制动的执行机构，吊挂在转向架上的制动吊座上。每个转向架上共有四个单元制动机，其中两个单元制动机带有弹簧制动功能，在转向架上呈对角布置的。

典型工作任务 2　牵引装置和传动装置认知

3.2.1　教学目标

1. 能力目标

能够对照实物独立指认牵引和传动装置结构中各组成部件的名称。

2. 知识目标

了解城市轨道交通车辆牵引连接装置和传动装置的结构、作用。

3. 素质目标

培养学生运用牵引和传动装置的能力。

3.2.2　工作任务

了解牵引连接装置和传动装置的功能、作用,掌握几种常见的中央牵引装置的结构特点,熟悉爪形轴承传动、横向牵引电机—空心轴传动、两轴—纵向驱动传动等六种传动装置的结构形式。通过对上海、北京、南京地铁车辆牵引连接装置和传动装置的比较,完成知识的拓展与能力的提高。

3.2.3　所需配备

多媒体教室;相关课件、视频及动画演示;城市轨道交通车辆模型实训室;动力和非动力转向架模型。

3.2.4　相关配套知识

1. 牵引连接装置

城市轨道交通车辆普遍采用了无摇枕结构的转向架,由于没有摇枕,车体直接坐落于空气弹簧上,必须靠牵引装置来实现摇枕所具有的传递纵向力和转向功能,所以要求牵引装置具备以下功能:

(1)能够传递纵向的驱动力和制动力,同时允许二系弹簧在垂向和横向柔软地动作。

(2)纵向具有适当的弹性,以缓和由于转向架点头、车轮不平衡重量等引起的纵向振动。

(3)结构上应便于车体与转向架的分离和连接。

(4)由于取消了摇枕,需安装横向油压减振器、横向缓冲橡胶、空气弹簧异常上升止挡等,这些部件的安装和拆卸不能增加车体与转向架分离作业的工时。

中央牵引装置是车体与转向架的连接部分,其结构应能满足安全可靠地架承车体,并传递各种载荷和作用力,车体与转向架之间能绕不变的旋转中心相对转动,以使车辆顺利通过曲线。图3.13所示是一种典型的城市轨道交通车辆的中央牵引装置,长春轨道客车股份有限公司(原长春客车厂)设计的地铁无摇枕转向架采用了这种结构的中央牵引装置,其结构是中心销上端用螺栓固定在车体枕梁上,下部插在能够传递纵向力的牵引梁孔中,能够自如地垂向运动和回转。牵引梁与构架横梁之间设有牵引叠层橡胶,它的特性是纵向较硬、横向柔软,所以既能有效地传递纵向力,又能随空气弹簧做横向运动。每台转向架设4组牵引叠层橡胶,安装时能使其在纵向倾斜,以便牵引梁对准转向架中心。可按隔离纵向振动的要求选定牵引叠层橡胶的纵向刚度值,同时要保证纵向无滑动部位和间隙存在。中心销下部连有空气弹簧异常上升止挡,当空气弹簧因故过充时可以限制车体不断上升,保证安全;在起吊车体时,可使转向架同车体一起被吊起。

图3.14所示是几种中央牵引连接装置结构,它们都有各自的特点,例如,图3.14(b)的中央牵引装置结构,由于牵引杆两端与中心销和转向架的连接部位都有橡胶关节,橡胶关节的弹性定位能保证转向架绕中心销在各个方向上有一定程度的摆动,这既保证了转向架抗蛇行运

动的性能,又能实现转向架与车体之间的转角,保证车辆顺利通过曲线。广州地铁2号线车辆采用的就是图3.14(b)的牵引连接装置结构,1号线采用的是图3.14(c)的牵引连接装置结构。值得提出的是,与广州地铁1号线车辆转向架相比,2号线车辆转向架的牵引连接装置比较简单。2号线车辆转向架通过带有橡胶关节的牵引杆连接到与车体连接的车体中心销上,没有中心销座和复合弹簧,更便于拆装转向架。

2. 传动装置

传动装置是动力转向架所特有的一套装置,非动力转向架没有此装置,动力转向架通过它使牵引电机的扭矩转化为轮对或车轮上的转矩,利用轮轨之间的黏着作用,驱动车辆沿着轨道运行。

城市轨道交通车辆的动力转向架,不论是采用直流牵引电机还是交流牵引电机,均需通过机械减速装置,才能将电机的扭矩转化为轮对转矩,再利用轮轨的黏着作用,驱动车辆沿着钢轨运行,而牵引电机的布置形式直接影响着转向架的动力性能。根据牵引电机在转向架上(或车体上)配置的特征以及电机转轴与转向架轮对之间传动的特征,大致可分为以下六种结构形式:

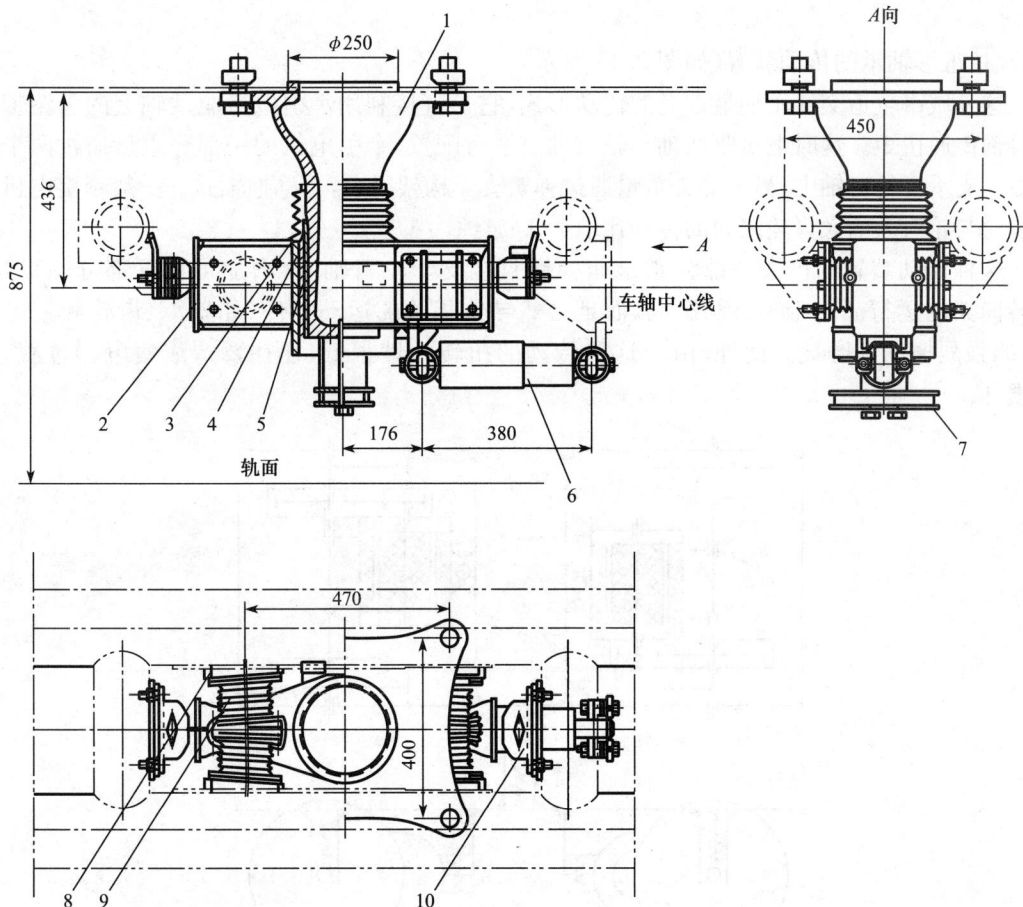

图3.13 中央牵引装置

1—中心销;2—牵引梁;3—防尘罩;4—衬套;5—中心销套;6—横向油压减振器;
7—空气弹簧异常上升止挡;8—安装板;9—牵引叠层橡胶;10—横向缓冲橡胶

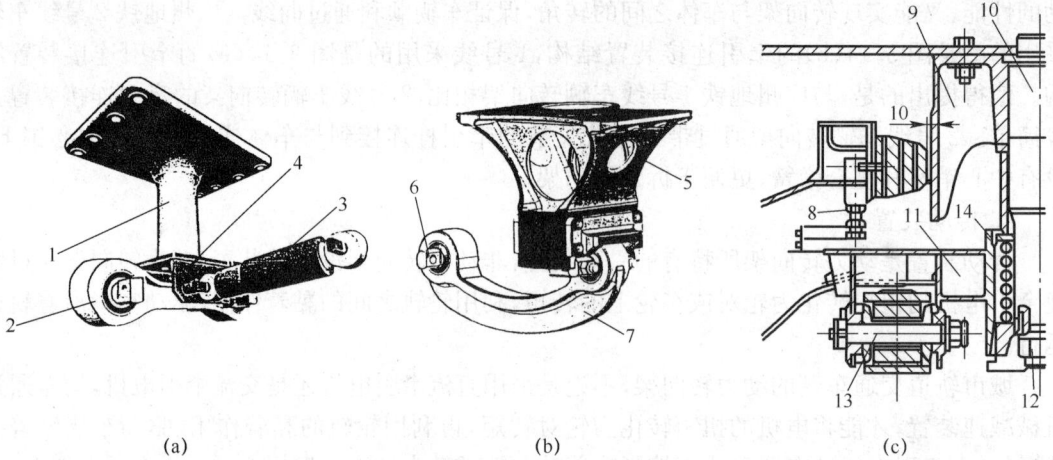

图 3.14　牵引连接装置

1—中心销;2—牵引杆;3—减振器;4—牵引座;5—连接座;6—轴;7—牵引杆;

8—起吊保护螺栓;9—中心销导架;10—中心销;11—中心架;12—定位螺母;13—牵引杆;14—复合橡胶衬套

(1)爪形轴承的传动装置(如图 3.15 所示)

这是城市轨道交通车辆最古老的传动形式,它是直接利用牵引电机驱动轴上的齿轮带动轮对轴传递扭矩。这时电机驱动轴与轮对轴呈平行配置,牵引电机的一部分重量通过两个爪形轴承支承于轮对轴上,另一部分重量通过弹簧支于构架梁上,也称抱轴式。一般牵引电机的小齿轮与轮对上的大齿轮之间的传动比取为 1∶4~1∶6。

这种传动装置的很大一部分重量非弹性直接支于轮对轴上,增加了簧下部分的重量,对转向架的运行品质带来不利影响,而且必然导致相关的运动零件(如轴承、齿轮和集电器等)的强烈振动和磨耗。此外,由于这种传动的扭转弹性很低,往往要造成集电器过载,甚至损坏。

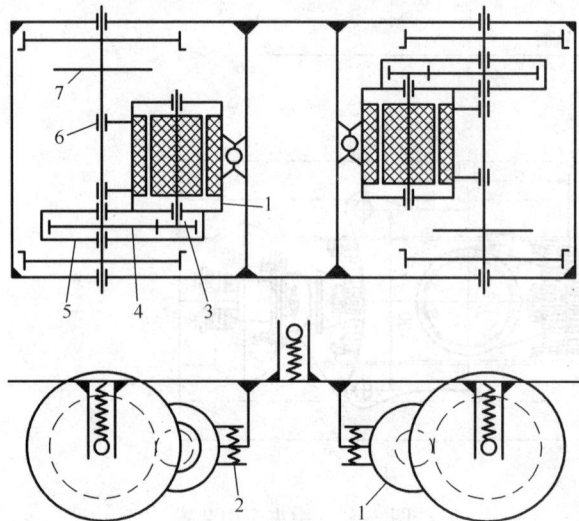

图 3.15　爪形轴承传动装置

1—牵引电机;2—电机弹性悬挂;3—驱动小齿轮;4—车轴上大齿轮;5—减速齿轮箱;6—爪形轴承;7—制动盘

由于这种传动结构简单、坚固,所以至今仍在轻轨车辆上应用。

（2）横向牵引电机—空心轴传动装置

该传动装置将牵引电机支承于构架横梁上,如图 3.16 所示,它采用电机空心轴和高弹性的联轴器驱动齿轮减速箱,解决了爪形轴承的传动装置的电机直接支于轮轴增加簧下重量和传动件过小的扭转弹性常导致集电器过载的问题。由于牵引电机重量由转向架构架全部承担,所以这是一种典型的架悬式（一种全悬挂）结构,也由于电机采用了空心轴,所以又称为电机空心轴式结构。

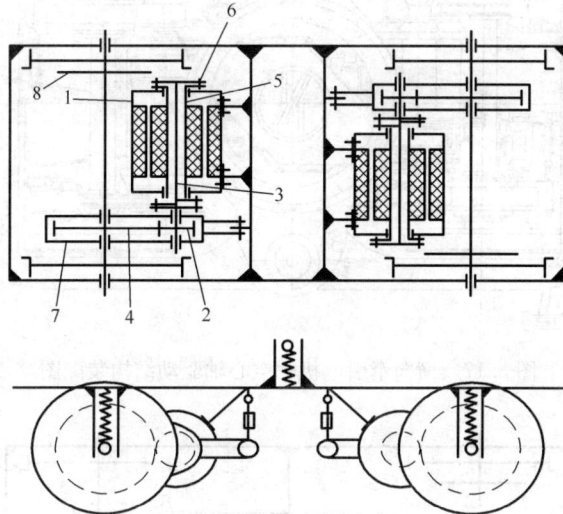

图 3.16　横向牵引电机—空心轴传动装置

1—牵引电机;2—小齿轮;3—驱动轴;4—大齿轮;5—空心轴;6—联轴器;7—减速齿轮箱;8—制动盘

该传动装置在空心电枢和齿轮减速箱的小齿轮之间设置了一个可移动的橡胶高弹性的钢片联轴器。减速箱一端支于轮对轴上,另一端通过一个可动的纵向可调节的支撑铰接于构架上。

空心轴传动由于其重量轻、作用可靠和耐久性,在城市轨道交通车辆中获得广泛应用。图 3.17 为横向牵引电机—空心轴驱动结构装配图。

（3）两轴—纵向驱动、骑马式结构

沿转向架运动方向配置的牵引电机连同齿轮减速箱组成一组合体跨骑在转向架的两轮对上,牵引电机的两侧与带有法兰的减速箱组成一个自承载的组合体,牵引电机驱动轴经齿轮减速后,借助于空心轴和橡胶联轴器与轮对轴弹性连接,如图 3.18 所示。

两轴—纵向驱动的优点为:转向架的轴距比以上两种形式可有较大的减缩,有可能在 2 m 以内。另外当一个轮对的黏着摩擦由于局部的蠕滑效应而遭到破坏时,则另一具有良好摩擦条件的轮对担当起后备保险的作用。同样,在加速和减速时所出现的轮对卸载将不起作用,因为一根轴卸载在另一根轴上就要承担附加的载荷,整个转向架所传递的摩擦力矩总和仍不变。而在单轴分离配置牵引电机时轮对的摩擦极限有被超过的危险,卸载的轮对就有可能打滑空转。

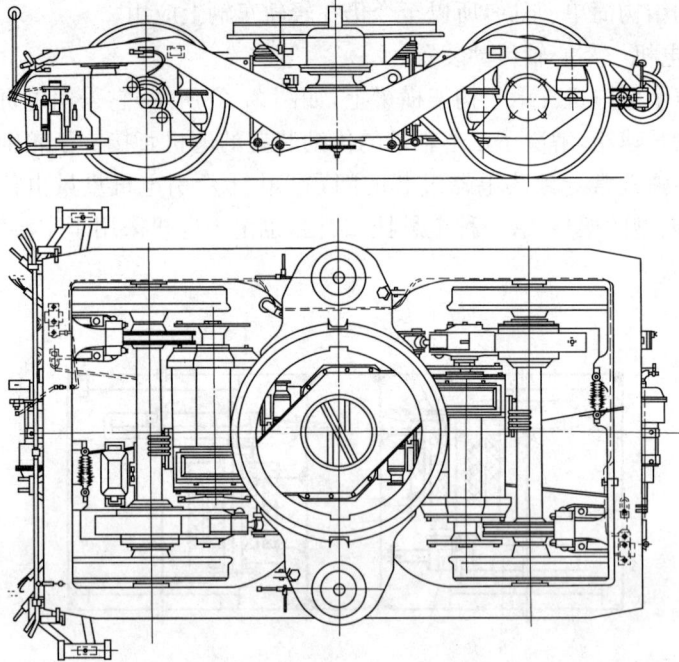

图 3.17 横向牵引电机—空心轴驱动结构装配图

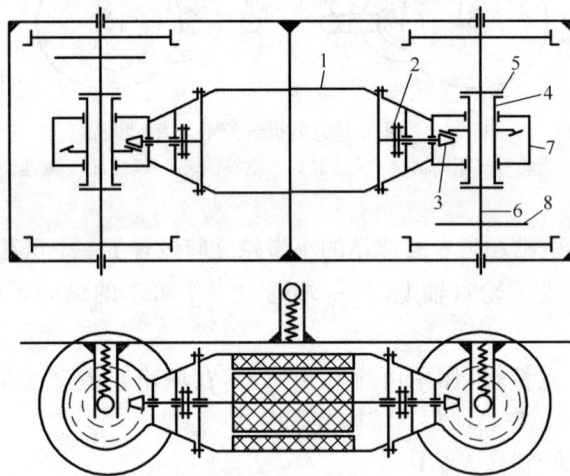

图 3.18 两轴—纵向驱动、骑马式结构

1—牵引电机；2—联轴器；3—驱动伞齿轮；4—空心轴；5—橡胶联轴器；6—轮轴；7—减速箱；8—制动盘

这种结构通过机械联结强制驱动转向架的两个轮对具有相同的角速度，若两轮对的车轮直径存在差异，由此也造成运行阻力上升和磨耗的增加。另外它的整个装置均由转向架的两轮对直接支承，增加了簧下重量，加剧了转向架运行的动力作用。

(4)全弹性结构的两轴—纵向驱动

这种装置的牵引电机完全弹性地固定于转向架构架的横梁上，电机驱动轴经减速齿轮驱动万向接头空心轴，再经橡胶连杆联轴器将扭矩传递给轮对，如图 3.19 所示。

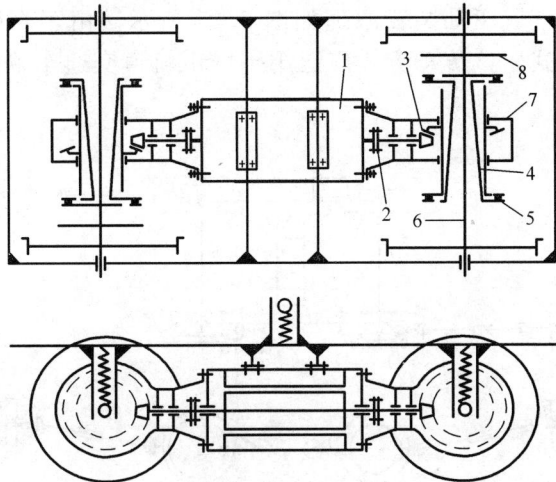

图 3.19　全弹性结构的两轴—纵向驱动装置

1—牵引电机;2—联轴节;3—驱动伞齿轮;4—万向接头空心轴;5—联轴器;6—轮轴;7—减速箱;8—制动盘

由于电机的重量由构架全部承担,所以也称为架悬式结构,也由于轮对采用了空心轴,所以又称为轮对空心轴式结构。

(5)牵引电机对角配置的单独轴—纵向驱动

两牵引电机对角悬挂于转向架构架的两横梁上,电机与齿轮传动装置之间扭矩的传递经由连杆轴实现,如图 3.20 所示。

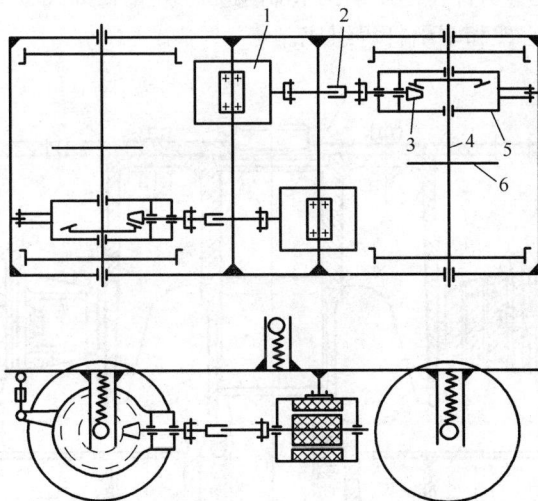

图 3.20　对角配置单独轴—纵向驱动装置

1—牵引电机;2—连杆轴;3—驱动伞齿轮;4—轮对;5—减速箱;6—制动盘

齿轮减速箱一端弹性悬挂于构架的端梁,另一端抱在轮对车轴上。转向架上两套电机及其传动装置独立地配置,各自驱动一轮对。

(6)牵引电机置于车体上的驱动装置

牵引电机装于车体上,电机驱动轴经万向联轴节将扭矩传递给置于转向架上的减速装置,从而使轮对转动。其驱动装置原理如图 3.21 所示。由于牵引电机重量由车体全部承担,所以称为体悬式。该传动方式广泛用于城市轨道交通车辆的独立旋转车轮车辆的驱动。

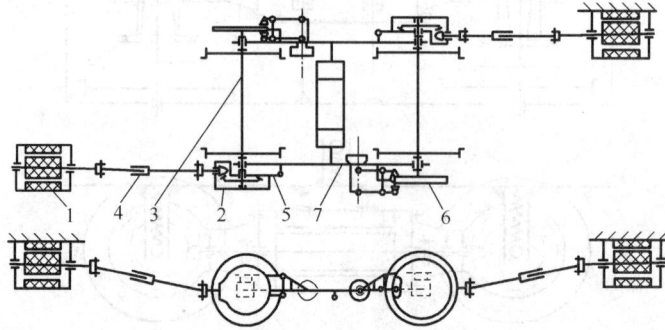

图 3.21 牵引电机置于车体上的驱动装置

1—牵引电机;2—齿轮传动装置;3—轮轴;4—连杆轴;5—传动支撑;6—制动盘;7—制动装置

3.2.5 知识拓展

1. 上海地铁 1、2 号线车辆转向架

(1)中央牵引连接装置

中央牵引连接装置设于转向架的中部,起着连接车体和转向架的作用,在通过曲线时彼此可作适量转动,并且通过牵引杆传递牵引力和制动力。其结构如图 3.22 所示,它由中心销、中心销导架、复合弹簧、中心架和牵引杆等组成。

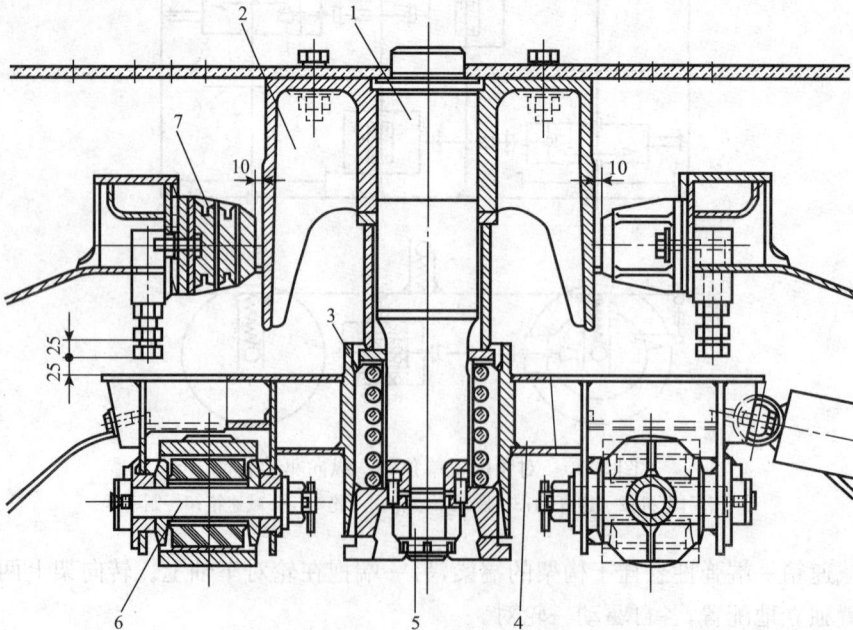

图 3.22 中央牵引连接装置

1—中心销;2—中心销导架;3—复合弹簧;4—中心架;5—定位螺母;6—牵引杆;7—橡胶横向止挡

中心销导架通过螺栓固定于车底架上,在中心销与中心销导架之间设有复合橡胶衬套和碗形垫结构,在安装复合橡胶衬套时,要注意碗形垫上的两个销轴与中心销下部销孔的对准才能准确安装复合橡胶衬套并使它与下心盘之间有合适的张紧力。碗形垫与中心销的连接结构具有止挡作用,当空气弹簧内部压力异常上升时,抑制车体不断上升,保证安全;还可用于转向架随车体起吊。相对于中心销呈斜对称配置的两个牵引拉杆,其一端与心盘相连,另一端与转向架构架相连,牵引杆的接头设有橡胶弹性缓冲垫。为了限制车体与转向架之间的横向位移,在中心销导架与构架横梁之间装有橡胶横向止挡,每侧自由间隙为 10 mm。在构架与中心架之间还设有四个车辆起吊保护螺栓,与中心架之间隙为 25 mm,当车轮踏面磨耗造成构架下沉而间隙变小时,必须调整。

(2)传动装置

每台动力转向架上装有两台牵引电机,用螺栓固定在构架横梁的电机吊座上,为全悬挂结构。每一轮对的轴上装有单级齿轮减速箱,齿轮箱一端吊挂于构架上,另一端通过轴承座于车轴上。牵引电机的输出轴经弹性联轴节与齿轮箱的小齿轮相连接,大齿轮通过过盈配合装于车轴上,大、小齿轮装于齿轮箱内,相互啮合。这样,电机的转矩通过联轴节、小齿轮、大齿轮驱动轮对。齿轮箱的传动比为 5.95∶1。

上海地铁 1 号线车辆的电机有两种形式,一种是直流牵引电机,另一种是交流牵引电机。而两种电机的功率不同,体积不同,在转向架内部占有的空间也不同。直流电机的体积很大,因此它给联轴节留出的空间较小,这样直流电机的联轴节只能采用橡胶联轴节。交流传动的车辆由于电机体积较小,给联轴节留出的空间较大,因此它可使用对同轴度和轴向窜动要求较低的圆弧齿齿轮的联轴节。

交流传动车减速箱的安装为抱轴式安装,其大齿轮套在车轴上。为了取得力矩平稳传递的效果,其齿形采用螺旋角为 4°的斜齿。整个减速箱为一级减速,只有一对大齿轮,大齿轮为 108 齿,小齿轮为 17 齿,传动比为 6.353;直流传动车减速箱的大齿轮为 113 齿,小齿轮为 19 齿,传动比为 5.96。交流传动车的减速箱的箱体为铸铁浇筑而成的,而直流传动车的减速箱的箱体为铝合金材料浇筑而成。前者的分箱面为垂直的,而后者为水平的,两者各有利弊。

2. 北京、南京地铁车辆转向架

(1)南京地铁车辆转向架中央牵引装置

转向架与车身之间的接头传输转向架与车身之间的牵引力与制动力。该接头由在车身下面用螺栓连接的中心销构成,该中心销与位于转向架横向构件中央的弹性牵引中心咬合。转向架纵向和横向载荷通过中心销传到车体上。车体和转向架接触处(在中心销处)与运行轨道顶面之间平均高度大约为 432 mm。

中央牵引装置包括一套预加应力的弹性材料块,该弹性块安装在中央平衡器上,如图 3.23 所示。中心销安装进平衡器中央的弹性轴承中。中央牵引装置在转向架与车身之间传输纵向力。弹性块在纵向预加了应力,它们的行程受到了硬限制器的限制。中央牵引装置有足够的弹性使得车身可以相对于转向架旋转、滚动和垂直及横向移动。横向移动受到固定于中心销的两个弹性限制器限制。

南京地铁转向架中央牵引装置的牵引中心允许车身提起转向架。为了补偿车轮的磨损,当车轮半径磨损量达到 12 mm 时,在提吊止动螺钉与牵引中心之间安装了填隙片。

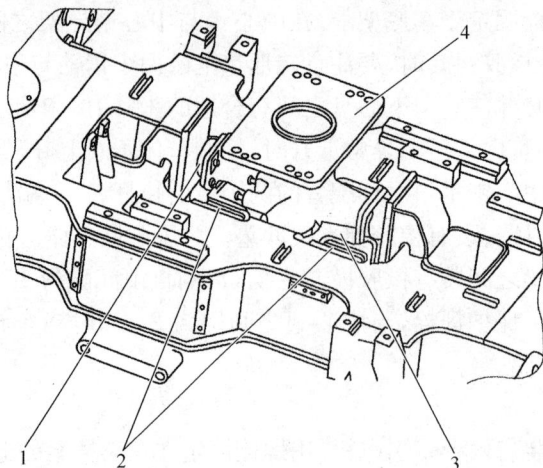

图 3.23　中央牵引装置

1—横向限制器;2—预加应力的弹性块;3—平衡器;4—中心销

（2）北京地铁无摇枕转向架传动装置

每台转向架配置两台牵引电机。牵引电机平行于轮对,其一端通过抱轴承支于车轴上,另一端悬吊于构架横梁上。牵引电机通过齿轮传动装置将扭矩传递给轮对。齿轮传动装置由齿轮减速箱、齿式联轴节和减速箱悬吊装置三部分组成,齿式联轴节由两个半联轴节、两个齿轮套、一个圆弹簧和 16 个螺栓组成,如图 3.24 所示。

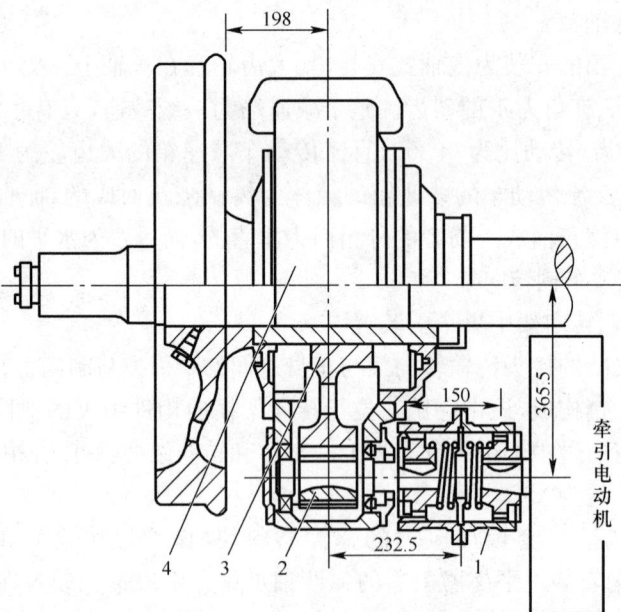

图 3.24　传动齿轮和联轴节

1—齿式联轴节;2—主动齿轮;3—从动齿轮;4—减速箱

齿式联轴节采用将主动齿轮轴与牵引电机轴连接在一起,从而将牵引电机产生的转矩传递给主动齿轮。

齿轮减速箱由箱体、牵引齿轮和两对轴承组成。牵引齿轮为一对相互啮合(即具有相同的模数、压力角和螺旋角等参数)的圆柱斜齿轮,其作用是通过齿轮的啮合传动,将牵引电机的转矩由主动齿轮传递到从动齿轮上驱动轮对旋转,同时达到减速和增大转矩的目的。齿轮减速箱体为分箱式结构,箱体内有一定量的润滑油,箱体上设有油针、放油堵、检查盖及透气塞。减速箱悬吊装置将箱体一端弹性地吊挂在构架横梁上,另一端坐在车轴上。

项目小结

本项目首先介绍了城市轨道交通车辆转向架的类型、结构、各组成部件的作用以及预防性维修等内容,并拓展了上海地铁 1、2 号线、广州地铁 1 号线车辆转向架的相关知识;其次介绍了牵引连接装置和传动装置的功能、作用以及动力转向架传动系统的主要配置方式,并且对上海、北京、南京地铁车辆的牵引连接装置和传动装置作了比较。

复习思考题

1. 城市轨道交通车辆转向架是如何分类的?
2. 简述城市轨道交通车辆转向架的组成及各组成件的作用。
3. 简述车辆悬挂装置的作用及分类。
4. 空气弹簧系统由哪些部件组成?
5. 中央牵引连接装置的作用是什么? 有哪几种方式?
6. 动力转向架有哪几种驱动形式?
7. 简述一种地铁、轻轨车辆转向架的结构和性能。

项目 4 城市轨道交通车辆连接装置认知

项目描述

车辆连接装置主要包括：车钩缓冲装置和贯通道装置，通过它们使列车中车辆相互连接，实现相邻车辆之间纵向力的传递和通道的连接。本项目主要介绍钩缓装置的作用、类型、密接式车钩的结构与动作原理、车钩连挂和解钩的程序与方法、附属装置的特点、贯通道装置的特点与组成等内容。

拟实现的教学目标

1. 能力目标

能够对照实物区别自动车钩、半自动车钩和半永久牵引杆，能够独立指认贯通道装置各组成部件的名称。

2. 知识目标

了解钩缓装置的作用、车钩及缓冲器的类型、钩缓装置附属装置的特点、贯通道装置的作用及组成。

3. 素质目标

通过熟悉车钩连挂和解钩的程序与方法，培养学生综合运用知识、分析解决实际问题的能力，较快适应城市轨道交通车辆检修、运用管理等相关岗位的工作需要。

典型工作任务 1 车辆连接装置的分类和结构认知

4.1.1 教学目标

1. 能力目标

能够对照实物区别自动车钩、半自动车钩和半永久牵引杆。

2. 知识目标

了解钩缓装置的作用、车钩及缓冲器的类型以及钩缓装置附属装置的特点。

3. 素质目标

培养学生对钩缓装置的运用能力以及应急故障处理能力。

4.1.2 工作任务

了解钩缓装置的作用、车钩及缓冲器的类型以及钩缓装置附属装置的特点，熟悉自动车钩、半自动车钩和半永久牵引杆三种类型车钩的结构特点与区别,熟悉车钩连挂和解钩的程序与方法。通过对上海地铁1号线车辆车钩缓冲装置的详细描述,完成知识的拓展与能力的提高。

4.1.3　所需配备

多媒体教室;相关课件、视频及动画演示;城市轨道交通车辆模型实训室;车钩模型。

4.1.4　相关配套知识

车辆连接装置主要包括:车钩缓冲装置和贯通道装置,通过它们使列车中车辆相互连接,传递和缓冲列车的纵向力,并且使载客车辆之间连通,有效调节各客室的乘客分布。

1. 车钩缓冲装置的作用

车钩缓冲装置是车辆最基本的部件,也是最重要的部件之一,它包括车钩和缓冲器。车钩用来连接列车中各车辆使之彼此保持一定的距离,并且传递列车的牵引力及制动力,缓冲器用于列车运行或调车时缓和车辆之间所产生的纵向力,同时减少列车的纵向动力作用。城市轨道交通车辆的钩缓装置要求自动连接、安全可靠,在车钩连接时,对接车辆的气路和电路也能自动可靠对接。

2. 车钩的类型

(1)自动车钩、半自动车钩和半永久牵引杆(又称半永久车钩)

城市轨道交通车辆的车钩按照牵引连挂装置的连接方法分为自动车钩、半自动车钩和半永久牵引杆。

①自动车钩

自动车钩一般设置在列车端部,用于与其他列车连挂。全自动车钩可以实现自动机械连接、自动气路连接、自动电路连接,可在司机室操作,自动气动解钩,并设有可复原能量吸收装置(级冲器)、对中装置,为吸收能量设可压溃筒体。

②半自动车钩

半自动车钩一般安装在组成列车的车组之间,半自动车钩可将两个半列车组连接成一整列,而且具有能量吸收装置以使得在过载冲击下车辆结构不受破坏。

③半永久车钩

半永久车钩的机械、气路和电路的连接和解钩都需要人工操作,一般只有在架修以上的作业时才进行分解。半永久牵引杆可以实现车与车的连接;不具备自动机械解钩功能,设有人工气路连挂、人工电路连挂,解钩作业需在车辆段内进行,采用非气动方法、通过弹性缓冲器实现可复原能量吸收功能。

(2)非刚性车钩和刚性车钩

按照两车钩连接后在垂向能否彼此相对移动,自动车钩可分为非刚性车钩和刚性车钩,如图4.1所示。

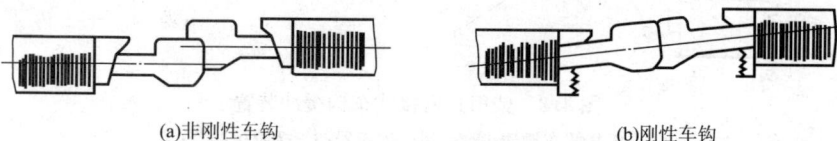

(a)非刚性车钩　　　　　　　　　　　(b)刚性车钩

图4.1　非刚性车钩与刚性车钩

①非刚性车钩

非刚性车钩允许两个相连接的车钩钩体在垂直方向上有相对位移,当两个车钩在连挂前的纵向中心线存在高度差时,发生连挂的车钩呈阶梯形状,并且各自保持水平为宜。由于钩体的尾端相当于销接,因此保证了车钩在水平面内的角位移。非刚性车钩简化了两车钩纵向中心高度偏差较大的车辆相互连挂的条件,不需要复杂的钩尾销连接结构和复杂的对心装置,车钩钩体的结构和铸造工艺较简单。

②刚性车钩

刚性车钩不允许两连挂车钩在垂直方向存在相对位移,如果在连挂之前两车钩的纵向中心线高度已有偏差,那么在连挂后两车钩的轴线处在同一条直线上并呈倾斜状态。两车钩钩体的尾端具有完全的铰接,能保证两连挂车钩之间可以具有相对的水平位移和垂向角位移,由于线路的水平面及纵断面是变化的以及车体在悬挂系统上的振动,所以必须保证具有这些相对位移。

刚性车钩与非刚性车钩相比有较多优点,因此,城市轨道交通车辆上主要采用刚性车钩。

3. 自动车钩

自动车钩位于列车端部,其电气和风路连接装置都组装在钩头上。当车辆连挂时,车钩的机械、风路、电路系统都能自动连接;解钩时,可在司机室控制自动解钩或采用手动解钩。解钩后,车钩即处于待挂状态;电气连接器通过盖板自动关闭,以防止水和尘土进入;主风管连接器也自动关闭,防止压缩空气泄漏。

我国城市轨道交通车辆用自动车钩主要有两种:一种是柴田式密接式车钩,采用半圆形钩舌;一种是 Scharfenberg 式自动车钩,采用拉杆式连接结构。

(1)柴田式密接式车钩

柴田式密接式车钩是我国早期北京地铁和天津地铁车辆所采用的车钩形式,如图 4.2 所示。它主要有车钩钩头、橡胶金属片式缓冲器、风管连接器、电气连接器和风动解钩系统等几部分组成,缓冲器位于钩头的后部。车辆连挂时依靠两车钩相邻钩头上的凸锥和凹锥孔的相互插入,实现两车钩的紧密连接,同时自动将两车之间的电路和空气通路接通。在两车分解时,亦可自动解钩,并自动切断两车之间的电路和空气通路。

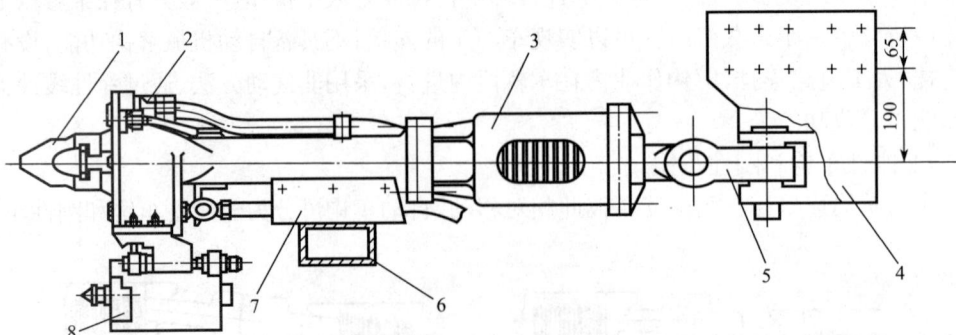

图 4.2　柴田式密接式车钩缓冲装置
1—密接式车钩钩头;2—风管连接器;3—橡胶缓冲器;
4—冲击座;5—十字头;6—托梁;7—磨耗板;8—电气连接器

在车钩下面有车钩托梁,在缓冲器尾部通过十字头连接器与车体上的冲击座相连,可以实现水平和垂直方向的摆动。

①钩头结构

车钩前端为钩头,它有一个凸锥和凹锥孔,内部还有钩舌(半圆形)、解钩杆、解钩杆弹簧和解钩风缸,如图 4.3(a)所示。

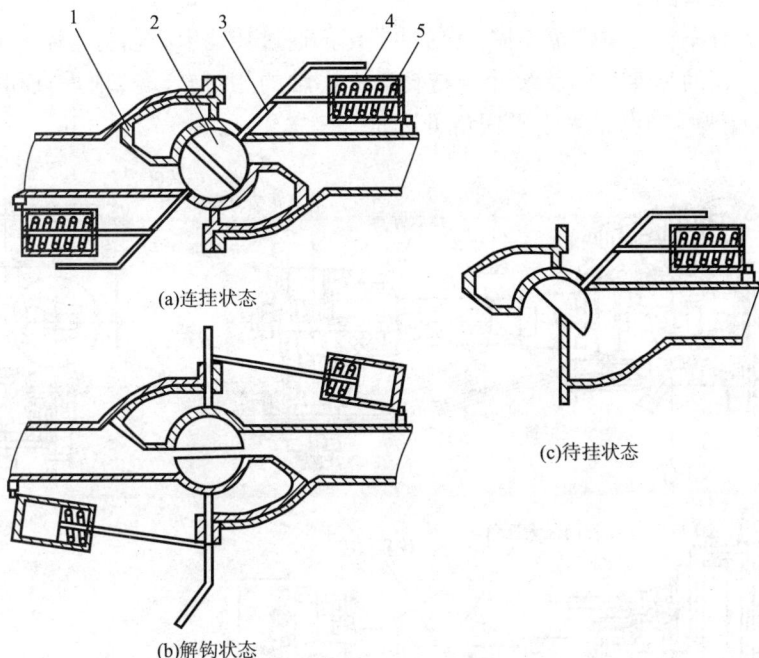

(a)连挂状态

(c)待挂状态

(b)解钩状态

图 4.3　密接式车钩作用原理

1—钩头;2—钩舌;3—解钩杆;4—弹簧;5—解钩风缸

②作用原理

该车钩有待挂、连挂和解钩三种状态,如图 4.3 所示。

a. 待挂状态:为车钩连接前的准备状态,此时钩舌定位杆被固定在待挂位置,解钩风缸活塞杆处于回缩状态,此时半圆形钩舌的连接面与水平面呈 40°。

b. 连挂状态:两钩连挂时,凸锥插进对方车钩相应的凹锥孔中。这时凸锥的内侧面在前进中压迫对方的钩舌转动,使解钩气缸的弹簧受压,钩舌沿逆时针方向旋转 40°。当两钩连接面相接触后,凸锥的内侧面不再压迫对方的钩舌,此时,由于弹簧的作用,使钩舌恢复到原来的状态,即处于锁定状态。

c. 解钩状态:要使两钩分解,需由司机操纵解钩阀,压缩空气由总风管进入前车(或后车)的解钩气缸,同时经解钩风管连接器送入相连挂的后车(或前车)解钩气缸,活塞杆向前推并带动解钩杆,使钩舌转动至开锁位置,此时两钩即可解开。两钩分解后,解钩气缸的压缩空气迅速排出,解钩弹簧得以复原,带动钩舌顺时针方向转动 40°恢复到原始状态,为下次连挂做好准备。如果采用手动解钩,只要用人力扳动解钩杆,也能使钩舌转动至开锁位置,实现两钩的分解。

(2)Scharfenberg 式自动车钩

该车钩在欧洲国家的城市轨道交通车辆上广泛使用,我国上海、广州、深圳地铁等也采用这种形式的车钩,如图 4.4 所示。它主要由车钩钩头、橡胶缓冲器、风管连接器、电气连接器和风动解钩系统等几部分组成,缓冲器位于钩头的后部。车辆连挂时依靠两车钩相邻钩头前端的锥形喇叭口引导彼此精确地对中,实现两车钩的紧密连接;同时自动将两车之间的电气线路和空气通路接通。在两车分解时,亦可由司机控制解钩电磁阀自动解钩,并自动切断两车之间的电气线路和空气通路。

在车钩下面有车钩支撑弹簧支撑,在缓冲器尾部通过转动中心轴与车体上的冲击座相连,并可通过橡胶弹簧的弹性变形及缓冲器与转动中心轴的相对转动实现垂直和水平方向的摆动:垂向最大摆角为 $4°30'$,最大水平摆角可达 $30°$。

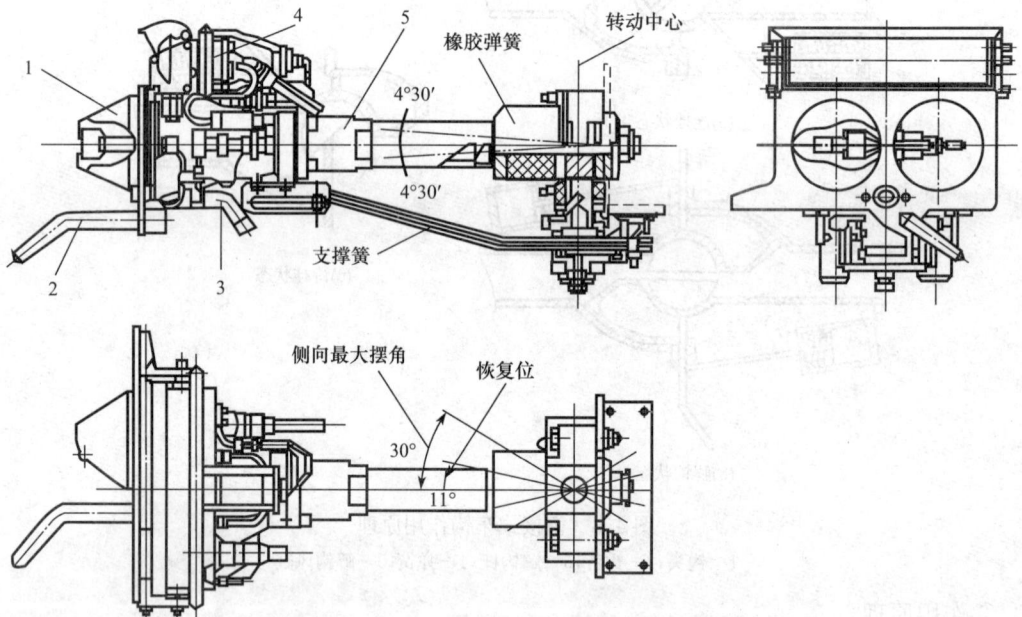

图 4.4　Scharfenberg 密接式车钩缓冲装置
1—密接式车钩;2—引导对准爪把;3—风管连接器;4—电气连接器;5—钩身

①车钩结构

钩头壳体为焊接件,它由两部分组成,前面为一带有锥体和喇叭口的突出件,后面为连接法兰。当两钩连接时,前面的锥体和喇叭口用来作为引导对准之用,伸出在前面的爪把用来扩展车钩的连接范围。前端的圆孔用来安置空气管路连接器,在钩头壳体中配置有车钩锁闭零件和解钩风缸。借助于钩头壳体后部的法兰将钩头与牵引缓冲装置连成一体。

车钩的闭锁机构由钩舌和钩锁杆组成,两者通过销子彼此可摆动地相连接。两个弹簧用来保持车钩处在闭锁位。弹簧的一端钩在壳体的锥体上,另一端钩在钩锁杆上。手动解钩装置设在钩头的侧面,它由横杆通过两解钩杆与钩舌相连接。在该横杆的端部连有一钢丝绳并与手柄连接,手柄挂在钩头壳体的一侧。

②工作原理(如图 4.5 所示)

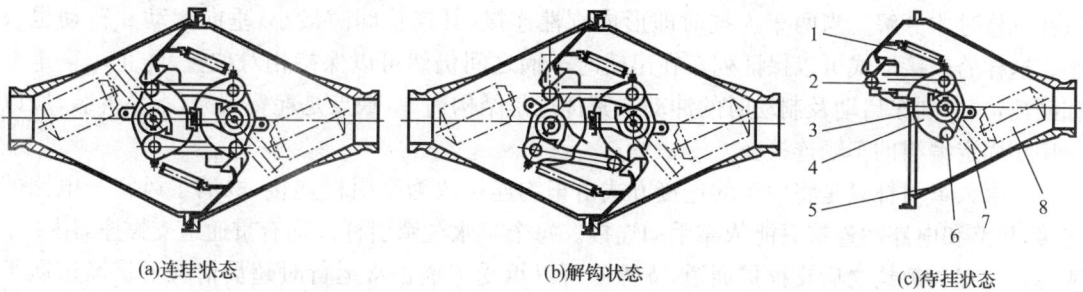

(a)连挂状态　　　　　　　(b)解钩状态　　　　　　　(c)待挂状态

图 4.5　密接式车钩作用原理

1—钩锁连接杆弹簧；2—钩锁连接杆；3—中心轴；4—钩舌；5—钩头壳体；6—钩嘴；7—解钩杆；8—解钩风缸

a. 待挂位

这是钩头中的钩锁杆轴线平行于车钩的轴线,钩锁杆的连接销中心与钩舌中心销连接线垂直于车钩的轴线。弹簧处于松弛状态,该位置为车钩连挂准备位。

b. 连挂闭锁位

欲使两钩连挂,原来处于连挂准备位的两钩相互接近并碰撞时,在钩头前端的锥形喇叭口引导下彼此精确地对中,两钩向前伸出的钩锁杆由于受到对方钩舌的阻碍,各自推动钩舌绕顺时针方向转动,直至在弹簧拉力作用下钩锁杆滑入对方钩舌的嘴中,并推动钩舌绕逆时针方向返回到原来位置为止。这时两钩的钩锁杆与两钩的钩舌构成一平行四边形,力处于平衡状态,两钩刚性地无间隙地彼此连接,处于闭锁状态。在连挂闭锁住时,钩舌和钩锁杆的位置与连挂准备状态完全相同,钩舌在弹簧作用下力图保持处于闭锁位。当两钩受牵拉时,拉力均匀地分配在由钩锁杆和钩舌组成的平行四边形两对边即钩锁杆上。当两钩冲击时,冲击力由两钩壳体喇叭口凸缘传递。

c. 解钩状态

(a)气动解钩

由司机操作解钩控制阀达到解钩。这时压力空气经过解钩管充入钩头中的解钩风缸中,推动活塞向前运动,压迫在解钩杆上所设置的滚子上,两钩头中的钩舌被同时推至解钩位置。达到解钩后再排气,风缸中受压弹簧使活塞返回到原始位置。

(b)手动解钩

通过拉动钩头一侧的解钩手柄,经钢丝绳、杠杆和解钩杆使两钩的钩舌转动,直至钩锁杆脱出钩舌的嘴口,由此使两钩脱开,处于解钩位。

4. 半自动车钩

半自动车钩用于城市轨道交通车辆两编组单元之间的车辆连挂。半自动车钩和自动车钩的结构和作用原理基本相同,其不同点有:

(1)半自动车钩连接时,机械连接和风管连接可自动连接,电器连接只能手动操作。

(2)半自动车钩解钩时,机械和气路部分可自动也可手动操作,但不能在司机室集中控制。

(3)在半自动车钩上设有贯通道支撑座,用于车辆运行过程和解钩之后支撑贯通道。

5. 半永久牵引杆

半永久牵引杆用于同一列车单元中车辆之间的连接,在运行过程中一般不需要分解,通常只在维修时才分解。当两车连挂时即形成刚性连接,其连接间隙最小,垂向运动和转动也很小。这样的连接形式可以保证列车在出轨时车辆之间仍然可以保持相对位置,防止车辆重叠和颠覆,减少列车启动及制动时的冲动。其优点是结构简单,缺点是耗费人力,不易拆装,所以仅用于固定编组的车辆连接。

半永久牵引杆只是将两车的连接方式由车钩连接改为牵引杆连接,取消了风路和电路的连接,风路和电路的连接只能依靠手动连接。每个半永久牵引杆上均有贯通道支撑座,用于车辆运行过程和解钩之后支撑贯通道,支撑座可以承受车辆正常运行时超员情况下贯通道所承受的载荷。各种结构的半永久牵引杆的连接原理相同,主要区别在于接头形式是否设有其他附属装置,如缓冲器、可压溃变形管等。

图4.6所示为国产地铁车辆半永久牵引杆。其主要特征为半永久牵引杆是将两车的连接方式由车钩连接改为用一根牵引棒代替,将自动车钩中的两个车钩钩体取消,牵引杆的两端直接与两个缓冲器相连,同时取消了风、电路的连接。

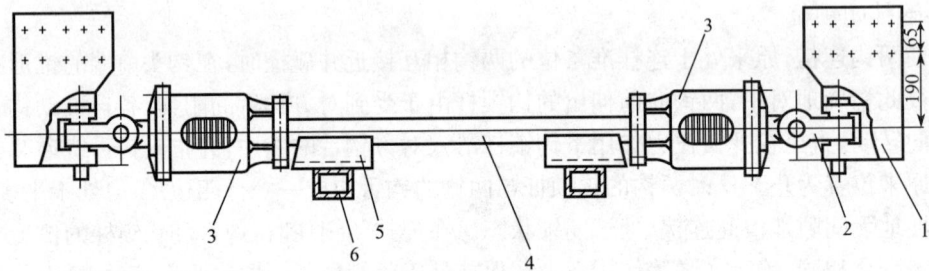

图4.6 半永久牵引杆

1—连接座;2—十字头;3—缓冲器;4—牵引杆;5—磨耗板;6—车钩托梁

6. 缓冲装置

缓冲装置是城市轨道交通车辆上车钩的配套装置,主要用于缓和列车在运行中的的牵引力变化或启动、制动及调车作业时,车辆之间相互碰撞而引起的冲击和振动,吸收能量以缓和列车的纵向冲击,提高列车运行的平稳性和乘坐的舒适性。

根据缓冲器的结构和工作原理,一般可将缓冲器分为以下几个主要类型:

(1)橡胶缓冲器

该缓冲器采用免维护结构,安装在车钩安装座上,可以吸收拉伸和压缩能量。在自动车钩、半自动车钩和牵引杆中均可采用相同的方法安装固定。该缓冲装置间不存在间隙,在承受拉伸和压缩载荷的同时,可以承受较大的剪切力,允许车钩做垂向摆动和扭转运动。深圳地铁车辆就采用这种类型的缓冲器。

(2)环弹簧缓冲器

该缓冲装置在水平面内可绕销轴左右摆动40°,在垂直面内借助于球形轴套嵌有橡胶件可上下摆动5°,以满足车辆运行于水平曲线和竖曲线的要求。上海地铁1号线车辆就采用了这种缓冲装置。

(3)弹性胶泥缓冲器

弹性胶泥缓冲器性能先进,缓冲器的可靠性和动态吸收性能较好。弹性胶泥芯子是其接受能量的元件,在列车运行过程中起到吸收冲击能量、缓和纵向冲击和振动的作用。

（4）带变形管的橡胶缓冲器

在正常运行时，车辆之间所产生的牵引力和压缩力主要由两橡胶弹簧来承担，这时车辆连挂冲击速度小于 3 km/h。当车辆在事故冲击时，车辆的碰撞速度超过 5～8 km/h，这时车钩所受到的冲击压缩力超过橡胶弹簧的承载能力，变形管产生永久变形，吸收冲击功，从而达到对乘客和车辆的事故附加防护作用。产生永久变形后的变形管必须予以更换。

（5）可压溃变形管

列车相撞时，通过压溃管的变形来吸收冲击能量，以保护车体钢结构免受破坏。压溃管属于免维修部件，在列车进行正常的牵引和制动时，压溃管是不参与吸收冲击能量的，当冲击速度过大，导致可压溃变形管发生不可恢复变形时，必须更换。虽然车钩的事故率相对较低，但可压溃变形管是必备的备件。

7. 附属装置

为实现车辆连接自动化、改善钩缓装置性能等需要，钩缓装置须附设一些附属装置，如电气连接器、风管连接器等。

（1）电气连接器

电气连接器主要应用于自动车钩上，通过悬吊装置使钩体与电气连接器弹性连接。两车钩连挂时，箱体可退缩 3～4 mm，保证连接可靠，同时箱体上设有定位装置、密封条和解钩后使用的箱盖。

（2）风管连接器

风管连接器是用来连接车辆间的气体管路。当处于连挂状态时，管路应保证不能漏气，同时不能影响解钩工作。不带自闭装置的风管连接器在连挂时，密封圈相互挤压，保证气路不泄漏；解钩时，制动主管的截止阀关闭，以防紧急制动。自动开闭式风管连接器的管路中设有一阀门，连接时导通，断开时自动关闭。车钩连挂时，密封圈受压密封，顶杆使阀垫与阀体脱开，气路开通；解钩时，在弹簧的作用下，阀垫回位，气路封闭。

（3）车钩对中装置

车钩对中装置的作用是使车钩缓冲装置和车体的中心线在同一平面内。在缓冲器的尾部下方设有对中气缸，车辆连挂时，对中气缸充气并使车钩自动对中；车钩连接后，对中气缸排气，车钩可自由转动。车辆在弯道连挂时，对中装置关闭。

（4）安装吊挂系统

安装吊挂系统的作用是为整个车钩缓装置提供安装和支撑，保证列车通过所有平竖曲线所需的各个方向自由度，保证整套装置在不连挂状态时保持水平，车钩中心线与车辆中心线重合，以便于连挂。车钩通过该装置可以方便地调整车钩中心线的高度。

4.1.5　知识拓展

上海地铁 1 号线使用的车钩缓冲装置有三种类型，即自动车钩、半自动车钩和半永久牵引杆。

1. 自动车钩

自动车钩的具体结构如图 4.7 所示，位于 A 车的司机室端，其电气和气路系统都组装在钩头上，当连挂时，车钩的机械、电气、气路系统能自动连接，解钩时，可在司机室控制自动解钩或采用手动解钩。解钩后，车钩即处于挂钩准备状态；电气连接器通过盖板自动关闭，以防止水和尘土进入；主风管连接器也自动关闭，防止压缩空气泄漏。

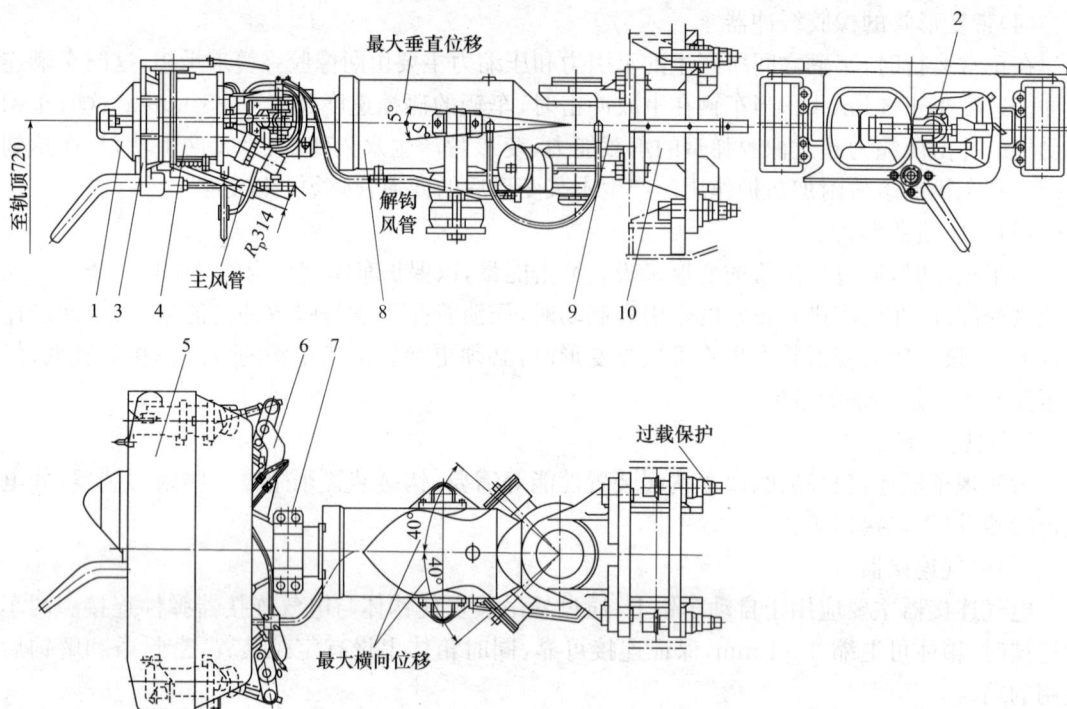

图 4.7　全自动车钩

1—机械钩头；2—解钩风缸；3—主风管和解钩管连接器；4—电气连接盒；5—盖板；6—电气连接盒操作机构；
7—套筒式联轴器；8—双向作用环弹簧缓冲器；9—带有垂向支承和对中装置的支撑座；10—有过载保护作用的钩尾冲击座

（1）钩头

钩头结构与连接、解钩作用原理如图 4.8 所示。

①待挂状态：即车钩连接前的准备状态，此时钩舌定位杆被固定在待挂位置，钩锁弹簧处于最大拉力状态，钩锁连接杆退至凸锥体内，钩舌上的钩嘴对着钩头正前方。

②连挂状态：相邻车钩的凸锥伸入对方车钩的凹锥孔并推动定位杆顶块，定位杆顶块推动钩舌定位杆离开待挂位置。由于钩锁弹簧的回复力使钩舌做逆时针转动，带动钩锁连接杆伸进相邻车钩钩舌的钩嘴，完成两钩的连接锁闭。这时连挂两钩的钩锁连接杆和钩舌形成平行四边形，车钩受牵拉时，拉力由两钩锁连接杆均匀分担，使钩舌始终处于锁紧位置。当车钩受冲击时，压力通过两车钩壳体连接法兰传递。

③解钩状态：司机操纵按钮控制电磁阀，使解钩风缸充气，风缸活塞杆推动钩舌顺时针转动，使相邻车钩的钩锁连接杆拖开钩舌，同时使自身的钩锁连接杆克服钩锁弹簧拉力缩入钩头凸锥体内，脱离相邻车钩的钩舌，这时定位杆顶块控制钩舌定位杆使钩舌处于解钩状态。当两钩分离后，定位杆顶块由于弹簧作用复位，钩舌定位杆回至待挂位，车钩又恢复到待挂状态。

（2）电气连接器

电气连接器由左右电气箱组成，分设于钩头的两侧，并可前后伸缩。电气箱外装有保护罩，当两钩连接时，电气箱可推出使其端面高于车钩端面，此时保护罩自动开启；解钩后，电气箱退回至原位置，保护罩自动关闭。左右电气箱内的触点分别为固定触点和弹性触点，保证电气连接时密接可靠。

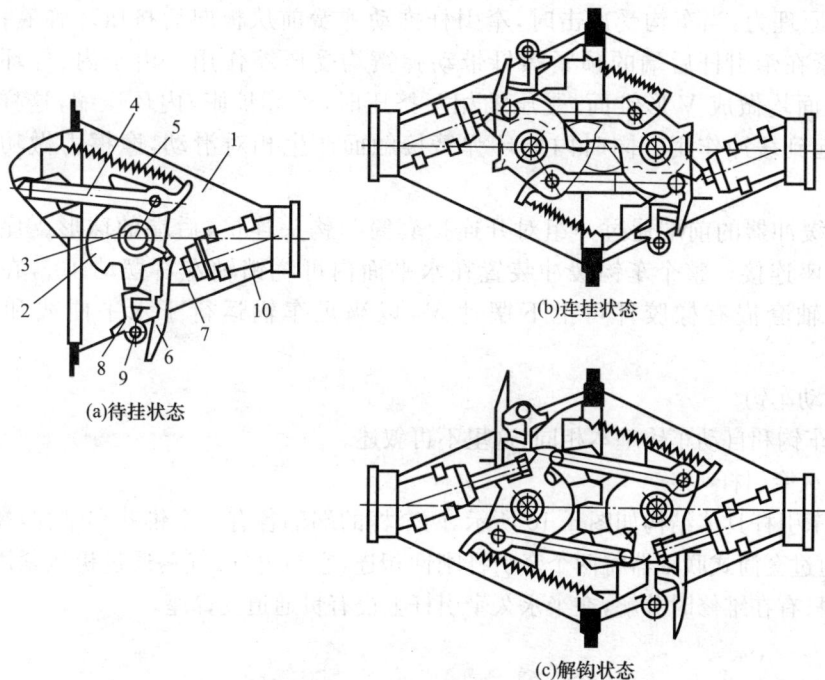

(a)待挂状态

(b)连挂状态

(c)解钩状态

图 4.8　自动车钩的工作原理

1—壳体；2—钩舌；3—中心轴；4—钩锁连接杆；5—钩锁弹簧；

6—钩舌定位杆；7—钩舌定位杆弹簧；8—定位杆顶块；9—定位杆顶块弹簧；10—解钩风缸

(3)风管连接器

风路连接部分设有主风管连接器和解钩风管连接器。主风管配有主风管自动阀，在解钩时可自动切断气路，在连接时可自动接通气路。解钩风管始终处于连通状态，由司机操纵电磁阀控制管路的通、断达到自动解钩或连挂的目的。

(4)缓冲器

钩头的后面为缓冲器，如图 4.9 所示，其容量为 18.7 kJ，最大作用力为 580 kN，行程为 58 mm，能量吸收率为 66%。

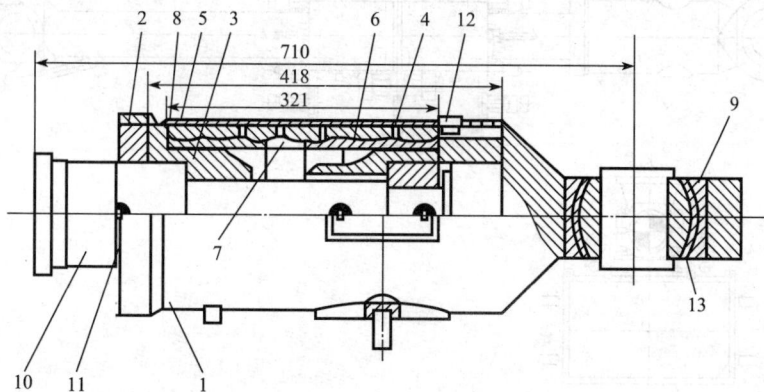

图 4.9　环弹簧缓冲器

1—弹簧盒；2—端盖；3—弹簧前从板；4—弹簧后从板；5—外环弹簧；6—内环弹簧；

7—开口弹簧；8—半环弹簧；9—球形支座；10—牵引杆；11—标记环；12—预紧螺母；13—橡胶嵌块

其作用原理为：当车钩受冲击时，牵引杆推动弹簧前从板向后挤压环弹簧；当车钩受牵拉时，拧紧在牵引杆后端的预紧螺母带动弹簧均受压缩作用。由于内、外环弹簧相互接触的基础面均做成 V 形锥面，受压缩相互挤压时，外环扩胀，内环压缩，这样就产生了轴向变形，起到缓冲作用。同时内外环弹簧接触面产生相对滑动，摩擦力做功消耗了部分冲击能。

环弹簧缓冲器的前端通过一组对开连接套筒与钩头连接，后端的球形支座通过销轴与车钩支撑座连接。整个车钩缓冲装置在水平面内可绕销轴左右摆动 40°，在垂直面内借助于球形轴套嵌有橡胶件可上下摆动 5°，以满足车辆运行于水平曲线和竖曲线的要求。

2. 半自动车钩

半自动车钩和自动车钩基本相同，这里不再叙述。

3. 半永久牵引杆

半永久牵引杆具体结构如图 4.10 所示，两牵杆的端部各有一个锥孔和锥柱，在连挂时起定位作用，通过套筒式联轴器将两个牵引杆刚性相连，它与电气、气路通过机械紧固获得永久连接。通常只有在维修时分解，在半永久牵引杆上设有贯通道支撑座。

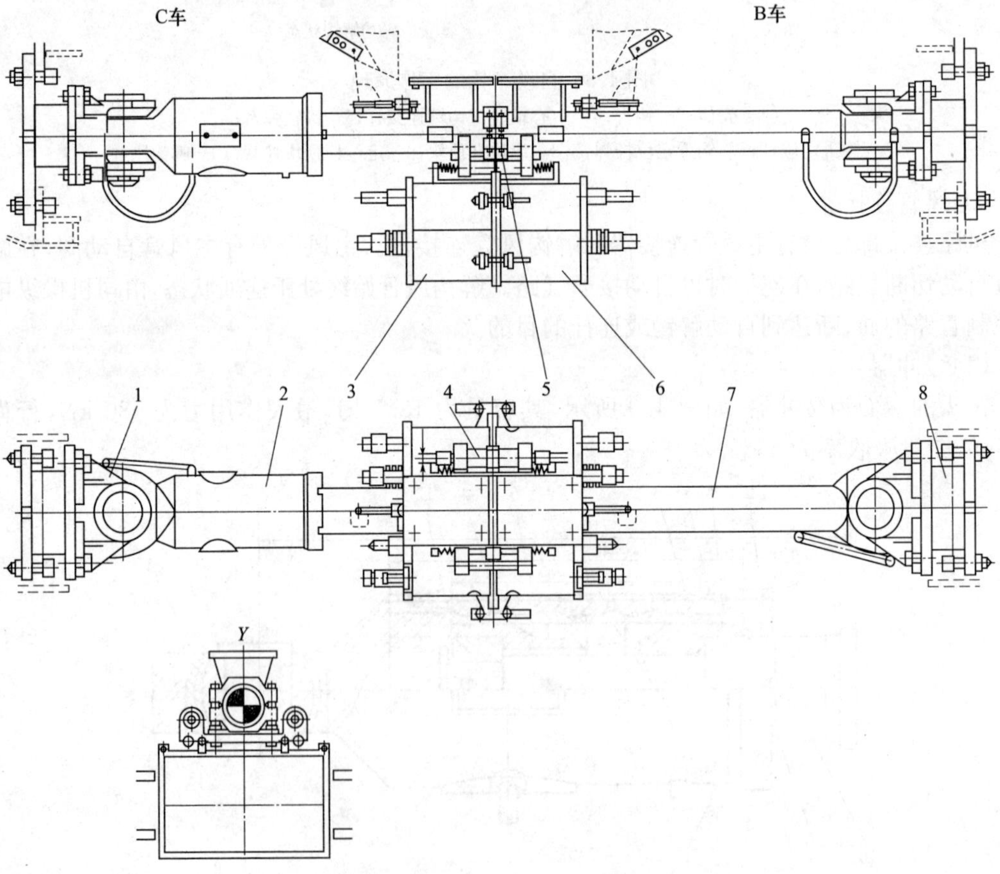

图 4.10　半永久牵引杆

1—支撑座；2—具有双作用环弹簧的牵引杆；

3,6—电气连接盒；4—风管；5—套筒式联轴器；7—牵引杆；8—过渡板上海地铁2号线和广州地铁1号线车辆使用的车钩与上海地铁1号线基本相似,而且也有自动车钩、半自动车钩和半永久牵引杆三种形式,这两条线上使用的车钩可以与上海1号线相互连挂。

典型工作任务2 贯通道装置结构认知

4.2.1 教学目标

1. 能力目标

能够对照实物独立指认贯通道装置各组成部件的名称。

2. 知识目标

了解贯通道的作用、结构组成及技术参数。

3. 素质目标

培养学生对贯通道装置的运用能力及应急故障处理能力。

4.2.2 工作任务

了解贯通道的作用及技术参数,熟悉贯通道装置的组成及各组成部分的结构特点。通过对某地铁车辆贯通道的学习,完成知识的拓展与能力的提高。

4.2.3 所需配备

多媒体教室;相关课件、视频及动画演示;城市轨道交通车辆模型实训室;贯通道模型。

4.2.4 相关配套知识

1. 概述

贯通道装置位于两节车厢的连接处,是连接两车辆通道的重要组成部分。通过它乘客可以在车厢之间流动,使乘客均匀分布;也可以实现车辆之间的柔性连接,是车辆通过曲线时的关键部位。贯通道装置具有良好的防雨、防风、防尘、隔声、隔热等功能,又称风挡装置。风挡装置分为整体式和分体式。深圳地铁采用的是分体式风挡装置,即风挡装置的一半装在每辆车的端部,在该装置的下部还设有分开式渡板,渡板连接处有车钩支撑。

上海地铁1、2号线,广州地铁1号线均选用分体式风挡装置,其内部高度为1 900 mm,宽1 500 mm。

2. 贯通道的结构(如图4.11所示)

(1)波纹折棚

折棚由多折环状篷布缝制而成,每折环的下部设有2个排水孔。折棚体选用特制的阻燃、高强度、耐老化人造

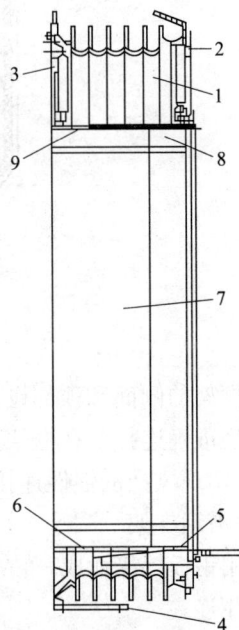

图4.11 风挡侧向断面图

1—波纹折棚;2—紧固框架;3—连接框架;
4—滑动支架;5—渡板组成、6—渡板组成;
7—内侧板;8—单层顶板;9—顶板

革制作,在−45℃～+100℃范围内能够正常使用,抗拉强度≥3 000 N/cm²。篷布采用双层夹心结构,大大提高了风挡的隔声、隔热性能。折棚体各折缝合边用铝合金型材镶嵌,折棚体的一端连接在车体端部,另一端与连接座连接固定。

（2）紧固框架

紧固框架是由铝型材焊接而成,通过固定在框架上的螺钉将波浪式风挡牢固地与车辆端部连接,在该部件的上面还设有固定内墙板和内顶板的连接装置。

（3）连接框架

连接框架也是由铝合金骨架焊接而成,与紧固框架外形相似,但其内部结构和实现的功能是不同的,如图 4.12 所示。

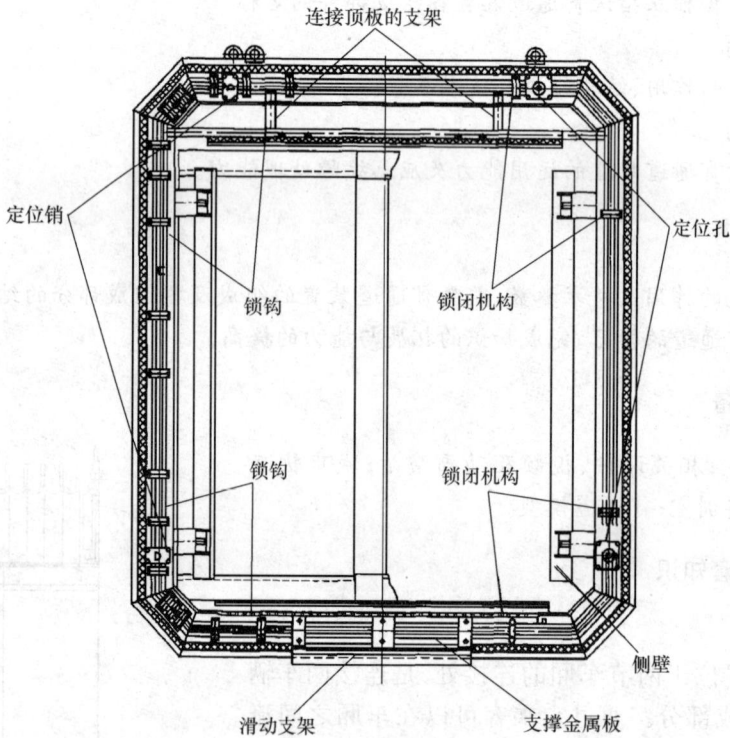

图 4.12　连接框架

在框架的侧面和顶部设有两个定位孔和定位销,当连挂时,定位销插入对应框架的定位孔中而实现准确连挂。在框架上设有 4 个锁钩和锁钩机构,连挂后用手工将锁钩插入对应锁闭机构中,实现风挡的惯性连接。

（4）滑动支架

采用钢板焊接而成,落在车钩的贯通道支座上,实现支撑贯通道的功能。它的上部与支撑金属板相连。

（5）渡板装置

在紧固框架和连接框架侧各有一组渡板,在紧固框架一侧的渡板组成 1 靠托架支撑,而在连接框架一侧的渡板 2 一端通过安全支撑座与支撑金属板相连接,另一端支撑在渡板组成 1 上,渡板的详细结构如图 4.13 所示。渡板组成 1 由车厢侧相互铰接的固定连接板和活动连接板组成,渡板组成2由地板、活动地板和镶边组成。地板为不锈钢板,活动地板为花纹不锈钢板,各相对滑动面间设有磨耗板。

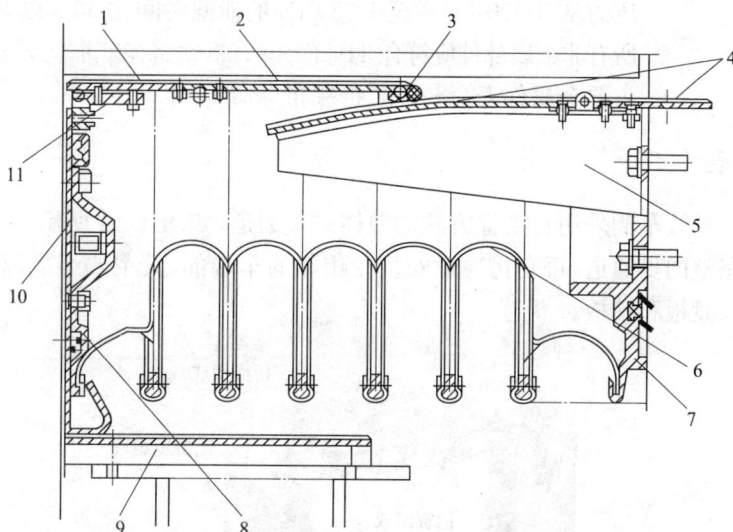

图4.13　渡板

1—地板;2—活动地板;3—镶边;4—固定连接板和活动连接板;5—托架;
6—衬油毡的纤维织物;7—旋紧架;8—连接架;9—活动支架;10—支撑金属板;11—安全支撑座

渡板装置能够保证追随与适应连挂车辆运行过程中的各种复杂运动,具有足够的强度与刚度,能够确保乘客安全通过,并为站立的旅客提供安全地方,能承受 9 人/m^2 的压力负荷,表面无凸起物及障碍物。

(6)侧护板

侧护板的通道表面为镶有凯德板的罩板,内有铝型材与弧面橡胶条镶嵌而成的边护板,可实现拉伸和压缩,护板内表面设有连杆支承机构,使护板有足够的刚度,旅客可依靠护板。护板的两端与车体端部连接,可用专用钥匙快速打开、拆卸护板。

(7)顶板

每个通道顶板由两个边护板和一个中间护板组成,顶板内侧设有连杆机构,使车辆运行时中间护板始终保持在中间位置,不会偏移,顶板组成通过边框用螺钉固定在车体端墙上。

贯通道装置的锁钩、滑动支架、活动地板和镶边及波纹折棚都是容易损坏的部件。

早期的北京地铁车辆之间不是采用直接贯通道的形式,而是在车辆端墙中部设有端门,在门口下部设有渡板,门口两边加装扶手,在复八线(北京地铁1号线东段)上又增加了一个整体式波纹折棚。

3. 贯通道装置的主要尺寸及技术性能

连接长度　　　　　520 mm

净通过宽度　　　　1 300~1 500 mm

净通过高度　　　　1 900 mm

渡板距轨面高　　　1 100 mm

隔热系数	<5.0 W/(m² · K)
隔声量	$\geqslant$30 dB(A)
气密性	压力从 3 600 Pa 降至 1 350 Pa 的泄漏时间在 50 s 以上
阻燃性	所有非金属部件应符合 TB/T 2402.93《铁路客车非金属材料的阻燃要求》
使用寿命	主要金属件寿命 30 年,折棚布寿命 15 年

4.2.5 知识拓展

郑州地铁 1 号线车辆采用自支撑方式的单体式贯通道,如图 4.14 所示。一列 6 辆编组的列车配有 5 套完整的贯通道,每套贯通道安装在相邻的车端部,其主要组成部分有波纹折棚、内顶板、侧护板、渡板和踏板。

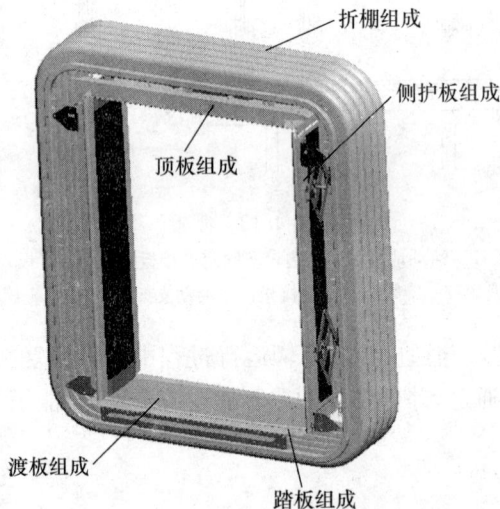

图 4.14 郑州地铁 1 号线车辆贯通道

1. 波纹折棚

折棚是由朝外敞开的灵活褶皱组成的。褶皱,由一种特殊材料制成,缝纫在一起并在外侧由折叠铝框连接,末端的连接篷布确保了折棚连接到连接框和螺钉框。折棚材料具有防火性、高强度、防老化等特性。

2. 内顶板

每个通道顶板由两个相同边护板和中间护板组成,每个边护板通过两个端梁分别固定在车体端墙上,可适合车辆运行中车端的各种变化。

3. 侧护板

护板的通道表面为覆有喷漆的铝罩板,内有铝型材与弧面橡胶条镶嵌而成的边护板,可实现拉伸和压缩,护板内表面设有连杆支承机构,使护板有足够的刚度,护板的两端与车体端部连接,可实现快速打开、拆卸护板。

4. 渡板和踏板

渡板装置由 2 个踏板、渡板及渡板支承架组成。渡板支承架为连杆机构,连杆机构分别固定在两车端,渡板置于其上。

5. 主要技术参数

自由通道宽	≥1 300 mm
自由通道高	≥1 900 mm
车端距离	520 mm
贯通道重量	约 350 kg
隔声	降低噪声 36 dB(A)以上(ISO140-3、ISO717-1)
防火	DIN5510-2
隔热系数 K 值	$K \leqslant 4\ \mathrm{W/(m^2 \cdot K)}$

项目小结

本项目首先介绍了钩缓装置的作用、类型、密接式车钩的结构与动作原理、车钩连挂和解钩的程序与方法以及钩缓装置附属装置的特点,并拓展了上海地铁 1 号线车辆车钩缓冲装置的相关知识;其次介绍了贯通道的作用、结构组成及技术参数,并拓展了郑州地铁 1 号线车辆贯通道的相关知识。

复习思考题

1. 简述城市轨道交通车辆车钩缓冲装置的用途及分类。
2. 简述密接式自动车钩的结构及作用原理。
3. 简述半永久牵引杆的结构及作用原理。
4. 缓冲装置有哪些种类? 其结构及作用原理如何?
5. 举例说明车钩缓冲装置附属装置的作用。
6. 简述贯通道装置的结构及用途。

项目 5　城市轨道交通车辆制动系统认知

项目描述

制动系统是车辆安全运行的保证,对减少事故和人员伤亡有着重要的意义。本项目主要介绍制动装置的作用与特点、制动方式的类型、空气制动系统及电器指令式制动系统的结构特点与工作原理、车辆的基础制动装置等内容。

拟实现的教学目标

1. 能力目标

熟悉至少一种类型的空气制动系统和电气指令式制动系统的特点及工作原理,熟悉PC7Y 型和 PC7YF 型踏面单元制动器的工作原理。

2. 知识目标

了解城市轨道交通车辆制动方式的类型、空气制动系统、电气指令式制动系统以及单元制动器等内容。

3. 素质目标

培养学生对制动系统在车辆安全运行中的重要作用的认识,培养学生科学严谨的工作态度以及勇于创新、与时俱进的工作作风。

典型工作任务 1　制动系统基础知识认知

5.1.1 教学目标

1. 能力目标
掌握城市轨道交通车辆制动方式的类型及制动优先原则。

2. 知识目标
了解城市轨道交通车辆制动装置的特点、要求以及各种类型制动方式的特点。

3. 素质目标
培养学生对城市轨道交通车辆制动系统的学习兴趣以及适应城市轨道交通快速发展的能力。

5.1.2　工作任务

了解城市轨道交通车辆制动装置的作用、特点及要求,熟悉电制动与摩擦制动的特点及制动优先原则,通过对车辆制动模式及制动优先原则的描述,完成知识的拓展与能力的提高。

5.1.3　所需配备

多媒体教室；相关课件、视频及动画演示；闸瓦制动模型；轴盘式、轮盘式盘形制动模型。

5.1.4　相关配套知识

制动是指人为地使列车减速或阻止其加速的过程，使列车减速或阻止其加速的力称为制动力，为了实施制动而在车辆上装设的由一整套零部件组成的装置称为制动装置。

由于城市轨道交通的站间距短，导致城市轨道交通车辆的调速及停车制动都比较频繁，车辆在运行过程中，乘客上、下车频繁，对车辆的制动有较大的影响。因此，制动系统是保证列车正常运行及安全，并保证乘客舒适度的重要装置。

1. 城市轨道交通车辆制动装置的特点及要求

①城市轨道交通的站距很短，一般都在 1 km 左右。由于站间距离短，列车加速、减速及停车都比较频繁，为了提高运行速度，增加列车密度，必须使列车启动快、制动快、制动距离短。这就要求其制动装置具有操纵灵活、动作迅速、停车平稳准确、制动率及制动功率相对较大等特点。

②城市轨道交通的客流量波动大。载客量对列车的重量有较大的影响，对列车制动时保证一定的列车减速度、防止车轮滑行及减轻车辆间纵向冲动都是不利的。因此，制动装置应具备在各种载荷工况下车辆制动力自动调整的性能，使车辆制动率基本不变，从而实现制动的准确性和停车的平稳性。

③城市轨道交通车辆在部分车辆甚至全部车辆上具有独立的牵引电动机，这就为采用电制动提供了基本条件。电制动功率大，经济环保；摩擦制动是保证电制动失效或紧急情况下行车安全的一种必备的制动方式。在几种制动方式同时安装和使用时，要充分发挥它们的最佳作用，需要一套完善的制动控制装置来控制，使它们协调配合。

④城市轨道交通车辆一般运行在人口稠密地区，并用于承载旅客，行车安全非常重要。因而，要求其制动机：a. 具有紧急制动性能，遇有紧急情况时，能使列车在规定距离内安全停车。b. 列车在运行中发生诸如列车分离、制动装置故障等情况时，应能产生紧急制动作用。c. 紧急制动作用除可由司机操纵外，必要时还可由行车人员利用紧急按钮（紧急阀）等进行操纵。

⑤制动系统应保证车组在较长、较陡下坡道上运行时，其制动力不会衰减，作用灵敏可靠，车组前后车辆制动、缓解作用一致。

2. 制动方式

制动方式可按制动时动车组动能转移方式、制动力获取方式或制动源动力的不同进行分类。

(1)按列车动能转移方式分类

按照制动时动车组动能的转移方式不同可以分为摩擦制动和动力制动。

①摩擦制动

通过摩擦副的摩擦将列车的运动动能转变为热能，逸散于大气，从而产生制动作用。城市轨道交通车辆常用的摩擦制动方式主要有闸瓦制动、盘形制动，在高速列车的制动系统中还有磁轨制动。

a. 闸瓦制动又称为踏面制动(如图 5.1 所示),是最常用的一种制动方式。制动时闸瓦压紧车轮,轮、瓦间发生摩擦,将列车的运动动能通过轮、瓦间的摩擦转变为热能,逸散于空气中。

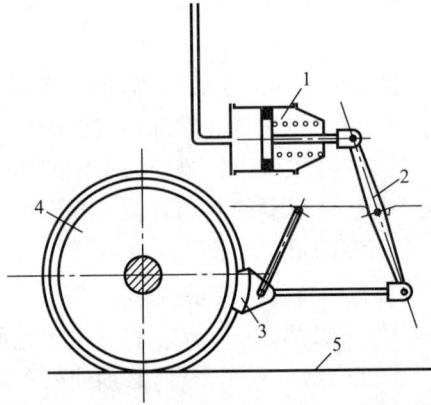

图 5.1 闸瓦制动

1—制动缸;2—基础制动装置;3—闸瓦;4—车轮;5—钢轨

在制动时,闸瓦制动装置根据制动指令使制动缸内产生相应的制动缸压力,该压力通过制动缸使制动缸活塞产生推力,经基础制动装置中的一系列杆件的传递、分配,使每块闸瓦都贴靠在车轮踏面上,并产生闸瓦压力。车轮与闸瓦之间相对滑动,产生摩擦力,最后转化为轮轨之间的制动力。缓解时,制动控制装置将制动缸压力空气排除,制动缸活塞在制动缸缓解弹簧的作用下退回,通过各杆件带动闸瓦离开车轮踏面。

在闸瓦与车轮这一对摩擦副中,由于车轮主要承担着车辆走行功能,因此其材料不能随意改变。要改善闸瓦制动的性能,只能改变闸瓦材料。早期的闸瓦材料主要是铸铁。为了改善摩擦性能和增加耐磨性,目前城市轨道交通车辆中大多采用合成闸瓦,但合成闸瓦的导热性较差,因此目前也有采用导热性能良好,且具有较好的摩擦性能的粉末冶金闸瓦。

在闸瓦制动方式中,当制动功率较大时,有可能产生热量来不及逸散于大气,而在闸瓦与车轮踏面积聚,使它们的温度升高,轮、瓦间摩擦力下降,严重时导致闸瓦熔化(铸铁闸瓦)和轮毂松弛等。因此,在采用闸瓦制动时,对制动功率要有限制。

b. 盘形制动有轴盘式和轮盘式之分,如图 5.2 所示。非动力转向架一般采用轴盘式,当动力转向架轮对中间由于牵引电机等设备使制动盘安装发生困难时,可采用轮盘式。制动时,制动缸活塞杆推出,制动缸缸体和活塞杆带动两根杠杆,通过杠杆和支点拉板组成的制动夹钳使闸片夹紧制动盘,使闸片与制动盘间产生摩擦,把列车的动能转变为热能,热能通过制动盘与闸片逸散于大气。

盘形制动方式能选择高性能的摩擦副材料和良好的散热结构,可以获得比闸瓦制动大得多的制动功率。

c. 轨道电磁制动也叫磁轨制动,如图 5.3 所示。在转向架构架侧梁 4 下通过升降风缸 2 安装有电磁铁 1,电磁铁下设有磨耗板 5。制动时将电磁铁放下,使磨耗板与钢轨 3 吸住,列车的动能通过磨耗板与钢轨的摩擦转化为热能,逸散于大气。轨道电磁制动能得到较大的制动力,因此常被用作紧急制动时的一种补充制动手段。

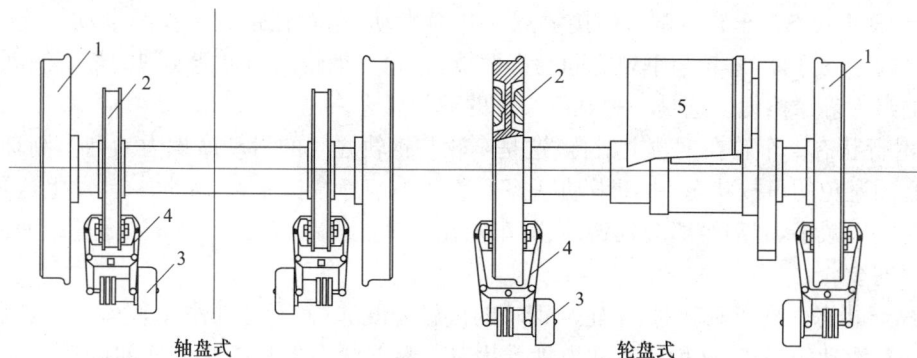

图 5.2 盘形制动

1—轮对;2—制动盘;3—单元制动缸;4—制动夹钳;5—牵引电机

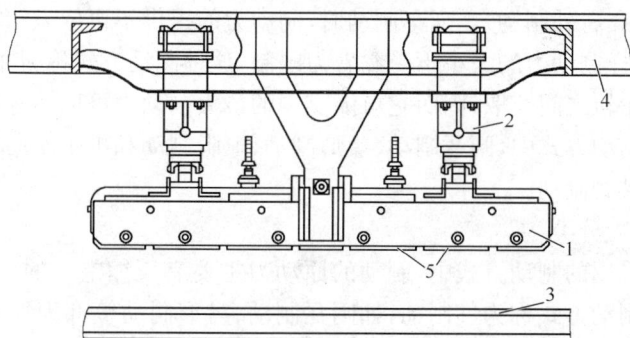

图 5.3 磁轨制动

1—电磁铁;2—升降风缸;3—钢轨;4—转向架构架侧梁;5—磨耗板

②动力制动

由于现代城市轨道交通车辆一般都采用了电力牵引的电动车组,采用直流或交流电动机作为牵引动力,因此以动力制动作为主要制动方式已成为城市轨道交通车辆的发展趋势。电动车组中既有动车又有拖车,除了拖车没有电动机只能使用摩擦制动外,所有动车都可以进行动力制动,并且还可以承担部分拖车的制动力。

动力制动在制动时,将牵引电机变为发电机,使列车动能转化为电能,对这些电能的不同处理方式形成了不同方式的动力制动。城市轨道交通车辆上采用的动力制动形式主要有再生制动和电阻制动,都是非接触式制动方式。

a. 再生制动。再生制动是把列车的动能通过电机转化为电能后,再使电能反馈回电网。显然这种方式既能节约能源,又减少制动时对环境的污染,并且基本上无磨耗。因此这是一种较为理想的制动方式。

b. 电阻制动。将发电机发出的电能加于电阻电器中,使电阻器发热,即电能转变为热能,也称能耗制动。电阻器上的热能靠风扇强迫通风而散于大气中。电阻制动一般能提供较稳定的制动力,但车辆底架下需要安装体积较大的电阻箱。

(2)按制动力形成方式分类

根据列车制动力的获取方式不同,可分为黏着制动与非黏着制动。

①黏着制动。以闸瓦制动为例,制动时,车轮与钢轨之间有 3 种可能的状态:

　　a. 纯滚动状态。车轮与钢轨的接触点无相对滑动,车轮在钢轨上作纯滚动。这时,车轮与闸瓦之间为动摩擦,车轮与钢轨之间为静摩擦,车轮与钢轨之间可能实现的最大制动力是轮轨之间的最大静摩擦力。这是一种难以实现的理想状态。

　　b. 滑行状态。车轮在钢轨上滑行,这是车轮与钢轨之间的滑动摩擦力为列车制动力。这是一种必须避免的事故状态,由于滑动摩擦系数远小于静摩擦系数,因此一旦发生这种工况,制动力将大大减小,制动距离会延长;同时车轮在钢轨上长距离滑行,将导致车轮踏面的擦伤,危及行车安全。

　　c. 黏着状态。列车制动时,车轮与钢轨的接触处既非静止,亦非滑动,车轮在钢轨上滚动的同时又有滑动的趋势,这种状态称为黏着状态。黏着状态下车轮与钢轨间的最大水平作用力称为黏着力,制动时,可能实现的最大制动力不会超过黏着力。依靠黏着滚动的车轮与钢轨黏着点之间的黏着力来实现车辆的制动称为黏着制动。

　　②非黏着制动(黏着外制动)。列车制动时,制动力的提供不再依靠轮轨之间的黏着力,而由其他方式提供,这样制动力的大小不受黏着力限制,这种制动方式称为非黏着制动。非黏着制动的制动力不从轮轨之间获取,因而它可能实现的最大制动力可以超过轮轨之间的黏着力。

　　在上面介绍的制动方式中,闸瓦制动、盘形制动、电阻制动和再生制动均属于黏着制动,而磁轨制动则属于非黏着制动。

　　(3)按制动原动力分类

　　在目前列车所采用的制动方式中,制动的原动力主要有压缩空气的压力和电磁力。以压缩空气为源动力的制动方式称为气制动,如闸瓦制动、盘形制动等都为气制动方式;以电磁力为源动力的制动方式称为电制动,动力制动及轨道电磁制动等均为电制动;还有机械制动、液压制动等方式。

5.1.5　知识拓展

1. 制动模式

城市轨道交通列车根据运行的要求,主要采用了停放制动、常用制动、快速制动、紧急制动和保压制动等制动模式。

　　(1)弹簧停放制动

　　由于车辆断电停放时,制动缸压力会因管路漏泄,在无压力空气补充(空气压缩机停电、不工作)的情况下,逐步下降到零,使车辆失去制动力。车辆停放制动不同于车辆运行中的制动作用,它是采用弹簧力来产生制动作用的。在正常情况下,弹簧力的大小不随时间而变化,由此获得的制动力要能满足列车较长时间断电停放的要求。弹簧停放制动缸充气时,停放制动缓解;弹簧停放制动缸排气时,停放制动施加;并且还需附加有手动缓解功能。

　　(2)常用制动

　　常用制动是指在正常情况下为调节或控制列车速度(包括进站停车)所施行的制动。它的特点是:作用比较缓和,制动力可以调节,通常只用到列车制动能力的 20%~80%,多数情况下只用 50%左右。

　　在常用制动模式下,电制动和空气(摩擦)制动一般都处于激活状态。一般情况下(车载AW2 以下,速度 8 km/h 以上),电制动能满足车辆制动要求,当电制动不能满足制动要求时,气制动能够迅速、平滑地补充,实现混合制动作用。

（3）紧急制动

紧急制动是一种"非常制动"，是在紧急情况下为使列车尽可能快地停车而施行的一种制动。它的特点是：作用比较迅猛，而且要把列车最大的制动能力都用上，一般情况下制动力要比常用全制动力大 10% 左右。目前，在城市轨道交通车辆上还采用一种快速制动，快速制动模式下产生的制动力与紧急制动模式相当，但是紧急制动是不可自动恢复的，必须停车后人工恢复，而快速制动是可以恢复的。

紧急制动模式下，车辆设计有"失电制动，得电缓解"的紧急空气制动系统，贯穿整个列车的 DC 110 V 连续电源线控制该制动作用的发生，线路一旦断开（如接触网停电），所有车辆立即实施紧急制动，以确保列车安全。

紧急制动不经过电制动系统（ECU）的控制，直接使空气制动（BCU）的紧急电磁阀失电而产生。具有如下特点：

①电制动不起作用，仅空气制动。

②高速断路器断开，受电弓降下。

③不受冲击率极限的限制，在 1.7 s 内即可达到最大制动力的 90%。

④紧急制动实施后是不能撤除的，列车必须减速，直到完全停下来（零速封锁）。

⑤具有防滑保护和载荷修正功能。

（4）快速制动

当主控制器手柄移到"快速制动"位时，列车将实施减速度与紧急制动相同的快速制动。快速制动具有如下特点：

①电制动不起作用，仅空气制动。

②受冲击率极限的限制。

③主控制器手柄回"0"位，可缓解。

④具有防滑保护和载荷修正功能。

（5）保压制动

保压制动是为防止列车在停车前的冲动，使列车平稳停车，通过 ECU 内部设定的执行程序来控制。它分两个阶段实施：

第一阶段：当列车制动到速度小于 8 km/h，DCU 触发保压制动信号，同时输出给 ECU，这时，由 DCU 控制的电制动逐步退出，由 ECU 控制的气制动替代。

第二阶段：接近停车时（列车速度<0.5 km/h），一个小于制动指令（最大制动指令的 70%）的保压制动由 ECU 开始自动实施，即瞬时地将制动缸压力降低。

如果由于故障，ECU 未接收到保压制动触发信号，ECU 内部程序将在 8 km/h 的速度时自行触发。

2. 制动优先原则

第一优先再生制动。再生制动与接触网线路吸收能力，即网压高低有关。

第二优先电阻制动。承担不能再生的那部分制动电流，再生制动电流加电阻制动电流等于由电制动所要求的总电流。

第三优先踏面摩擦制动（气制动）。常用制动时补充电制动的不足；当没有再生制动或电阻制动时，所需要的总制动力必须由摩擦制动来提供。

典型工作任务 2　制动装置控制系统认知

5.2.1　教学目标

1. 能力目标

熟悉至少一种类型的空气制动系统和电气指令式制动系统的特点及工作原理。

2. 知识目标

了解空气制动系统和电气指令式制动系统的特点、区别及制动系统部件的功能。

3. 素质目标

培养学生对制动装置控制系统的运用能力及应急故障处理能力。

5.2.2　工作任务

通过对直通自动空气制动机和 KBWB 模拟式电气指令制动系统的介绍，了解空气制动系统和电气指令式制动系统的特点、区别，熟悉至少一种类型的空气制动系统和电气指令式制动系统的特点及工作原理，熟悉制动系统部件的功能。

5.2.3　所需配备

多媒体教室；相关课件、视频及动画演示；城市轨道交通车辆制动实训室；三通阀作用原理示教板；直通自动空气制动机模型。

5.2.4　相关配套知识

制动控制系统是制动装置在司机或其他控制装置（如 ATC 等）的控制下，产生、传递制动信号，并对各种制动方式进行制动力分配、协调的部分。目前，制动控制系统主要有空气制动控制系统和电控制动控制系统两大类。当以压力空气作为制动信号传递和制动力控制的介质时，该制动装置称为空气制动控制系统，又称为空气制动机。以电气信号来传递制动信号的制动控制系统，称为电气指令式制动控制系统，其制动力的提供可以是压力空气、电磁力、液压等方式。

1. 空气制动机

空气制动机按其作用原理的不同，可分为直通空气制动机、自动空气制动机和直通自动空气制动机。下面以直通自动空气制动机为例介绍一下空气制动机的结构特点及工作原理。

（1）直通自动空气制动机的工作原理（如图 5.4 所示）

直通自动空气制动机与自动空气制动机在制动机的组成上基本相同，只增加一个定压风缸 13。但其三通阀的结构和原理与自动空气制动机的三通阀有较大的区别。自动空气制动机三通阀的主控机构是靠制动管与副风缸两者压力的差别与平衡来动作的，即为二压力机构阀。而直通自动空气制动机三通阀的主控机构有大小两个活塞组成，它的动作是由制动缸压力活塞 20 上侧的制动缸压力、主活塞 21 上、下两侧的制动管压力和定压风缸 13 的压力三者的差别与平衡来控制的，因此它属于三压力机构阀。具有以下几个作用工况：

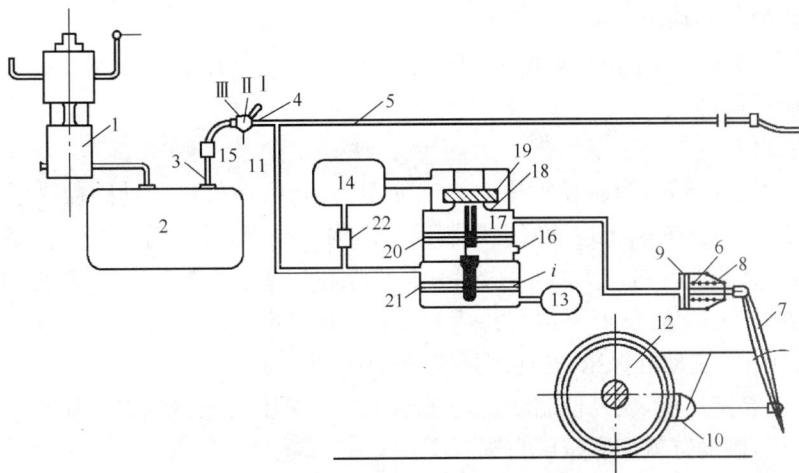

图 5.4　直通自动空气制动机工作原理

1—空气压缩机;2—总风缸;3—总风缸管;4—制动阀;5—制动管;6—制动缸;
7—基础制动装置;8—制动缸缓解弹簧;9—制动缸活塞;10—闸瓦;11—制动阀 EX 口;
12—车轮;13—定压风缸;14—副风缸;15—给气阀;16—三通阀排气口;17—排气阀口;18—进气阀口;
19—进排气阀;20—制动缸压力活塞;21—主活塞;22—单向阀;i—充气沟;Ⅰ—缓解位;Ⅱ—保压位;Ⅲ—制动位

①充气缓解位

司机将制动阀 4 置于缓解位Ⅰ,总风缸 2 的压缩空气经给气阀 15 和制动阀 4 充向制动管 5,再经制动管通向各车辆的三通阀主活塞上侧。活塞在制动管压力作用下下移,形成下列两条通路:

a. 制动管压缩空气→主活塞上侧→充气沟 i→主活塞下侧→定压风缸。

b. 制动缸 6 的压缩空气→制动缸压力活塞上侧→排气阀口 17→活塞杆中心孔→制动缸压力活塞下侧→三通阀排气口 16。

上述第二条通路在初充气时,由于制动缸内无压缩空气而没有排气现象。

在这一位置时,定压风缸充气,制动缸缓解。而副风缸 14 只要其压力低于制动管压力,在单向阀 22 作用下制动管会自动地向其补充压缩空气,并不受作用位置的限制。

②制动位

制动阀操纵手柄置于制动位Ⅲ,制动管以一定的速度减压,定压风缸的压缩空气来不及通过充气沟逆流,主活塞上下两侧形成压差,主活塞上移。首先排气阀口 17 顶住进排气阀 19,关闭了制动缸通大气的通路。同时充气沟被主活塞遮断,主活塞两侧压差进一步加大,主活塞克服进排气阀弹簧压力而打开进排气阀进气口,形成副风缸通过进气阀口 18 向制动缸充气的通路。同时制动缸压力也作用在制动缸压力活塞上侧。

③制动中立位

制动阀操纵手柄置于保压位Ⅱ,制动管停止减压。这时主活塞上侧压力停止下降,但三通阀仍处于制动位,副风缸继续向制动缸充气,制动缸压力活塞上侧压力也继续增加,当制动缸压力作用在制动缸压力活塞上侧产生的作用力,与进排气阀弹簧力,再加上主活塞上侧制动管压力产生的作用力,稍稍大于定压风缸压力在主活塞下侧产生的作用力时,进排气阀 19 压向进气阀口 18,切断副风缸向制动缸的充气通路。这时排气阀口 17 也没有开启,制动缸处于保压状态,三通阀处于制动中立位。

若司机将制动阀操纵手柄在制动位、中立位来回扳动,三通阀将反复处于制动位与制动中立位,即得到阶段制动。

④缓解中立位

列车制动后充气缓解,当制动管压力尚未充至定压时,司机将制动阀操纵手柄置于中立位,制动管停止增压,这时由于主活塞上侧制动管压力仍小于定压风缸的压力(基本上仍保持制动管定压),因此当制动缸压力减至一定值时,作用在活塞上的制动管、制动缸和定压风缸三者压力使向上的压力略大于向下的压力,活塞上移,排气阀口 17 关闭,但向上的力较小,不足以顶开进排气阀 19,制动缸保压,三通阀处于缓解中立位。

在制动管充至定压前,反复使制动管处于增压——保压状态,就能实现阶段缓解,当制动管最终充至定压,制动缸就彻底缓解完毕。

(2)直通自动空气制动机的特点

①具有阶段制动和阶段缓解。同时,制动管要充到定压,制动缸才能完全缓解。

②具有制动力不衰减性。即在制动中立位或缓解中立位时,当制动缸压力因漏泄等原因而下降时,三通阀能自动地给予补充压缩空气,保证制动缸压力保持原值。

2.电气指令式制动控制

虽然自动空气制动机使列车前后的制动一致性有了很大提高,但制动指令是依靠制动管内的空气压力变化来传递的,指令传递速度受空气波速的限制(极限速度为 340 m/s),对编组较大的列车仍可能造成前后车辆制动的不一致,造成列车纵向冲动较大。

电信号的传递速度比空气波速快得多。以压缩空气作为制动源动力的电气指令式制动控制系统称为电空气制动机。电空气制动机在各车辆都设有制动、缓解电空阀,通过设置于驾驶室的制动控制器使电空阀得、失电,最后控制制动缸的充、排气而实现列车的制动或缓解。

图 5.5 是上海 AC03 型列车采用的 KBWB 模拟式电气指令制动系统,它是由原来的英国 Westinghouse 公司(现已并入克诺尔制动机公司)设计的制动系统。该系统按照整车模块化原则设计,集成度较高,它将微机制动控制单元、空气制动控制单元、风缸和风源等全部安装在一个架上,维护简单、重量轻,并具有自我诊断及故障保护显示功能。

相对于空气指令式制动控制来说,电气指令式制动控制的主要优点是全列车制动的一致性好,因此制动和缓解时纵向冲动小、制动距离短;另一优点是便于做到动力制动与空气制动的协调。采用模拟指令式电气控制的制动控制系统是一种较为先进的制动控制系统。

3.制动系统部件

(1)空气压缩机

空气压缩机(简称空压机)是用来产生压缩空气(也称压力空气)的装置。地铁列车的供气一般是以单元来设计的,每一单元设置一套空气压缩机组,其中包括驱动电机、压缩机、干燥器和压力控制开关等。车辆的制动系统及其他一些子系统所使用的压缩空气都是由压缩机组生产的,电动机通过联轴器直接驱动空压机。空压机生产的压缩空气必须经过空气干燥器后才能使其成为洁净的干燥的压缩空气,供各用气系统使用。目前,城市轨道交通车辆中采用的主要有活塞式空气压缩机和螺杆式空气压缩机两种。

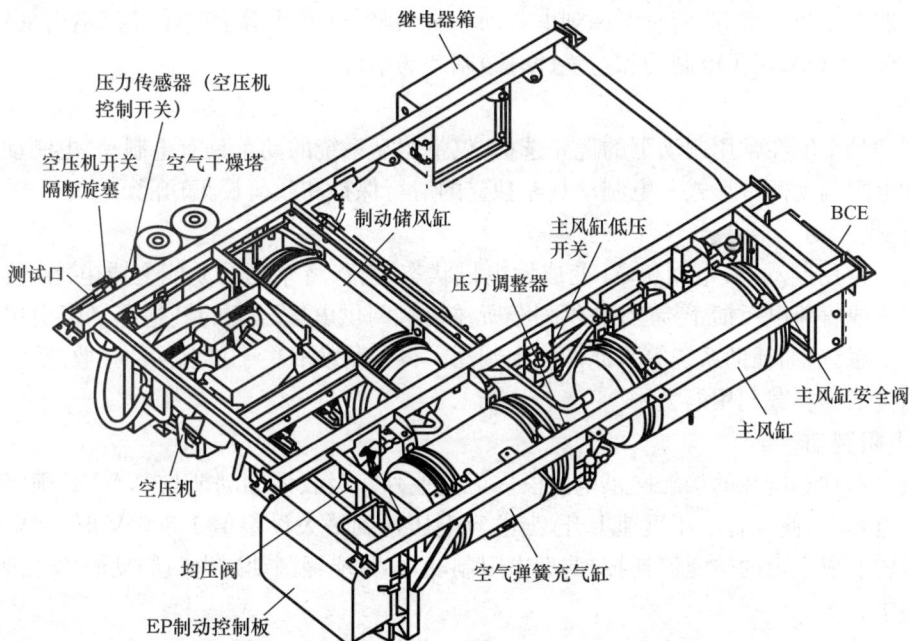

图5.5　KBWB模拟式电气指令制动系统集成化布置图

（2）控制单元

制动控制单元（BCU）是气制动的核心。它接受制动电子控制单元（ECU）的指令,然后再指示制动执行部件。其组成部分主要由模拟转换阀、紧急阀、称重阀和均衡阀等组成。控制单元采用模块化设计,所有元件都安装在一个铝合金集成板上。

（3）制动电子控制单元

制动控制系统有一个用于控制电空制动和防止车轮滑行控制的电子理机,常称为制动电子控制单元（ECU）,它是空气制动管理控制的核心。制动实施时,它接收各种与制动有关的信号,计算出一个当时所需气制动力的制动指令,并将其输出给BCU,同时实时监控每根轴的转速。此外,制动微处理机控制系统还具有本车的控制系统故障自诊断功能和故障储存功能。

（4）防滑系统

防滑系统用于车轮与钢轨黏着不良时,对制动力进行控制。它的作用是：防止车轮即将抱死；避免滑动；最佳地利用黏着,以获得最短的制动距离。

防滑系统控制车轮的线速度。当黏着不良时,列车的速度和车轮的速度之间将产生一个速度差,防滑系统就是应用这个量对防滑电磁阀进行控制从而达到控制车辆滑行和减速度的目的。

5.2.5　知识拓展

我国城市轨道交通车辆大多采用了德国克诺尔（Knorr）制动机公司生产的模拟式电—空制动机,它通过列车总线贯通整个列车,形成连续回路。该模拟制动装置的操作是采用电控制空气、空气再控制空气的控制方式。制动的电指令是利用脉冲宽度调制,能进行无级控制。广州地铁车辆就采用克诺尔电空制动机。下面介绍一下以广州地铁为代表的城市轨道交通车辆的制动类型。

考虑到车辆运行及其装备的要求：站间距离短、启动快、制动距离短、停车精度高和每节动车装备有四台交流电机等,同时考虑到电制动本身的特点(低速时电制动发挥不出来)以及安全要求,制动系统采用了电制动和空气(摩擦)制动的结合。

1. 电制动

电制动是车辆在常用制动下的优先选择,仅带驱动系统的动车具有电制动,电制动又有再生制动和电阻制动两种形式。电制动具有独立的滑行保护和载荷校正功能。

(1)再生制动

当发生常用制动时,电动机 M 变成发电机状态运行,将车辆的动能变成电能,经 VVVF 逆变器整流成直流电反馈于接触网,供列车所在接触网供电区段上的其他车辆牵引用和供给本车的其他系统(如辅助系统等),此即再生制动。再生制动取决于接触网的接收能力,亦即取决于网压高低和负载利用能力。

(2)电阻制动

如果制动列车所在的接触网供电区段内无其他列车吸收该制动能量,VVVF 则将能量反馈在线路电容上,使电容电压迅速上升,当电容电压达到最大设定值 1 800 V 时,将电机上的制动能量转变成电阻的热能消耗掉,此即电阻制动(亦称能耗制动),电阻制动能单独满足常用制动的要求。

电阻制动是承担电机电流中不能再生的那部分制动电流。再生制动电流加电阻制动电流等于制动控制要求的总电流,此电流受电机电压的限制。再生制动与电阻制动之间的转换由 DCU 控制,能保证它们连续交替使用,转换平滑,变化率不能为人所感受到。当高速时,动车采用再生制动,将列车动能转换成电能;当再生制动无法再回收时(如当网压上升到 1 800 V 时),再生制动能够平滑地过渡到电阻制动。

(3)电制动滑行保护

电制动具有独立的滑行保护功能。由于四台电机是并联连接的,因此当 DCU 检测出任意一根轴发生滑行时,DCU 只能对四台电机进行同步控制,同时降低或切除四台电机的电制动力。

2. 空气制动

空气(摩擦)制动是用来补充制动指令所要求的和电制动已达到最大的制动力之间的差额以及没有电制动时完全由气制动来承担的列车制动要求。电制动和空气制动之间的混合制动是平滑的,并满足正常运行的冲击极限。

每节车设计有独自的气制动控制及部件,每根轴设计有独立的防滑装置,由 ECU 实时监控每根轴的转速,一旦任一轮对发生滑行,能迅速向该轴的防滑电磁阀发出指令,沟通制动缸与大气的通路,使制动缸排气,从而解除该轮对的滑行现象。

典型工作任务 3　制动装置执行部件认知

5.3.1 教学目标

1. 能力目标

掌握 PC7Y 型和 PC7YF 型踏面单元制动器的工作原理。

2. 知识目标

了解单元制动器的特点、结构组成及工作原理。

3. 素质目标

培养学生对制动装置执行部件的运用能力及应急故障处理能力。

5.3.2　工作任务

通过对城市轨道交通车辆常用的 PC7Y 型和 PC7YF 型两种单元制动器的介绍,了解单元制动器的特点及结构组成,掌握单元制动器的工作原理,尤其是闸瓦间隙调整器的工作过程。同时拓展了 PC7Y 型和 PC7YF 型单元制动器的技术参数及盘形基础制动等知识。

5.3.3　所需配备

多媒体教室;相关课件、视频及动画演示;城市轨道交通车辆制动实训室;PC7Y、PC7YF 型单元制动器模型。

5.3.4　相关配套知识

城市轨道交通车辆基础制动装置是制动装置的执行部件,普遍采用单元制动器,其主要原因是车辆的车底空间有限,特别是动车车底空间更小,采用单元制动器是解决基础制动装置安装问题的有效途径。下面以国内城市轨道交通车辆上使用较多的 PC7Y 和 PC7YF 型单元制动机来说明闸瓦式基础制动装置的结构和作用原理。

PC7Y 和 PC7YF 型踏面单元制动器具有以下特点:有弹簧停车制动及手动辅助缓解装置(PC7YF 型);有闸瓦间隙调整器;制动传动效率高,均在 95% 左右;占用空间小,安装简单;性能稳定,作用可靠,维修方便。

1. 结构组成

PC7Y 型单元制动器(如图 5.6 所示)由制动缸体、传动杠杆、缓解弹簧、制动缸活塞、扭簧、闸瓦、闸瓦间隙调整器等组成,并带有手制动杠杆及其安装枢轴。

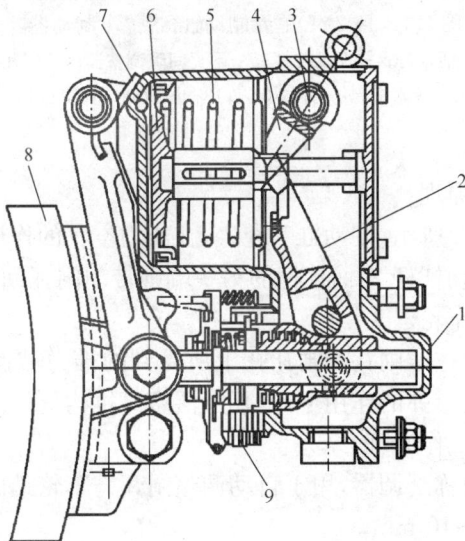

图 5.6　PC7Y 单元制动器(不带停车制动器)

1—制动缸;2—传动杠杆;3—安装在制动缸缸体上的枢轴;
4—手制动杠杆;5—缓解弹簧;6—制动缸活塞;7—扭簧;8—闸瓦;9—闸瓦间隙自动调整器

PC7YF 型单元制动器(如图 5.7 所示)是在 PC7Y 型单元制动器的基础上增加了一个用于停车制动的弹簧制动器,包括缓解风缸 9、缓解活塞 10、活塞杆 11、螺纹套筒 12、停放制动弹簧 13、缓解拉簧 14、停放制动杠杆 15 等。

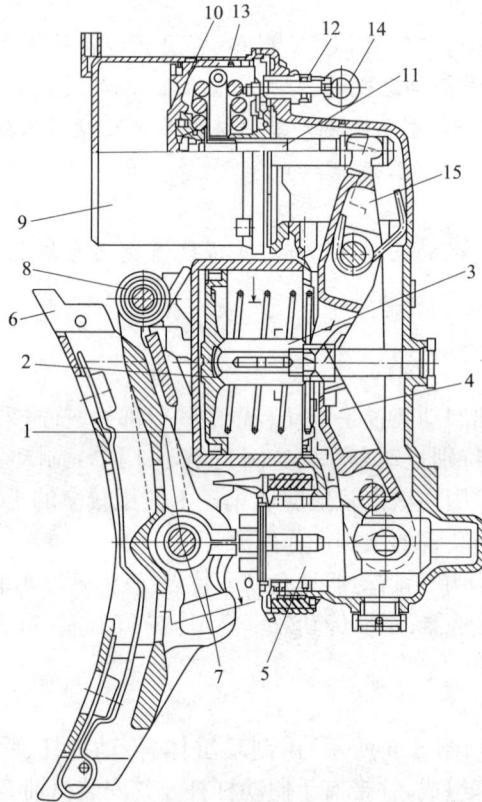

图 5.7　PC7YF 单元制动缸(带停车制动器)

1—制动缸;2—制动活塞;3—活塞杆;4—制动杠杆;5—闸瓦间隙调整器;6—闸瓦托;7—闸瓦托吊;8—吊销;
9—缓解风缸;10—缓解活塞;11—活塞杆;12—螺纹套筒;13—停放制动弹簧;14—缓解拉簧;15—停放制动杠杆

2. 作用原理

(1)单元制动器的工作原理

当列车制动时,如图 5.6 所示,制动缸 1 充气,在压力空气的作用下,制动缸活塞压缩缓解弹簧 5 右移,活塞杆推动传动杠杆 2,而杠杆的另一端则带动闸瓦间隙调整器向车轮方向推动闸瓦托及闸瓦,使闸瓦紧贴车轮。

缓解时,制动缸 1 排气,这时闸瓦及闸瓦托上所受到的推力被撤除,在制动缸缓解弹簧及闸瓦托吊杆上端头的扭簧的反弹的作用下,闸瓦及活塞等机构复位。

(2)闸瓦间隙调整器的工作原理

闸瓦间隙自动调整器简称闸调器,用于自动调整闸瓦与车轮踏面之间的间隙,使之保持在规定的范围之内,一般为 6~10 mm。

①闸瓦和车轮踏面无磨耗时的制动过程,如图 5.8 所示。闸瓦和车轮踏面无磨耗时的制动行程 H_0 是指调整衬套 13 碰到调整环 11 靠近推杆头 6 一端的凸环,且进给螺母 15 和调整衬套 13 的啮合锥面 Z_1(以下简称 Z_1 锥面)刚好脱开时的制动行程。当施行车辆制动时,压缩

空气进入制动缸 1，推动制动活塞 2 及活塞杆 3，带动制动杠杆 4，将整个闸瓦间隙调整器及其所有零部件向车轮踏面方向移动，直到调整衬套 13 碰到调整环 11 为止。调整环 11 的凸环可防止调整衬套 13 进一步向制动方向移动，此时 Z_1 锥面刚好脱开。压缩弹簧 12 的作用力，使调整衬套 13 作用于调整环 11，由于压缩弹簧 12 的作用，Z_1 锥面再一次啮合。当 Z_1 锥面刚好完全脱开时，无磨耗时的制动行程 H_0 完成。此时闸瓦间隙已被消除，闸瓦与车轮踏面接触，当制动缸内空气压力继续上升时，踏面单元制动器便产生了制动作用力。

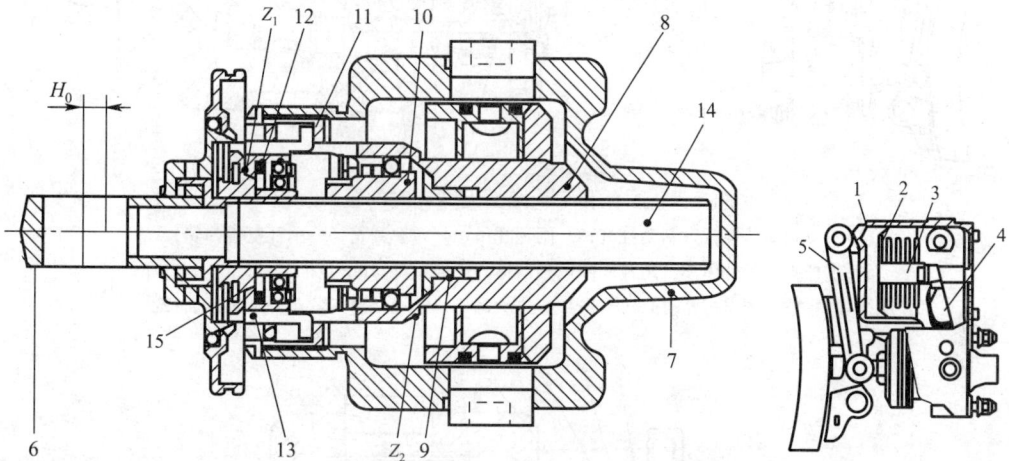

图 5.8　闸瓦和车轮踏面无磨耗时的制动过程

1—制动缸；2—制动活塞；3—活塞杆；4—制动杠杆；5—闸瓦托吊；6—推杆头；7—外体；8—闸瓦间隙调整器体；9—连接环；10—止推螺母；11—调整环；12—压缩弹簧；13—调整衬套；14—推杆；15—进给螺母；Z_1—啮合锥面；Z_2—啮合面

②闸瓦和车轮踏面无磨耗时的缓解过程如图 5.9 所示。当施行车辆缓解时，制动缸内的空气压力下降到一定值后，在缓解弹簧 4 的作用下，通过制动杠杆 2，带动整个闸瓦间隙调整器及其所有传动部件脱离车轮踏面，向后（即缓解方向）移动。此时，Z_1 锥面啮合。当调整衬套 13 碰到调整环 11 面离推杆头 6 一端的凸环时，推杆 14 停止向后移动，回到缓解位置。而闸瓦间隙调整器体 8 等仍由于制动缸缓解弹簧的作用；通过制动杠杆 2 继续朝缓解方向移动，止推螺母 10 和连接环 9 的啮合面 Z_2（以下简称 Z_2 面）开始脱开。由于压缩弹簧 16 的作用，Z_2 面再一次啮合，当 Z_2 面刚好完全脱开时，无磨耗的缓解过程完成。当制动缸完全缓解时，各运动着的零部件停止移动。

③闸瓦和车轮踏面有磨耗时的制动过程，如图 5.10 所示。制动开始时，各零部件的动作与无磨耗时的制动过程完全一样，所不同的是：当调整衬套 6 碰到调整环 4 后，由于闸瓦和车轮踏面出现磨耗，制动行程进一步加长，即制动缸产生的制动力仍不断通过制动杠杆传递到闸瓦间隙调整器体 1→连接环 2→止推螺母 3，从而传递到推杆 7，带动它们继续向前（即制动方向）移动，进给螺母 8 亦随着推杆 7 向前移动，而调整衬套 6 由于受调整环 4 的限制，不能进一步向前移动，Z_1 锥面脱开，又由于推杆 7 和进给螺母 8 为非自锁螺纹连接，由于闸瓦磨耗，制动行程加长，推杆 7 等不断向前移动，压缩弹簧 5 的预压力就会引起进给螺母 8 在推杆 7 上转动，进给螺母 8 与推杆 7 两者的相对位移量即为闸瓦和车轮踏面的磨耗量 M_V。此时，推杆 7 向前移动的行程比无磨耗时的制动行程 H_0 大，两者之差即为闸瓦和车轮踏面的磨耗量之和 M_V。

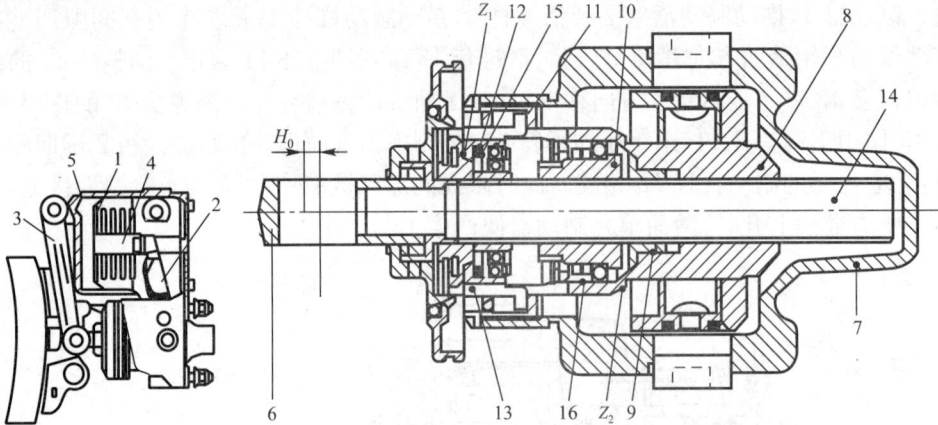

图 5.9　闸瓦和车轮踏面无磨耗时的缓解过程

1—制动活塞；2—制动杠杆；3—闸瓦托吊；4—缓解弹簧；5—闸瓦复位弹簧；
6—推杆头；7—外体；8—闸瓦间隙调整器体；9—连接环；10—止推螺母；11—调整环；
12—压缩弹簧；13—调整衬套；14—推杆；15—进给螺母；16—压缩弹簧；Z_1—啮合锥面；Z_2—啮合面

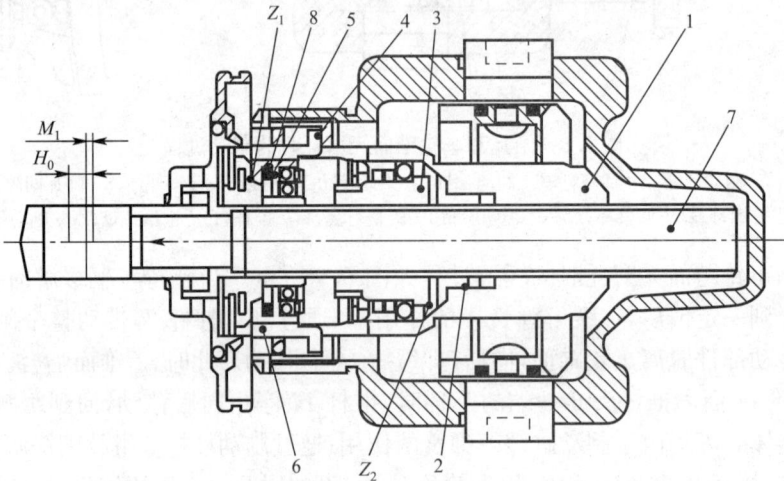

图 5.10　闸瓦和车轮踏面有磨耗时的制动过程

1—闸瓦间隙调整器体；2—连接环；3—止推螺母；4—调整环；
5—压缩弹簧；6—调整衬套；7—推杆；8—进给螺母；Z_1—啮合锥面；Z_2—啮合面

　　④闸瓦和车轮踏面有磨耗时的缓解过程，如图 5.11 所示。缓解开始时，各零部件的动作与无磨耗时的缓解过程完全一样，只是当调整衬套 7 碰到调整环 5 后，由于 Z_1 锥面的啮合，受调整环 5 限制的调整衬套 7 能防止进给螺母 9 在推杆 8 上转动，压缩弹簧 6 使 Z_1 锥面保持啮合，因此使推杆 8 不能进一步向后移动，止推螺母 4 也不能随着闸瓦间隙调整器体 2 和连接环 3 继续向后移动，从而使 Z_2 面脱开，压缩弹簧 10 的作用又使得止推螺母 4 在推杆 8 上转动，直到制动缸完全缓解，闸瓦间隙调整器体 3、连接环 3 回到缓解位，Z_1 面重新开始啮合而停止转动。两者的相对位移量为闸瓦和车轮踏面的磨耗量之和 M_V。此时，闸瓦和车轮路面仍保持了正常间隙，只是推杆 8 比无磨耗时向前伸出了 M_V。

　　(3)推杆复位机构的工作原理

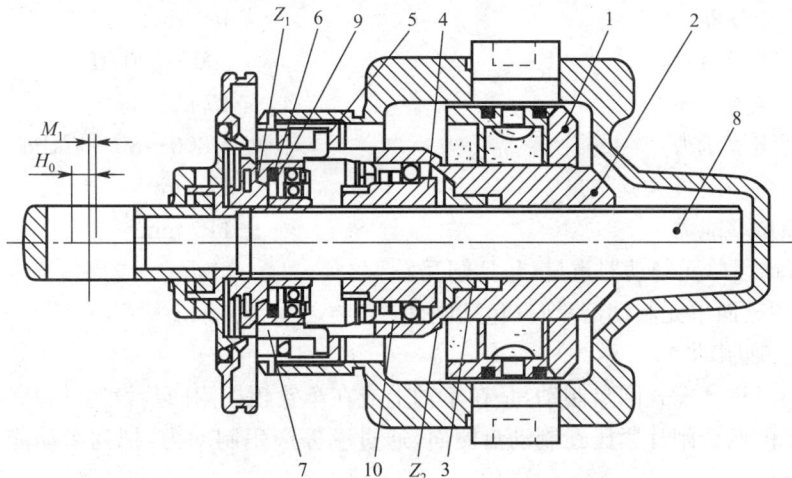

图 5.11　闸瓦和车轮踏面有磨耗时的缓解过程

1—制动杠杆;2—闸瓦间隙调整器体;3—连接环;4—止推螺母;5—调整环;
6—压缩弹簧;7—调整衬套;8—推杆;9—进给螺母;10—压缩弹簧;Z_1—啮合锥面;Z_2—啮合面

随着闸瓦的磨耗,推杆在间隙调整过程中不断伸长,当闸瓦磨耗到限后,需要更换闸瓦时,只需顺时针转动调整螺母,啮合面上的齿就能克服弹簧垫圈的作用而滑脱,从而使推杆复位,而不需要拆卸螺栓和其他任何零部件。更换闸瓦后,闸瓦间隙又恢复到无磨耗时的正常值范围,一般无需人工调整,即可准备进行下一次制动。

(4)弹簧制动器的工作原理

弹簧制动器用于停车制动。如图 5.7 所示,当停车制动缓解风缸 9 排气后,停放制动弹簧 13 将活塞杆 11 推向前方,带动停放制动杠杆 15、推动制动杠杆 4,最后将闸瓦推向车轮路面,实现停车制动。

当向缓解风缸 9 充气时,压缩空气推动缓解活塞 10 克服弹簧 13 的作用力,使活塞杆 11、制动杠杆 4 等一一复位,停车制动得到缓解。所以停车制动是排气制动,充气缓解。另外,停车制动还可通过拉动辅助缓解装置缓解簧环 14、使缓解活塞杆 11 和螺纹套筒 12(两者为非自锁螺纹连接)相对移动,释放弹簧作用力,达到缓解的目的。

5.3.5　知识拓展

一般单元制动器都将制动缸传动机构、闸瓦间隙调整器以及悬挂装置连在一起,形成一个紧凑的作用装置。有的单元制动器做成立式的,有的做成悬挂式的,这主要取决于安装方式的不同。

广州地铁车辆、上海地铁车辆等采用的单元制动器是由德国克诺尔制动机公司生产的,每个转向架上装有两种型号的单元制动器,带停放单元制动器和不带停放单元制动器。

带停放制动器单元制动缸(PC7YF)安装在每个转向架上处于对角线的两个车轮的一侧,而另一对角线的两个车轮的一侧安装不带停放制动器单元制动缸(PC7Y)。

1.PC7Y 型、PC7YF 型踏面单元制动器的主要技术参数

制动倍率

常用制动器　　　　　　　　　　　　　　　　2.85

弹簧制动器	1.15
制动缸工作压力	300～600 kPa
最大闸瓦压力	45 kN
弹簧制动缓解压力	5 300～80 000kPa
闸瓦磨耗后一次最大调整量	15 mm
最大间隙调整能力	110 mm
PC7Y 型踏面单元制动器重量(包括闸瓦)	63 kg
PC7YF 型踏面单元制动器重量(包括闸瓦)	85 kg

2. 盘形基础制动

盘形制动又称摩擦式圆盘制动,是在车轴上或在车轮辐板侧面装设制动盘,用制动夹钳将合成材料制成的两个闸片紧压在制动盘侧面,通过摩擦产生制动力,把列车动能转变成热能,耗散于大气之中。

(1)盘形制动的优点

与闸瓦制动相比,盘形制动有以下优点:

①可以大大减轻车轮踏面的热负荷和机械磨耗。

②可按制动要求选择最佳"摩擦副",制动盘可以设计成带散热筋的,旋转时使其具有强迫通风的作用,以改善散热性能。

③制动平稳,几乎没有噪声。

(2)盘形制动的缺点

盘形制动存在下列不足:

①车轮踏面没有闸瓦的磨刮,轮轨黏着将恶化。所以,为了防止高速滑行,既要考虑采用高质量的防滑装置,也要考虑加装踏面清扫器。

②制动盘使簧下重量及其引起的冲击振动增大;运行中还要消耗牵引功率,速度愈高,这种功率损失也越大。

按照摩擦面配置的不同,制动盘可分为单摩擦面(单面盘)和双摩擦面(双面盘)两类,一般为铸铁圆盘;按照制动盘的形状可分为整体式和由两个"半圆盘"组合而成的"对半式";按照制动盘的安装位置可分为轴盘式和轮盘式。

非动力转向架一般采用轴盘式,当动力转向架轮对之间由于牵引电机等设备使制动盘的安装发生困难时,可采用轮盘式。制动时,制动缸通过制动夹钳使闸片夹紧制动盘,使闸片与制动盘间产生摩擦,把列车的动能转变为热能,热能通过制动盘与闸片逸散于大气。盘形制动采用的高性能摩擦副材料和良好的散热结构,可以获得比闸瓦制动大得多的制动功率。

项目小结

本项目首先介绍了城市轨道交通车辆制动装置的作用、特点、要求、车辆制动方式的类型及制动优先原则;其次介绍了空气制动系统和电气指令式制动系统的特点、区别以及工作原理,并且拓展了广州地铁车辆的制动类型及制动优先原则等内容;最后介绍了城市轨道交通车辆常用的 PC7Y 型和 PC7YF 型两种单元制动器的特点、结构组成及工作原理。

复习思考题

1. 城市轨道交通车辆制动装置有哪些特点？
2. 制动方式有哪些种类？各有何特点？
3. 直通自动空气制动机有哪些特点？试简述其工作原理。
4. 相对于空气制动，电气指令式制动控制有哪些优点？
5. PC7Y 型和 PC7YF 型制动器的结构和作用原理是怎样的？
6. 闸瓦间隙自动调整器的作用和工作原理是怎样的？

项目6　城市轨道交通车辆空调系统认知

项目描述

城市轨道交通车辆空调系统能为乘客提供舒适的乘车环境。本项目主要介绍采暖系统、通风系统的作用、组成以及上海地铁、南京地铁车辆空调制冷系统，并扩展了郑州地铁空调系统的相关知识。

拟实现的教学目标

1. 能力目标
能够熟悉通风系统的组成部件，熟知至少一种类型的车辆制冷系统工作过程。
2. 知识目标
了解采暖系统、通风系统的作用及组成，了解空调机组的结构及技术参数。
3. 素质目标
培养学生对空调系统在提高乘车环境方面的作用的认识，培养良好的职业道德和专业文化素养，树立城市轨道交通"以人为本"的服务意识。

典型工作任务1　车辆采暖、通风系统认知

6.1.1　教学目标

1. 能力目标
能够识别通风系统的组成部件。
2. 知识目标
了解采暖系统的作用、通风系统的作用及组成。
3. 素质目标
培养学生对采暖、通风系统的运用能力及应急故障处理能力。

6.1.2　工作任务

了解采暖、通风系统的作用，熟悉城市轨道交通车辆采暖设备的类型和布置，掌握通风系统的通风方式及各组成部件的作用。通过对郑州地铁车辆采暖、通风系统的描述，完成知识的拓展与能力的提高。

6.1.3　所需配备

多媒体教室;相关课件、视频及动画演示;空调机组气流组织示教板。

6.1.4　相关配套知识

地铁车辆主要运行在地下隧道,乘客密度大,因此通风换气、改善车内空气品质是提高乘客舒适性的重要方面,城市轨道交通车辆普遍采用空调系统达到上述目的。车辆空调系统的作用就是使客室内的温度、相对湿度、空气流动速度及洁净度(主要指尘埃及二氧化碳含量)保持在规定的范围内,为乘客创造舒适的乘车环境。

一般车辆空调系统主要由通风系统、制冷系统、加热系统、加湿系统以及自动控制系统五大系统组成。考虑到城市轨道交通车辆实际运行区域的气候条件,有些车辆可不设专门的加热及加湿系统。

1. 采暖系统

采暖系统的作用是在冬季对进入车内的空气进行预热和对车内的空气进行加热,以保证冬季车内空气的温度在规定的范围内。

考虑到城市轨道交通车辆实际运行区域的气候条件,有些设置了专门的加热系统。由新风口引入的新鲜空气及车内循环空气,被机组的通风机吸入并在电加热器前混合,通过电加热器加热,温度升高,再由通风机送入车内风道各格栅,向车内送热风.使温度徐徐上升,并由温度调节器自动调节车内空气温度,维持车内的一定舒适温度。

2. 通风系统

通风系统的作用是将车外新鲜空气吸入并与车内再循环空气混合,在滤清灰尘和杂质后,再输送和分配到车内各处,使车内获得合理的气流组织。同时将车内污浊的空气经座椅下、侧墙,从车顶部排出车外,使车内的空气参数满足设计要求,其余的污浊空气通过回风道与新风混合经空调机组处理后送入客室,客室气流循环如图 6.1 所示。司机室内可不单独设空调机组,而在靠近司机室的客室送风道端设有通向司机室的风道,经司机室顶部通风装置进入司机室。污浊空气通过司机室门上方的排气口排出。

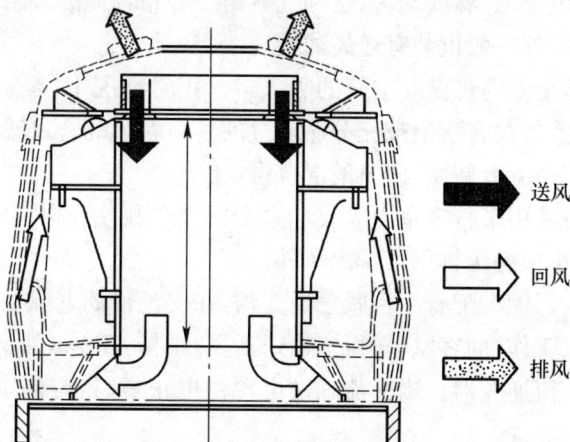

送风

回风

排风

图 6.1　车辆中部气流横断面

通风系统有机械强迫通风和自然通风两种方式。机械强迫通风系统是车辆空调装置中唯一不分季节而长期运转的系统,因此它的质量状态直接影响到旅客的舒适性和空调装置的经济性。城市轨道交通车辆一般采用机械强迫通风方式,依靠通风机所造成的空气压力差,通过车内送风道输送经过处理后的空气,从而达到通风换气的目的。

(1)通风机组

通风机组是通风系统的动力装置,其作用是吸入车外新风和室内回风,并将处理后空气加压,通过主风道等送入客室。它通常由一台双向伸轴的双速电机和两台离心式通风机组成。

(2)送风道、回风道和排风道

车顶的二台空调机组,通过与车体相连的两个吸振消音的连接风道,将处理后的空气送到车顶的主风道内。送风道的作用是将经过处理的空气输送到室内。车辆的风道沿车辆方向分为三个,中间大的为主风道,两侧为副风道,主副风道由隔板分开,隔板上设有一系列调整风量的气孔。主风道的空气经隔板气孔进入副风道,使得两侧风道内的气流稳定地送入客室中。A 车的司机室的送风量是通过在司机室天花板上的司机室增压器从副风道中引入,气流方向可以通过位于内顶板上的送风导向器来调节,空气可以直接吹到司机座位区。风道一般用铝合金板或玻璃钢制成,在整个风道外表面均覆盖足够厚度的隔热材料,以防止风道冷量损失和结露。

回风道是用来抽取室内再循环空气的。进入回风道的空气,一部分通过设于车顶的 8 个静压排气孔排至车外,另一部分进入空调机组与吸入的新风混合后,经过冷却、过滤由离心风机送入主风道,这样就在客室内形成空气循环,达到调节空气温度、湿度的目的。

排风道用以排除车内污浊空气,是排风口与车顶静压排风器间的通道。

(3)新风口、送风口、回风口及排风口

①新风口。新风口即车外新鲜空气的吸入口。新风口一般装有新风格栅以防止杂物及雨雪进入车内,另外还设有新风滤网和新风调节装置,新风调节装置由一个 24 V 直流电机驱动新风调节门,调节进入客室的新鲜空气量。

②送风口。送风口是用来向客室内分配空气的。送风口大多装有送风器及风量调节机构,它不但使客室内送风均匀、温度均匀、达到气流组织分布合理的效果,还可以根据需要来调节送风量的大小,送风口处一般也装有送风滤网。

③回风口。回风口是室内再循环空气的吸入口。正常情况下,客室内一部分空气应作为回风,回风与新风混合前是在客室中被充分循环过的。与新风混合过滤后,通过蒸发器入口进入,应设置调节挡板,用于调节新风、回风的混合量(比例)。

④排风口。排风口是用来将客室内废气和多余的空气排出车外。从车内的长椅下,经内墙板后侧导向车顶,由车顶静压排风器排出车外。

⑤应急通风系统。每辆车配有 1 台紧急逆变器,在交流辅助电源设备故障情况下,应急通风系统应立即自动投入工作,向客室、司机室输送新风,维持 45 min 紧急通风。应急供电由蓄电池供给,并经直流/交流逆变器。当交流辅助电源供电正常时,空调系统自动转入正常工作状态。

图 6.2 所示为车体空调机组安装座及气流口示意图,图 6.3 所示为空调机组气流组织。

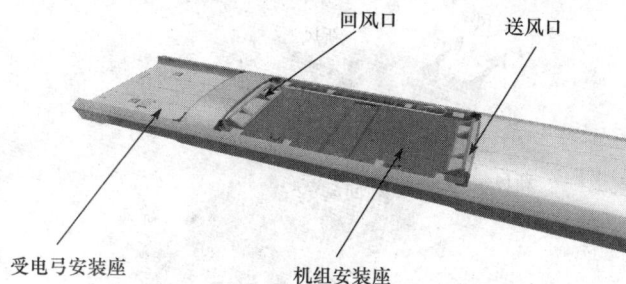

图 6.2 车体空调机组安装座及气流口

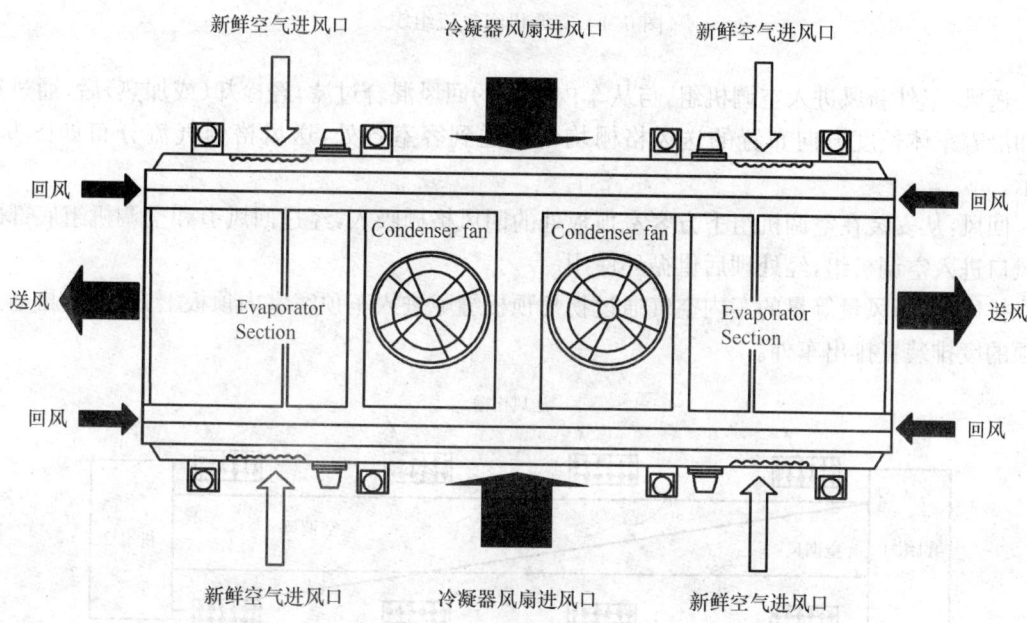

图 6.3 空调机组气流组织

（4）通风系统的日常维护保养

在空调、通风系统的使用中，易发生故障的部件有温度传感器、注入阀、膨胀阀、电磁阀、回风过滤器和减振器等。

新风机每年进行一次清扫、涂装。检查外表是否涂装剥落及有锈斑，并做除锈及补漆处理，另外，检查轴承是否有异常振动及杂音，若有，则需拆卸更换。通风机每年进行一次清扫，使用毛刷等工具清扫风扇叶片的漂垢。通风系统中的新风滤尘网、蒸发器滤尘网和回风滤尘网应定期用毛刷等工具清洗。

6.1.5 知识拓展

1. 郑州地铁车辆通风系统

空调机组安装在车体顶盖 1/4 和 3/4 处，机组采用双端送风、底部回风的形式，新风口设在机组两侧，如图 6.4 所示。

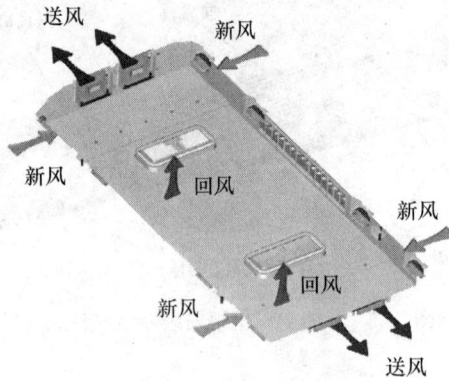

图 6.4 空调机组气流组织

送风：车外新风进入空调机组，与从车内吸入的回风混合过滤，经冷却（或加热）后，通过风道和沿着车体长度方向布置的送风格栅均匀地送到客室各处，送风格栅气流分布如图 6.5 所示。

回风：从安装在空调机组下方客室顶板处的回风格栅吸入，经过回风道和空调机组底部的回风口进入空调机组，经处理后供循环使用。

排风：与新风量等量的车内空气通过拐角顶板缝隙进入车顶客室内顶板上方空间，再通过车顶的废排装置排出车外。

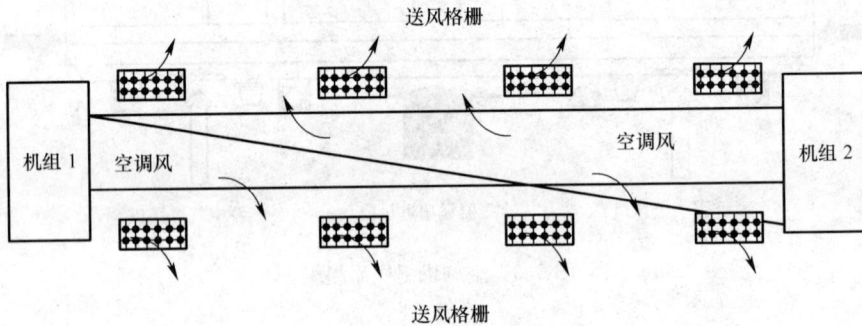

图 6.5 送风格栅气流分布

司机室内配备一个通风单元，安装在 Tc 车（带司机室的拖车）司机室天花板上，空调风从相邻客室的风道经通风单元引入到司机室。送风方向根据司机喜好任意调节，风量分三挡手动可调，可以满足不同条件下的要求。紧急通风时，司机室通风单元能够利用客室风道的正压，将不小于 60 m³/h 的新风送入司机室内。

2. 郑州地铁车辆采暖系统

司机室内通风单元内置电加热器，可在冬季为司机室提供采暖。客室采暖分为空调机组内置电加热器和座椅下方电加热器，客室电加热器安装在座椅下方，每个长座椅安装 2 台电加热器（安装有灭火器的座椅下方只安装一台电加热器）。电加热器采用两组控制，可通过开启其中一组或两组电加热器实现电加热器的半暖或全暖工作控制。

典型工作任务 2　车辆制冷系统认知

6.2.1　教学目标

1. 能力目标

能够熟悉至少一种类型的车辆制冷系统工作过程。

2. 知识目标

了解空调机组的结构及技术参数。

3. 素质目标

培养学生对空调机组的运用能力及应急故障处理能力。

6.2.2　工作任务

通过对上海地铁、南京地铁制冷系统的介绍,了解空调机组的结构及技术参数,熟悉至少一种类型的车辆制冷系统工作过程,掌握制冷循环的基本原理。

6.2.3　所需配备

多媒体教室;相关课件、视频及动画演示;空调机组制冷原理示教板。

6.2.4　相关配套知识

制冷系统的作用是在夏季对进入车内的空气进行降温、减湿处理,使夏季车内空气的温度与相对湿度维持在规定的范围内,通常通过空调装置来实现上述目的。

现代城市轨道交通车辆都设有空调装置,一般每车设有两个集中式的空调单元,分别安装在车顶的两端。为了使车辆的外形轮廓不超出车辆静态限界,特在车顶两端设计了两个专用于安装空调单元的凹坑,在安装空调单元的机座上加装橡胶垫以减小振动影响。

每个空调单元的控制与监控都是由设在每辆车的电气柜中的空调控制单元实施自动控制、自动调节以及整列车的制冷压缩机的顺序启动,以免多台压缩机同时启动而造成启动电流过大而造成事故。

空调系统的电源是由 A、B、C 车每辆车的辅助逆变器提供。其中 A 车的逆变器提供控制系统的电源,B 车的逆变器承担 A、B、C 车的各一个单元的空调机组的电源,而每节车的另一个单元的空调机组则由 C 车的逆变器供电,这样可避免因一个逆变器故障而造成单节车的空调机组全部停机。

另外,每节车还设有一台紧急逆变器,用于在 1 500 V 直流供电中断时,将列车蓄电池直流电源逆变成三相交流电,以供紧急通风使用。

1. 上海地铁车辆空调制冷系统

上海地铁直流传动车和交流传动车的空调制冷系统基本结构分别如图 6.6 和图 6.7 所示。机组采用机械压缩制冷,由压缩机、蒸发器、冷凝器、轴流式冷凝风机、干燥器、膨胀阀、热气旁路阀、高低压保护等组成。系统还配有变色柱的夜视镜,它不但可以观察到制冷剂的流动情况,还可以根据夜视镜中色柱颜色的变化,鉴别制冷剂的质量。液管中设有过滤干燥器。

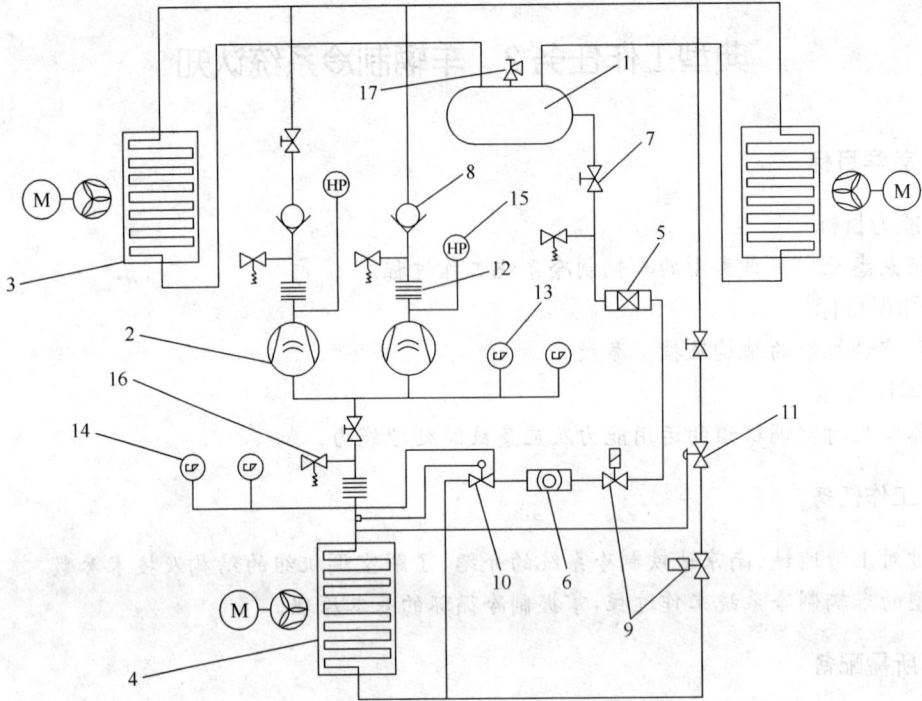

图 6.6　上海地铁直流传动车辆空调制冷循环流程图

1—储液罐；2—压缩机；3—冷凝器；4—蒸发器；5—过滤干燥器；

6—视液镜；7—截止阀；8—单向阀；9—电磁阀；10—膨胀阀；11—热气旁路阀；

12—软管；13—压力表；14—低压表；15—高压表；16—限压阀；17—进给阀

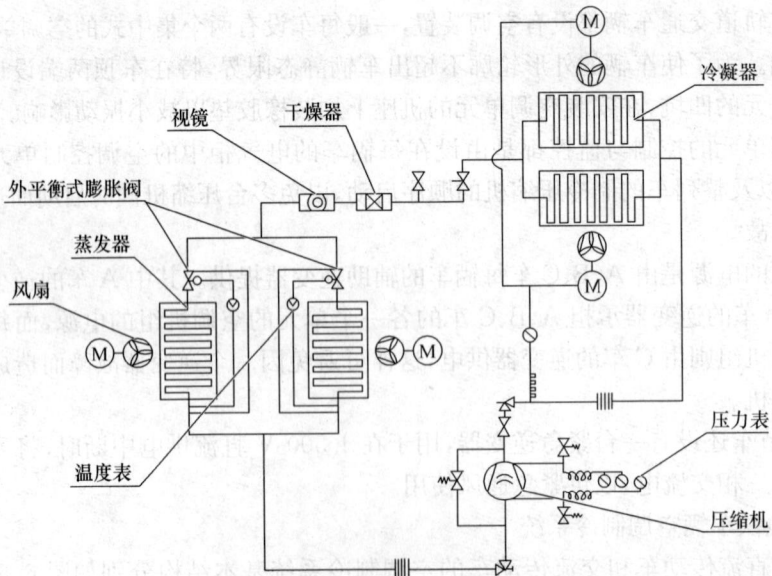

图 6.7　上海地铁交流传动车辆空调制冷循环流程图

(1)单个空调单元的外形尺寸及技术参数(见表6.1)

表 6.1　上海地铁单个空调单元的外形尺寸及技术参数

		直流传动车	交流传动车
外形尺寸($L \times W \times H$)		2 900 mm×1 600 mm×470 mm	2 850 mm×1 850 mm×455 mm
质量(kg)		770	890
电源	控制电压	110 V DC	
	动力电压	380 V AC	
制冷量(kW)		35	40
制冷剂		R22	R13
总风量(m³/h)		4 000	4 250
新风量(m³/h)		2 000	1 600
循环风量(m³/h)		2 000	2 650
事故同风量(m³/h)		2 000	全新风

（2）制冷循环的基本原理

载冷剂在制冷回路中循环流动，并且不断与外界发生能量交换，即不断地从被冷却对象中吸取热量，向环境介质排放热量。为了实现制冷循环，必须消耗一定的能量。

在制冷方法中，液体气化制冷应用最为广泛。城市轨道交通车辆的空调机组采用的蒸气压缩式制冷，它属于液体气化制冷。液态制冷剂通过制冷系统回路的不断循环产生，在蒸发器内蒸发，并与被冷却空气发生热量交换，吸收被冷却空气的热量后气化成蒸气，随后压缩机不断地将产生的蒸气从蒸发器中抽走，并压缩制冷剂，使其在高压下被排出。经压缩的高温、高压蒸气在冷凝器内被周围的空气冷却，凝结成高压液体，利用热力膨胀阀使高压液体节流，节流后的低压、低温蒸汽进入蒸发器，再次气化，吸收被冷却空气的热量，如此周而复始。

上海地铁 2 号线空调机组采用 R134a 制冷剂，它是一种环保型的制冷剂，属于中温制冷剂，其标准沸点为－26.2℃，凝固温度－101℃，热力性能与 R12 接近。

（3）制冷系统的工作过程

制冷剂 R134a 蒸气由压缩机压缩成高温高压的冷媒蒸气，进入风冷冷凝器，经外界空气的强制冷却，冷凝成常温高压的液体，进入外平衡式膨胀阀节流降压，变成低温低压的气液混合冷媒，然后进入蒸发器，吸收流过蒸发器的空气热量，蒸发成低温低压的蒸气，再经过气液分离器，分离出冷媒气，然后被压缩机吸入，完成一个封闭的制冷循环。压缩机不断工作，达到连续制冷的效果。

车内的空气通过蒸发器时，空气中的水分冷凝成水滴，汇集至机组内接水盘，由排水管将水引到车外而起除湿作用。

（4）空调机组的调节与控制

空调机组的工作由微机进行控制。通过微机调节器可控制室温，空调系统中新风口、风道和客室座位下均设有温度传感器，由温度传感器测得的温度值，传递到调节器中进行处理。

每节车有一台微机调节器，它控制两个空调单元，可由司机室集中控制或每车单独控制。

2. 南京地铁车辆空调制冷系统

(1)系统概述

每节车有两个独立的单元式机组、两个送风道,每节车厢共用一个客室空调控制盘。客室空调系统包括以下部分:①两个完全相同的车顶单元式空调机组,其制冷量为 44 kW,分别安装在车辆的端部。②一个控制盘,控制空调系统的运行。③一个紧急逆变器,110 V DC/400 V AC,在紧急通风模式下运行时为空调机组通风机供电。驾驶室具有单独的空调机组,安装在驾驶室顶部,与客室空调无关,驾驶室空调系统中,采用 R407c 制冷剂。

(2)主要技术参数

外形尺寸($L \times W \times H$)	3 430 mm×2 058 mm×446.5 mm
质量	780(1±5%)kg
制冷量	44 kW
总风量	5 000(1±10%)m³/h
最小新风量	1 600(1±10%)m³/h
紧急通风量	2 000(1±10%)m³/h
回风量源	3 400(1±10%)m³/h
制冷剂	R134a
电源	三相 400 V,50 Hz
控制电源	110 V DC

(3)空调机组的主要部件

①压缩机:为全密封螺杆类型,具有 2 级调节。制冷剂蒸气通过低压的吸入管和阀门回流进入压缩机进行压缩。制冷剂从压缩机排出阀排,流向冷凝器。制冷剂离开压缩机时变为高压蒸气。

②冷凝器:每个冷凝器由铜管和铝翅片组成。冷凝风机使外界空气循环通过冷凝器,使高温高压的制冷蒸气被冷却,并在冷凝器管中冷凝为液体。

③冷凝风机:吸入外界空气吹入冷凝器管路,并通过机组两侧的上盖排出。

④干燥过滤器:干燥过滤器安装在液管上冷凝器的出口处,其滤芯是 100%分子筛,可除去制冷剂中的水分和杂质,防止水及杂质对系统及部件造成损害。

⑤湿度指示器(视液镜):湿度指示器位于干燥过滤器出口的下游,可显示出系统中是否具有过多的水分。绿色为干,黄色为湿。

⑥蒸发风机:经处理后的空气在两个离心风机的作用下吹入车内。风机由一个三相单轴电动机驱动,此电动机恒载连续运行。

⑦蒸发器:蒸发器由铜螺纹管和铝翅片组成。吹入车内的气体,被蒸发风机吸入穿过蒸发器时,空气被冷却和除湿,同时液态制冷剂亦蒸发为一定比例和温度的气态制冷剂。

⑧热力膨胀阀:热力膨胀阀位于制冷剂液管内的每个蒸发器的入口处,起调节制冷剂流量作用,保证蒸发器具有足够的制冷剂来满足所需负载条件。

⑨回风温度传感器:回风口处有一个温度传感器,用来检测室内温度。PLC(可编程控制器)通过温度采集模块 EM231 采集温度并以此来选择空调所需的运行模式。

⑩手动截止阀:截止阀位于每个冷凝器的出口处它含有手动调节手轮,可在维修时手动截止制冷剂的流动,便于维修操作。

⑪回风阀:空调机组包括两个回风阀,由伺服电动机驱动,安装在回风入口内。紧急运行

时风阀关闭。正常运行时,风阀打开。

⑫新风阀:空调机组包括两个新风阀,位于压缩机腔与蒸发腔之间的隔板上。在预调节阶段和预调节阶段完成时,新风阀为关闭状态。

(4)空调机组制冷系统原理

制冷系统以易挥发液体在蒸发过程中或从液态变为气态时吸收热量的原理为基础设计。此系统使用的是 R134a 制冷剂。

制冷剂液体从冷凝器流出,通过截止阀、干燥过滤器、视液镜,并通过膨胀阀调整制冷剂流量到一定值,以便使空调的制冷能力尽量与车体负载相适应。膨胀阀使压力和温度降低后,通过分液器把制冷剂平均分配到蒸发器的各个流程中。蒸发器是一个热交换器,由铜管和铝翅片组成。在制冷状态下,当制冷剂液体流过蒸发器内部的管路时,冷却了铜管和翅片,进而冷却了翅片周围的空气。低温低压的制冷剂气体离开蒸发器进入压缩机,由压缩机进行压缩,变成高温高压的制冷剂气体,然后离开压缩机。制冷循环如图6.8所示。

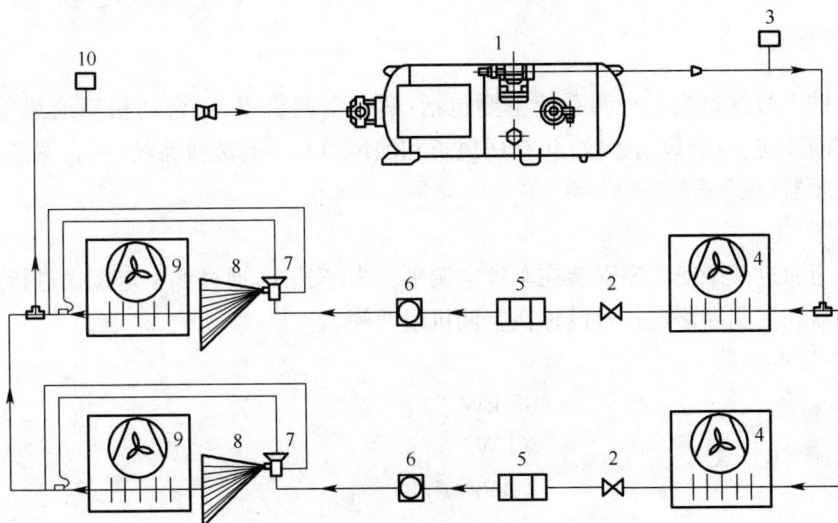

图 6.8　制冷循环

1—压缩机;2—截止阀;3—高压保护器;4—冷凝器;5—干燥过滤器;
6—视液镜;7—膨胀阀;8—分液器;9—蒸发器;10—低压保护器

3. 其他

其他线路车辆上空调机组的结构与上海地铁基本相同,其主要区别由以下几点:①蒸发器的数量不同,深圳地铁车辆的空调机组采用两端向客室通风,所以机组两端各设一个蒸发器。②选用压缩机型号不同:上海地铁2号线和广州地铁1号线选用螺杆式压缩机,深圳地铁采用涡旋式压缩机。各空调机组的主要技术参数见表6.2。

表 6.2　地铁空调主要技术参数

地铁名称 参数	上海地铁1号线	上海地铁2号线	广州地铁	深圳地铁
总送风量(m³/h)	8 000	8 500	8 500	10 000
新风量(m³/h)	4 000	3 200	3 200	3 200

续上表

地铁名称 参数	上海地铁1号线	上海地铁2号线	广州地铁	深圳地铁
客室允许最高温度(℃)	27	27	27	27
客室27℃时的相对湿度	<70%	≤65%	≤65%	≤65%
车外温度参数(℃)	32.5(35)	32.5(35)	32.5(35)	32.5(35)
车外相对湿度	68%(60%)	68%(60%)	68%(65%)	68%(65%)
机组型号	车顶单元式	车顶单元式	车顶单元式	车顶单元式
压缩机型号	活塞式	螺杆式	螺杆式	涡旋式
制冷剂	R22	R134a	R134a	R134a、R407c
制冷功率(kW)	35	40	40	约41
压缩机功率(kW)	14.5	14.5	14.5	≤22.5

6.2.5 知识拓展

郑州地铁1号线每辆车空调系统主要包括:两台空调机组、一台司机室通风单元(仅 Tc 车)、一套控制系统、一套风道系统(包括送风道和回风道)、一套废排系统、一台紧急逆变器、一台司机室取暖器(仅 Tc 车)。

1. 空调机组

空调机组通过8个安装座安装在车顶空调平台内,安装时通过2个定位销进行定位,机组主回路连接器和控制回路连接器设置在空调机组两侧。

(1)主要技术参数

额定制冷量　　　　　　　35 kW

制热量　　　　　　　　　9 kW

额定送风量　　　　　　　4 000 m³/h

额定新风量　　　　　　　1 300 m³/h

紧急通风量　　　　　　　1 500 m³/h

重量　　　　　　　　　　约750 kg

主回路电源　　　　　　　三相交流 380 V/50 Hz

控制回路电源　　　　　　DC 110 V

(2)空调机组的特点

①每台空调机组采用2台卧式涡旋压缩机,能够在满足限界的基础上,获得较大的制冷量(35 kW),完全满足车辆需求并留有足够的余量。

②空调机组采用两端送风,送风距离较短;选用低风压的风机,有利于车内降低噪声。

③空调机组内部设有两挡调节电加热器,可以在冬季为客室提供采暖。

④空调机组内部设有可四挡调节的电动新风门,可以实现车厢内的预冷和预热功能,并能根据车内载客量的变化调节新风量,具有良好的节能性能。

2. 空调控制系统

每辆车设有一套空调控制系统,安装在客室空调柜内,采用微机控制方式。控制系统采用一个可编程微处理控制器控制两台空调机组,控制器可通过 USB 接口与笔记本电脑方便地交换数据,一辆车所有检测到的温度数据通过内部数据交换,提高了系统的可靠性。控制器、接触器、继电器和断路器等所有控制和保护电气部件集成在空调控制板上,安装在车内空调控制柜中。另外,空调控制系统还安装了电表,能对每台空调机组的能耗予以记录。

空调控制器经接触器指挥各部件工作,通过调节空调压缩机/电加热器的启停对客室温度进行调节,实现各种工作状态的转换;对客室内外温度进行监控,保护空调机组各部件的功能;通过 MVB 总线(多功能车辆总线)与列车网络通信,提供故障诊断功能,并能经数据交换接口提供数据下载和系统检测。

3. 空调的运行

郑州地铁 1 号线车辆空调系统可以实现以下功能模式:预冷、制冷、预热、制热、通风、紧急通风。空调控制板上安装有模式选择开关和强风模式开关,两个开关独立工作。模式选择开关采取 9 挡控制,分别为:关闭、测试 1、测试 2、自动、24℃、25℃、26℃、27℃、28℃。

当环境温度高于 16℃时,空调可运行在制冷工况,此时车内温度将根据计算进行自动控制。当客室温度低于 8℃且有制热需求时,空调将启动电加热,运行在制热工况;当车内温度高于 8℃而低于 13℃时,如车内仍有制热需求且空调原本运行在制热工况,将保持原运转工况,否则将运行在通风工况;当车内温度高于 13℃时空调将停止制热。当控制开关转至"测试1"或"测试 2"位时,将分别对空调机组 1 或空调机组 2 进行一次自检,用于检修人员的调试和维修。

项目小结

本项目首先介绍了采暖系统的作用、采暖设备的类型、布置以及通风系统的作用及通风方式;其次介绍了空调机组的结构及技术参数、车辆制冷系统的工作过程及基本原理,同时扩展了郑州地铁空调系统的相关知识。

复习思考题

1. 空调装置通常由哪几大系统组成? 各系统的作用是什么?
2. 描述空调制冷的基本原理。
3. 简述任一种国内比较典型的城市轨道交通车辆空调系统的特点。

项目7 列车控制和监控系统认知

项目描述

本项目主要介绍城市轨道交通列车微机控制系统的结构和主要功能;城市轨道交通列车运行自动控制(ATC)系统的主要功能;列车通信系统和乘客信息系统的组成和主要功能。

拟实现的教学目标

1. 能力目标

能够通过驾驶员显示屏获取列车各种状态信息,熟悉列车监控系统的功能。

2. 知识目标

了解城市轨道交通列车控制系统的组成和原理,熟悉列车的几种驾驶模式及应用场合。

3. 素质目标

培养学生对先进的科学技术在城市轨道交通中重要作用的认识,培养创新精神,树立终身学习的意识,不断学习新的技术和熟悉新设备。

典型工作任务 1 列车微机控制系统

7.1.1 教学目标

1. 能力目标

会通过驾驶员显示屏获取列车各种状态信息。

2. 知识目标

了解城市轨道交通列车微机控制系统的发展以及我国城市轨道交通列车微机控制系统的应用情况。

3. 素质目标

培养学生对列车微机控制系统在列车自动控制和智能控制中重要作用的认识,培养创新精神,充分认识先进的科学技术在城市轨道交通中的重要作用。

7.1.2 工作任务

熟悉列车微机控制系统的组成和功能,熟悉列车的几种驾驶模式及应用场合。

7.1.3　所需设备

城市轨道交通列车模拟操作台。

7.1.4　相关配套知识

列车微机控制系统是列车的核心部件。它包括以实现各种功能控制为目标的单元控制机、实现车辆控制的车辆控制机以及实现信息交换的通信网络。从系统功能来看,列车微机控制系统的发展经历了由单一的牵引控制到车辆(列车)控制,再到现在的信息控制的阶段;从系统的结构来看,列车微机控制系统从单机系统发展为多机系统,现在已经进入分布式控制系统的发展阶段。

列车微机控制系统的功能主要包括:实现列车牵引控制,即牵引特性曲线的实现和牵引功能的优化;实现列车牵引的黏着控制,使列车在各种运用条件下,都能保持轮轨间的牵引力,并尽可能地使机车运用在轮轨间的牵引力实现最大化;实现关联和电路连接,即逻辑控制功能;实现列车运行过程中故障信息的采集、处理、传输、显示和记录,并为列车乘务员提供故障的现场处理和排除的信息提示。列车微机系统还可以提供列车运行的状态信息。

1. 我国城市轨道交通列车微机控制系统的应用

(1)SIBAS 系统

SIBAS 系统是德国西门子(Siemens)公司提供的列车控制系统,能够实现列车的牵引控制、信息传输、运行监控和诊断等全部控制任务。SIBAS 控制系统目前有 SIBAS-16 和 SIBAS-32 两个系列。主要运用于我国早期的西门子进口城市轨道交通地铁车辆中,如上海地铁 1、2 号线车辆使用的 SIBAS-16 控制系统,广州地铁 1 号线车辆使用的 SIBAS-32 控制系统。

SIBAS-16 系统是典型的第一代微机控制系统,核心部分是有 16 位的 8086 微型处理器构成的中央计算机、存储器组件以及一个或多个子控制机(8088,80C188)组成。该系统采用集中式机箱和插件式机械结构,数据的传输采用了 16 位并行总线和 RS-485 标准物理接口及 RS-422 串行总线技术。控制系统由中央控制器集中管理,采用分层结构,即列车控制层、机车控制层和传动控制层。采用了多个串行总线系统,在传输速率和运行记录方面能满足列车控制的响应要求。SIBAS-16 本质上还不能算是一个分布式的列车控制系统。SIBAS-16 的编程工具为 SIBASLOG,系统提供了大量的标准程序模块,为控制软件的编制提供了有利条件。

20 世纪 90 年代,西门子公司在 SIBAS-16 的基础上进一步推出了采用 32 位芯片(Intel486)的 SIBAS-32 系统,并保持与 SIBAS-16 系统的接口兼容。为了减少传统机车车辆的布线,SIBAS-32 系统设有智能外围设备连接终端,即 SIBAS KLIP 站。采用 SIBAS KLIP 可以迅速综合信息和控制指令,并且通过一根串行总线传输给中央控制装置。KLIP 站可以自由地分布在各类车辆上。

(2)MITRAC 系统

MITRAC 系统是庞巴迪(Bombardier)公司的系列化产品。其中包括 MITRAC TC(牵引逆变器)、MITRAC CC(列车控制系统)、MITRAC AU(辅助逆变器)和 MITRAC DR(牵引驱动器)。MITRAC CC(列车控制系统)是 ABB 公司在 MICAS-S2 系统的基础上,研制开发的新一代基于 MVB 布线（多功能车辆总线）的分布式、实时的列车控制与通信系统。庞巴迪（Bombardier）公司为了适应不同的用户，推出了 MITRAC-500 系、1000 系和 3000 系。500 系主要用于城际有轨列车，1000 系主要用于高速及地铁列车，3000 系主要用于大功率机车。在广州地铁 2 号线、深圳地铁 1 号线一期的庞巴迪地铁车辆中就使用了 MITRAC 控制系统。广州地铁 2 号线列车使用的 MITRAC CC 微机控制系统如图 7.1 所示。

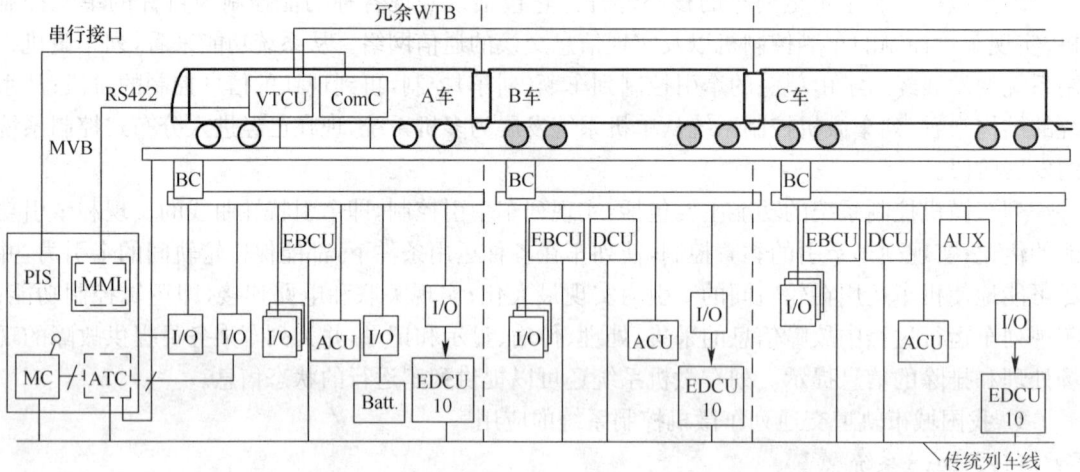

图 7.1　广州地铁 2 号线列车使用的 MITRAC CC 微机控制系统

ACU—空调控制单元；ATC—列车自动控制；AUX—辅助变流器控制单元；ComC—通信控制器；
Batt—蓄电池充电控制；BC—总线连接器；DCU—牵引控制单元；EDCU—电动车门控制单元；
EBCU—制动控制单元；I/O—标准输入/输出单元；MC—主控制器；MMI—驾驶室显示单元；
MVB—多功能车辆总线；PIS—乘客信息系统；VTCU—列车控制单元；WTB—列车总线

系统主要由列车总线（WTB）和多功能车辆总线（MVB）两部分组成，它们在关键区域提供冗余，即列车总线或车辆总线中的单个故障不会导致列车运行停止。列车控制分为列车控制级、车辆控制级以及子系统控制级三级（包括牵引控制、气制动控制、辅助电源控制、门控制、空调控制、乘客信息系统控制等）。列车控制级上的 WTB 通过安装在每个单元门的车辆及列车控制单元（VTCU）中的大功率网关与 MVB 相连，进行数据交换。列车控制级和车辆控制级与每个 3 节车单元的控制单元构成一个整体，执行如下主要功能：通过 WTB 进行列车控制；总线管理和过程数据通信；监督与诊断；通过 MVB 在各子系统之间进行通信；提供与外部PC 机之间的服务端口等。各部分的功能描述如下：

①列车总线（WTB）与多功能车辆总线（MVB）。列车总线连接着两个 3 节车单元的列车控制单元（VTCU），两个 VTCU 之间通过 WTB 通信。多功能车辆总线 MVB 与车辆及列车控制单元直接相连，VTCU 包括多功能车辆总线控制器、大容量的事件记录器等，可以实现对车辆总线通信管理。VTCU 通过 MVB 与车辆所有子控制系统进行数据交换，实现列车控制与车辆控制。车辆控制级、子系统控制级以及本车与同一单元的其他车之间的通过本地车辆总线进行通信和数据传输。

②车辆及列车控制单元（VTCU）。车辆及列车控制单元（VTCU）为带集成诊断功能和控制功能的车辆与列车控制装置，每 3 节车单元拥有一个 VTCU（一列车两个），作为总线管理主机。它是一个带 32 位数字处理器、8 MB 闪烁内存的微机控制单元，还包含静态电池缓冲

RAM、串行接口、独立的电源。

VTCU 具有硬件自我检测功能以及保护和监控功能，并在软件故障后自动重新启动。VTCU 负责组织所有连接通道上的数据交换、处理接收的数据以及负责向子控制系统发出指令并完成诊断功能。其主要完成或参与的控制功能有管理多功能车辆总线、列车的故障诊断和存储、DC/AC 电源负载分配控制、用于牵引/制动控制的列车控制、支持列车自动驾驶 ATC 功能、监视安全制动功能、速度中央控制、里程记录、驾驶显示器的控制、提供列车乘客信息系统指令和数据、参与防滑/防空转保护控制等。

③列车管理系统(TMS)列车管理系统是以 VTCU 为核心的一个列车控制系统，是列车微机控制系统和网络系统的主要组成部分。它由列车控制级和车辆控制级的多台计算机系统和一些专门开发的高处理速度的微机组成。TMS 负责列车的控制、监控和诊断，该系统可以为列车各子控制系统和模块提供各种实时控制信号。

④列车故障诊断。VTCU 通过列车微机控制系统和网络系统接收从各子系统或 I/O 控制单元传来的故障报告，并附带所选择的环境数据和相应的时间参数。所有列车运行所需要的关键的诊断信息则是通过安装在驾驶室驾驶台上的液晶彩色触摸式显示器来显示。显示器的内容分别有中、英文显示，对不同的使用者设置了不同的权限，分为驾驶模式界面和检修模式界面。

列车故障诊断系统根据故障对子系统或列车的性能和安全性的影响划分为不同的故障等级。而在子部件系统中单个故障发生时，故障诊断系统可根据整列车的故障情况及该子部件故障对列车运营的影响程度，对故障综合评估，输出列车故障等级，并在驾驶室显示器上给予驾驶员适当的处理建议。

列车故障诊断系统对所有重要的故障信息的记录均给出了跟踪数据，并能通过分析数据给出连续的牵引/制动曲线图形。对于每个直接连到 MVB 总线上的子控制单元，均要求诊断系统能诊断并显示到最小可更换部件的故障。

(3)AGATE 系统

AGATE 系统是阿尔斯通(Alstom)公司开发的列车控制系统。AGATE 系统主要由 AGATE Link(列车监控)、AGATE Aux(辅助控制)、AGATE Traction(牵引控制)和 AGAT e-Media(乘客信息系统)四部分组成。在南京地铁 1 号线车辆中就是使用了 AGATE 微机控制系统。

AGATE Traction(牵引控制)系统主要实现实时的机车牵引控制和产生制动控制命令。其主要特点是模块化设计实现安全快速的操作；主要功能的子装配系统标准化；采用 World-FIP 总线网络，实现和主要数据网络的通信网关；具有自测功能。

AGATE Aux(辅助控制)系统主要实现对列车上静态逆变器和电池充电的控制，其主要特点是结构紧凑、模块化、低成本、低噪声和快速保护等。

AGAT e-Media(乘客信息)系统主要是在列车运行中，提供实时的多媒体信息和休闲娱乐，为乘客提供便利性和舒适性，同时还可以作为一种高效的广告媒体。该系统的主要功能有：系统用发音系统自动报站，也可显示广告和新闻。当系统突然中断或者出现意外情况发生时，优先直接向乘客广播实时信息。

AGATE Link(列车监控)系统是在线管理和监视列车的电子模块，是整列车维护的有效工具。通过监视列车各子系统的运行状况来提供迅速准确的列车故障诊断，从而减少了检查时间和成本，缩短了停工维护的时间。AGATE Link 突出的特点是改善了列车生命周期成本。AGATE Link 可根据应用需要对基本部件进行组合，如远程输出模块、驾驶控制台、GPS

定位模块、无线电数据传输模块和在线通信网络,系统易于扩展。

(4)DTECS®系统

①DTECS®系统概述

DTECS®系统是由株洲电力机车研究所专为轨道车辆的列车控制和通信而设计的一套车载计算机系统,它控制并监视整个列车。它包括车载硬件、操作系统、控制软件、诊断软件、监视软件和维护工具。

DTECS®系统是一个分布式控制系统,它分布于整个列车的各个智能单元。这些单元可分别安装于车下设备箱、驾驶台或车厢内的电气柜中。这种系统的最大和最重要的优点是:显著减少各箱柜之间的连线,并方便将来对系统功能的扩展。总线的扩展比较简单,只需增加一根连接到该单元的电缆线,并更新应用软件就能够和新的单元进行通信。系统采用模块化设计,其系列产品不仅适用于各种牵引系统的控制,而且适用于列车/车辆的控制,也可以用于列车监控系统,如 DTECS 系统应用于深圳地铁 1 号线增购车辆中。由于该系统的灵活性,可以方便地适用不同形式的列车编组。

DTECS®系统广泛地采用电子控制设备和串行数据通信来代替继电器、接触器和直接硬连线,并且通过网络连接各个子系统的控制设备(如牵引控制、摩擦制动控制、门控制等),能够减少继电器、接触器、车辆/列车布线、端子排和连接器联锁的使用。控制系统中具有电子控制及监控设备的子系统是:列车控制单元、牵引逆变器控制单元、辅助逆变器、驾驶显示器、空调控制系统、门控制系统、制动控制系统。

②地铁列车控制系统(TCC)结构

由 DTECS®系统构成的地铁列车控制系统(TCC)按照六辆编组设计,对列车牵引系统、高压电路、辅助电源系统、制动系统、ATC 系统、车门及空调系统进行控制、监视与故障诊断、记录。TCC 系统采用分布式控制技术。列车通信网络遵循 IEC 61375 标准,划分为二级,由贯通全列车的列车总线和一个车辆单元的车辆总线组成。列车总线和车辆总线之间通过网关交换数据。网关负责两级网络间的协议转换。整个地铁列车控制系统采用先进的、成熟和可靠的 DTECS 控制系统。TCC 系统结构如图 7.2 所示。

列车控制系统构成单元主要包括以下部分:

a. 列车控制单元(VTCU)。VTCU 位于每个驾驶室内,负责管理整个列车网络通信,并监控车辆设备。包括两套互为冗余的 VTCU1/ VTCU2 装置,在正常情况下,系统随机选择一套作为主控设备,另一套备用。备用设备不间断地监视主控设备状态,当主控设备出现故障时,备用设备将代替主控设备行驶中央控制单元的功能,以保障整个列车正常运行。

b. 输入/输出单元(DXM、AXM)。通过配置适当的数字量输入输出模块(DXM)和模拟量输入输出模块(AXM),并就近放置在信号采集场合,完成控制信号的采集和输出。

c. 总线耦合模块(BCM)。总线耦合模块实现通信介质转换,实现车辆间 MVB 总线连接。

d. 驾驶室显示单元(MMI)。驾驶室显示器位于每个驾驶台,采用符合人机工程学原理设计,以及高分辨率的图形显示,包括一个触摸屏系统。

e. 事件记录仪模块(ERM)。事件记录仪模块装在每个驾驶室里面。ERM 自身有闪存 FLASH 作为存储体来记录列车状态。它可以通过高速以太网将记录数据下载到地面设备或无线传输装置。

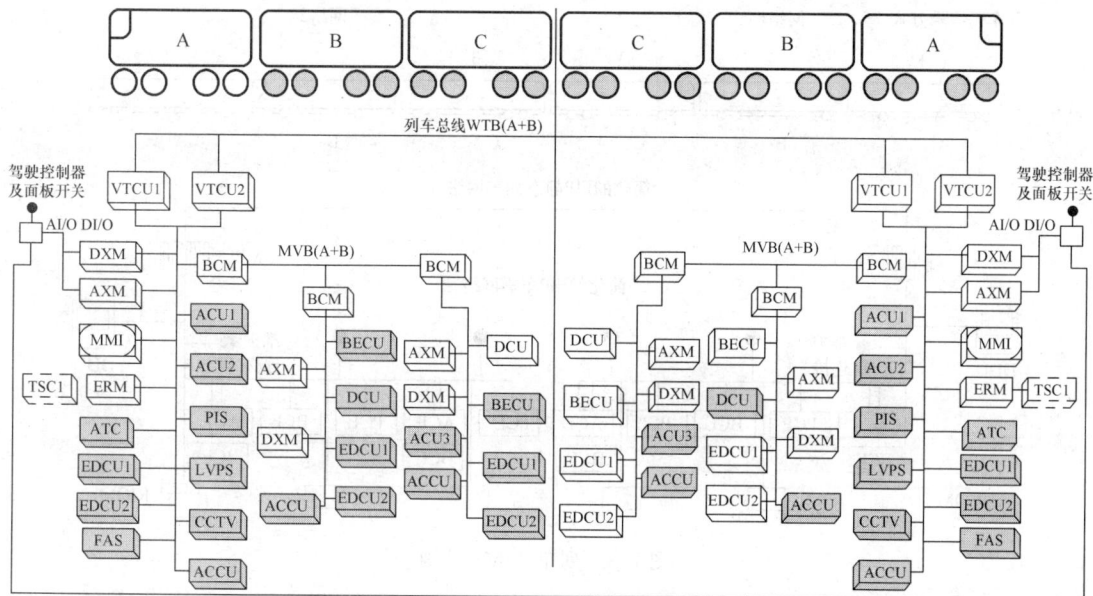

图7.2 TCC系统结构图

ACU—辅助变流器控制单元；ACCU—空调控制单元；ATC—列车自动控制；

AXM—模拟量输入输出模块；BC—制动缸；BCM—总线耦合模块；BECU—制动控制单元；

CCTV—视频监控系统；CPU—中央处理单元；DCU—牵引控制单元；DXM—数字量输入输出模块；

DTECS—分布式列车控制系统；EDCU—电动门控制单元；ERM—事件记录仪模块；FAS—火灾报警系统；

LVPS—低压供电系统；TSC1—无线传输装置；PIS—乘客信息系统；PTU—便携式维护工具；MMI—驾驶室显示单元；

MR—主风缸；MVB—多功能车辆控制总线；VTCU—列车控制单元；WTB—绞线式列车总线

f. 无线传输装置(TSC1)。无线传输装置(TSC1)装在每个驾驶室里面。无线传输装置具有 GSM、GPRS 和 802.11 B 三种无线通信接口，少量的实时信息通过 GSM、GPRS 传送到地面。大量的记录信息在列车回库后，通过无线局域网 802.11 B 传送到地面。

g. 便携式维护工具(PTU)。包括笔记本电脑和打印机。通过连接 PTU 和 DTECS 单元后，记录的数据可以从列车下载到 PTU，下载数据可在 PTU 显示器上显示，并可打印。

③TCC 系统功能

TCC 有牵引/制动控制功能，TCC 通过车辆总线 MVB 传输以下信号到 DCU 和 BECU：控制运行方向、牵引信号、制动信号、给定指令参数值和操作工况(洗车模式等)。同时，对一些关键信号，也进行硬连线备份。

2. 采用 AGATE 微机控制系统的列车综合信息管理(TIMS)系统(以南京1号线列车为例)

(1)TIMS 管理系统的组成

AGATE 系统在地铁车辆中应用列车综合管理系统(TIMS)的结构图如图 7.3 所示。TIMS 是基于 AGATE 系列，通过数据处理网络连接的产品。TIMS 系统设备见表 7.1。TIMS 收集与它连接的设备的故障信息，并且通过驾驶显示单元提供信息给驾驶员和维护人员，它能记录故障、综合故障以及记录设备状态。TIMS 具备操作帮助、维护帮助、事件记录管理、旅客信息触发的功能。

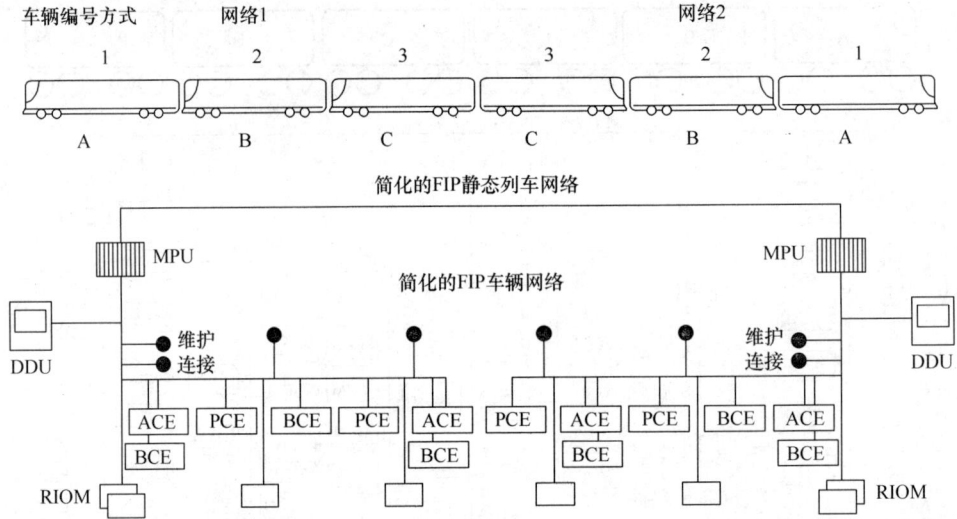

图 7.3　列车 TIMS 结构

表 7.1　TMIS 设备明细表

代号	名称	代号	名称
MPU	主处理单元	ACU	音频控制单元
DDU	驾驶显示单元	APU	音频播放单元
RIOM	远程输入/输出模块	PECU	乘客紧急通信单元
FDU	前部显示单元	IDU	中间显示单元

①每个 A 车的设备

a. 1 个主处理单元(MPU)。

b. 1 个驾驶员显示屏(Driver Display Unit,简称 DDU,或称为 MMI,不同列车,不同叫法)。

c. 2 个远程输入/输出模块(RIOM)。

d. 1 个辅助逆变器控制器(ACE)和 1 个制动控制单元(BCE)。

②每个 B 车的设备

a. 1 个远程输入/输出模块(RIOM)。

b. 1 个牵引逆变器控制器(PCE)和 1 个制动控制单元(BCE)。

③每个 C 车的设备

a. 1 个远程输入/输出模块(RIOM)。

b. 1 个牵引逆变器控制器(PCE)、1 个辅助逆变器控制器(ACE)和 1 个制动控制单元(BCE)。

　　FIP 数据网络是 TIMS 的核心,它们根据等级结构配置为:列车网络、车辆网络。FIP 的列车网络连接列车的两个 MPU,以确保每个车辆组之间进行数据通信。

　　FIP 车辆设备各部分的功能如下:MPU,运行主要的 TIMS 软件应用程序和支配 FIP 车辆网络上的通信;DDU,人机交互界面,通过交互式的入口来运行和维护 TIMS 的功能;RIOM,局部安装在每个车上,提供二进制输入/输出接口和标准的 RS485 串行通信口;PCE(牵引),安装在动车 C 和 B 上,通过 FIP 连接的通信被限制于监测功能;BCE(制动),安装在每节车上,在 A 车上的 BCE 也控制压缩机设备,通过 FIP 连接的通信被限于监测功能;ACE (辅助),通过 FIP 连接的通信被限于监测功能。

(2)功能描述

①运行和维护帮助的功能

TIMS 对每一个系统收集信息并将信息传送到维修帮助系统;TIMS 产生出综合的信号,包括:收到完整的信息用于报告驾驶员,故障分三个等级,分别为严重故障、中级故障、轻级故障,并将故障在 DDU 上显示。一个严重故障,会降低列车的操作性能,影响乘客乘坐安全,发生严重故障必须尽快停止运营;中级故障,需要列车在运行至终点后回库检修;轻级故障,不影响列车运营,只降低列车的舒适性。

TIMS 系统给中压供电的感性负载(如客室空调)提供启动许可。

列车动态动作被记录在一个事件记录器内,在列车发生故障或列车进入收车模式后,记录的数据也不会丢失。

TIMS 的主要功能是监控列车的行驶,TIMS 从和它相连的设备中收集故障信息,并通过 DDU 向驾驶员及维修人员提供信息。它同样也记录故障,或记录综合性的故障和设备状态。

在驾驶及维修功能中涉及下列设备:牵引、制动系统(FIP 数据网络接口);制动系统/压缩空气的产生(FIP 接口);门(RS485 串行连接);空调 HVAC(数字接口);照明(数字接口);通信(FIP 接口);电流收集及分配(辅助逆变器为 FIP 接口),TIMS 与这些设备连接,控制和监测这些设备的运作。

②车辆有效性和可靠性

设备保护:TIMS 控制辅助系统的启动。

自动测试:设备的功能可以由维修人员进行测试。

③列车维修功能

故障报告:TIMS 通过 DDU 向维修人员及驾驶员提供故障信息。

故障记录:综合性的故障及设备状态由 TIMS 进行记录。

④列车驾驶功能

故障报告:TIMS 收集故障信息并通过 DDU 显示给驾驶员。

监测:这是 TIMS 的主要功能。

⑤乘客舒适功能

通信:TIMS 中的音频播放单元负责向乘客进行自动数字语音广播。

信息:驾驶员可以通过 DDU 设置数字广播的内容。

(3)操作管理功能描述

①列车安全功能

a. 防撞车。不管是驾驶员或者 ATC 控制列车的行进,ATP 子系统表现的主要功能如下:保证列车之间的距离;确认列车没有超出需要停靠的站台;避免非控制性的动车;如果有需要,启动紧急制动。

b. 超速装置。不管是驾驶员或者 ATC 控制列车,ATP 负责监测列车速度,防止列车超速行驶;如果有需要,触发紧急制动。

②列车维修帮助功能

a. 列车根据故障的严重程度及对运行的影响将情况报告驾驶员。这样可以根据需要在结束运营后对列车进行检修(设备柜内或车载机柜内置的故障诊断功能,如故障灯)。

b. 有些发生的故障经过维修人员的确认可以被旁路。

c. 发生故障的列车和救援的列车,可通过车钩实施救援。救援的列车可以控制故障列车的紧急制动和通信。

d. 列车维修时或调车作业时,启用车速限制模式(洗车 WM 模式)。

③列车操作功能

a. 驾驶员通过 DDU 或有色灯获得列车的状态。

b. 某些故障可以由驾驶员进行旁路,允许用限制模式进行操作。

c. 主要装置和设备都被监测。

④列车运营功能

a. 休眠/唤醒控制:升弓/降弓转换开关和驾驶模式选择开关,用于使列车处于准备/关闭状态。

b. ATO 操作和驾驶员操作都可以牵引列车,ATO 子系统功能表现如下:

(a)车站间的自动驾驶。

(b)根据速度曲线进行速度控制。

(c)执行标准的管理。

(d)到站管理及停车精度控制。

(e)通过 ATP 在运营侧开门。

(f)限制停站时间,通知驾驶员 ATO 允许关门和列车离开的时刻。

(g)在线路末端列车自动返回。

⑤维修员工安全操作功能

列车在维修及列车准备时,必须保证列车不移动。

⑥乘客舒适性功能

a. 客室照明灯:客室照明可由光敏器件自动控制或驾驶员在驾驶室内控制。

b. 空调:驾驶员在驾驶室内可控制全部客室空调运转。

c. 通信:驾驶员或 ATC 控制通信,对旅客的自动报站,自动报站广播可由 ATO 发起也可由驾驶员通过 TIMS 发起;由驾驶员、无线电或预先录制的信息发起公共广播;乘客应急通信,驾驶员和乘客间通过每车一个的乘客应急通信单元(PECU)实现相互通信。

d. 乘客信息显示单元:ATC 模式或者驾驶员操作都能选择预先录制的视频信息显示。

表 7.2 为列车功能控制汇总表。

表 7.2　列车功能控制汇总表

列车功能		TMIS:操作及维修	ATC 或驾驶员:运行管理
列车安全	防撞	无	有
	防超速	无	有
列车可靠性	设备保护	有	无
	自动测试	有	无

续上表

列车功能		TMIS:操作及维修	ATC 或驾驶员:运行管理
列车维修帮助	故障报告	有	有
	故障记录	有	无
	故障旁路	无	有
	故障模拟	无	无
	列车连挂	无	有
	洗车模式	无	有
列车驾驶帮助	设备状态报告	有	有
	故障隔离	无	有(通过转换开关手动隔离故障设备)
	列车控制	无	有
	列车监控	有	有
列车运营	休眠/唤醒	无	有
	升弓/降弓	无	有(前、后或双弓)
	驾驶模式选择	无	有
	牵引	无	有
	制动	无	有
	列车停站	无	有
驾驶员舒适性	照明	无	有
	空调	无	有
	风窗玻璃清洗器/刮雨器/除霜器	无	有
乘客舒适性	客室照明	有	有
	客室空调	有	有
	通信	有	有
	乘客信息	有	有
	乘客上、下车	无	有

3. 车辆故障诊断及其信息管理系统

(1)系统总体结构(如图 7.4 所示)

车辆故障诊断系统主要用来诊断车辆各系统故障,收集来自驾驶台的控制信号。车辆故障诊断功能由 A 车的 CFSU(中央故障存储单元)完成,每 3 节车单元可独立工作组成一个单元车级的诊断系统;对一个 6 辆编组的列车,2 个单元车级诊断系统可以组成 1 个列车级的诊断系统。

车辆各子系统的电子控制单元以继电器的形式通过 KLIP(智能外围设备连接终端)子站将故障信息传送给 CFSU,CFSU 用环境参数或跟踪参数补充其基本信息,所以诊断信息以及列车可运行状态信息可在激活端的显示器上显示出来。对于维修工作,除了可直接利用驾驶室显示器外,还可通过 RS232 接口将诊断信息传输到个人计算机,用专家分析软件对故障数据进行列表和数据分析。

列车总线:用来连接 2 个 CFSU,实现两个单元车的通信。

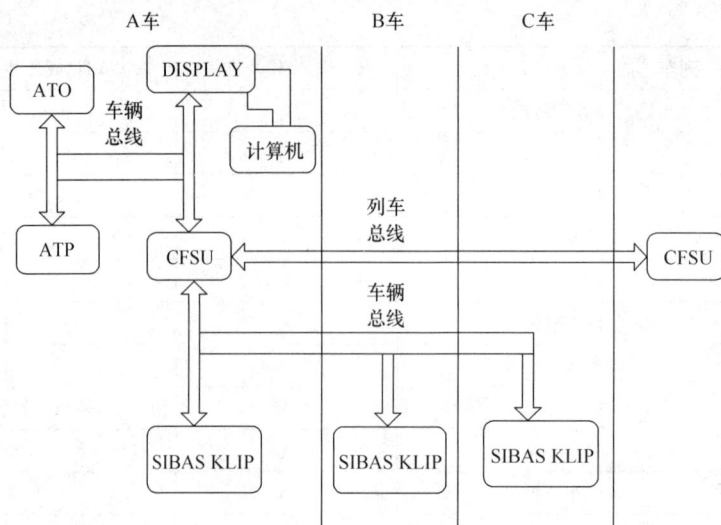

图 7.4　SIBAS 系统总线组成及结构

①车辆总线:用来连接 ATO/ATP、显示器和 CFSU。

②控制总线:连接 1 个单元车内的 CFSU 与 KLIP 子站。

列车总线与车辆总线合起来又叫 DIN 总线,其硬件是基于 RS485 标准的接口。

(2)故障诊断及显示

故障诊断系统对以下各系统进行诊断:牵引控制单元 DCU、气制动电子控制单元 EBCU、空调控制单元、辅助系统、车门、空压机、诊断系统本身和 DC 110 V 控制电路。其中故障诊断系统从 DCU 得到的信号除故障信号外,还有空转信号和一些模拟量的实际值,如网压、牵引力和速度。DC 110 V 控制电路的信号主要有牵引方向、牵引/制动命令、运行模式、高速断路器状态、受电弓状态、主风缸压力状态和半自动车钩的连接等,这些信号主要作为环境参数出现。

"事件"是所有诊断机制的触发源,一个事件可以是如下的类型:子系统故障的发生,子系统故障的消失,重要信息的出现,重要信息的消失。当一个触发源出现时,CFSU 通过总线获取、分类检测并处理环境参数及时间标准,然后给出相应的代码传送到列车总线主控端的显示器中进行故障列表并显示存储。

驾驶台上的显示器是故障诊断系统的人机界面,他以图形或文字信息的方式将列车运行状态和故障信息提供给驾驶员。故障显示时还伴有报警声,显示页面的亮度可以根据外界光线的强度自动调节到使眼睛舒适的范围,显示器的显示分成 2 个等级,一个是驾驶模式,另一个是检修模式,用密码进行限制。驾驶模式下的屏幕显示内容主要是列车当前的状态和当前的故障信息,如图 7.5 所示为运行屏,在 ATO 模式下运行时,显示屏锁定在这个屏幕下,每个页面有固定的按键用来更改页面,还有用于控制报站或输入相关参数的按键。运行屏中包括网压、实际速度、推荐速度、进出库图标、驾驶模式、自动折返图标、门释放信号图标、紧急制动图标、空转/滑行、距停车点的距离、建议速度、列车驾驶状态(如牵引、惰行、制动)等,这些信息由列车信息系统提供信号,显示屏通过调用数据库进行显示。检修模式下的内容主要是列车发生故障或信息的记录,包括故障信息的发生和消失以及发生故障时的一些相关的参数即背景参数。如图 7.6 所示的状态屏,显示的是动车牵引/制动转矩的柱形图。

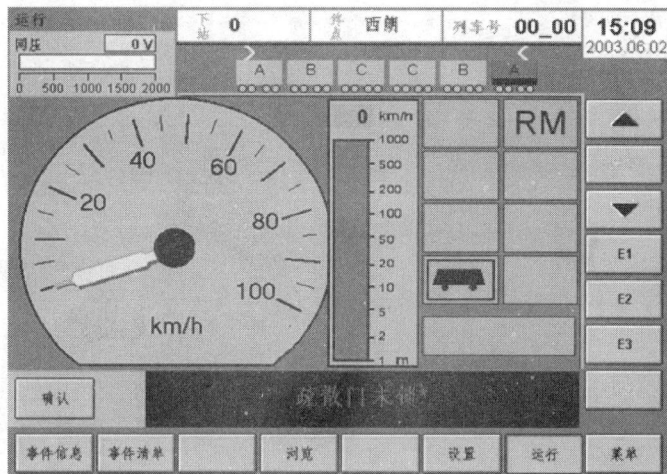

图 7.5 驾驶模式下的运行屏

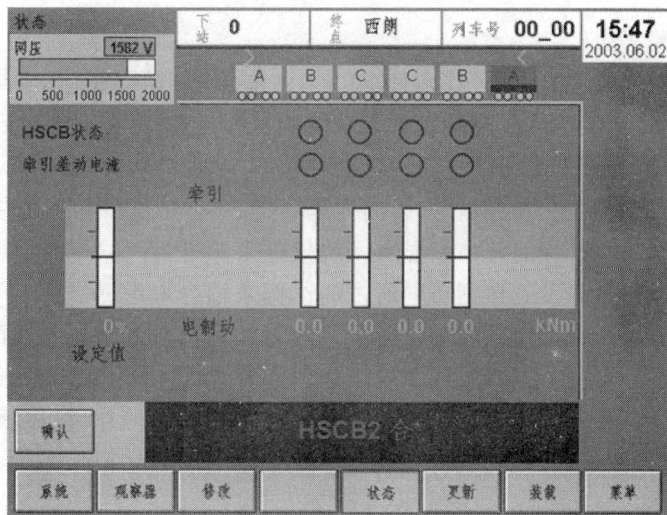

图 7.6 检查模式下的状态屏

（3）故障等级

一个故障发生时，诊断系统输出故障内容及故障的等级到显示器上，并对所有故障都有声光信息显示给驾驶员。故障等级分为子部件故障等级和列车故障等级，它根据故障对系统功能或列车的运行安全的影响程度来定义，列车故障等级可作为驾驶员处理故障列车的指导。

①子部件的故障等级

子部件的故障等级分为三个：轻微故障、中等故障和严重故障。

a. 轻微故障：不影响子系统功能的故障，不影响列车运营，只降低列车运行的舒适性。

b. 中等故障：限制子系统的功能，需要列车在运行至终点站回库检修。

c. 严重故障：严重影响子系统的功能的故障或子系统故障，会降低列车的操作性能，影响乘客乘坐安全。发生严重故障必须尽快停止运营。

子系统故障在列车浏览屏可以看到，相应的故障用红色（图中为黑色阴影）指出，并对应各自车辆，显示如图 7.7 所示。

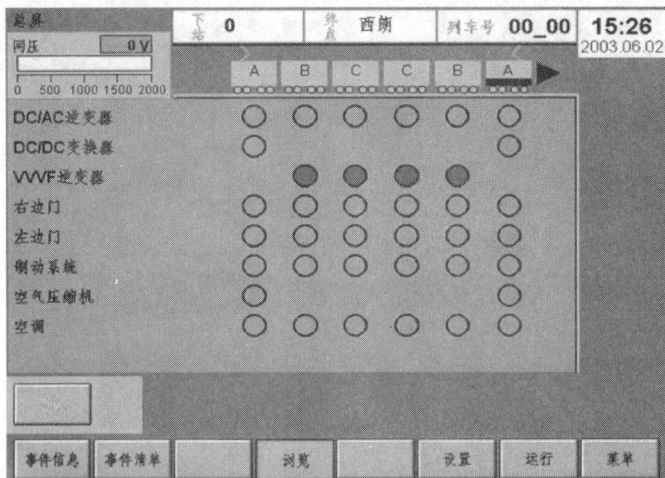

图 7.7　列车浏览屏中的子系统故障显示

②列车级的故障等级

a. 列车故障等级 1:发生的故障不影响列车功能,列车可继续运行直到服务结束,回库后检修。

b. 列车故障等级 2:发生的故障限制列车功能的发挥,列车将在下一次到达车辆段时退出服务,列车最多可以运行一个来回。

c. 列车故障等级 3:发生的故障严重影响列车功能,列车必须在下一站退出运营。

部件故障到列车故障等级的评估由显示系统软件来实现,评估升级的规则是以子部件故障的等级和发生的故障数量及其在列车中所占的比例来综合考虑,另外对于供电单元还考虑其所接的负载情况。城市轨道交通列车在运营一段时间后,运营公司一般都会对规则作适当的调整,并且会根据不同的车型编写《列车故障处理指南》指导司机判别和处理故障列车,因此在操作中不能完全参照显示的列车故障等级来处理故障列车。另外,在显示屏里还有当前故障的处理信息,可以作为地面检修人员提供相应的故障信息,作为车辆维护保养的参考。列车ECU 严重故障的事件信息屏显示如图 7.8 所示。

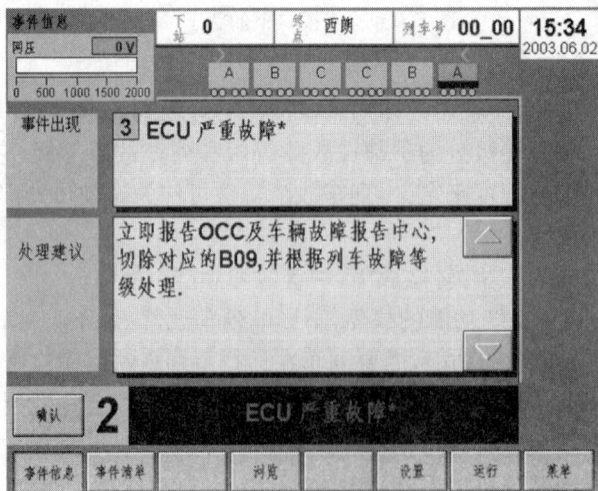

图 7.8　列车 ECU 严重故障时的事件信息屏

7.1.5 知识拓展

1. 深圳地铁 1 号线列车牵引控制电路

列车牵引制动控制系统是指为实现列车牵引和制动控制相关功能而设计的有节点逻辑控制电路系统,其采用的主要部件为司机控制器、继电器、行程开关、按钮开关、旋钮开关以及连接用的导线等;在该系统中,继电器是实现各项逻辑功能的主要部件,通过确定继电器的线圈得电吸合的条件以及其触头开关所关联的功能电路,则可以实现一定逻辑的电路逻辑功能,以达到列车整体性牵引、制动控制的条件,并将该信息输入到列车通信控制系统,通过其内部的控制程序运算,最终来实现对列车的有效控制;司机控制器是通过手柄的转动、联动与手柄位置按一定逻辑关系对应的行程开关,则输出不同数字或模拟的牵引/制动指令信息;按钮和旋钮则为某一状态设置装置,由列车操作人员根据实际需要进行某一特定设置而对其进行操作,其控制电路输出为导通信号或中断信号。

在该系统中,按实现的功能来分,可分为激活列车控制电路、初始条件设置控制电路、牵引控制电路、制动控制电路、安全监控电路等几个组成部分,其中激活列车控制电路是最为根本的控制电路,该部分电路启动后,其他部分电路的功能才具备动作条件,其他部分电路则是具体功能性控制电路;按控制的范围来分,可分为列车级控制电路、单节车级控制电路,其中列车级控制电路主要是实现对全列车相关设备如受电弓、高速断路器等的功能控制,而单节车级控制电路主要是指对本节车各子系统控制相关电路,如空气制动单元 BCU 与电子制动控制单元的连接电路等。

总的来看,该部分电路不能机械地进行分割成块,它是有机地、系统地、具有层次地组合在一起的整体电路,以有效实现列车牵引制动及监控等控制功能。在对电路的理解学习上,可根据车辆的某项特定功能或操作为主线,根据实际电路的逻辑连接关系,逐条线路系统地进行分析,即可逐步掌握该部分电路所涵盖的逻辑关系和实现的功能。

2. 列车通信控制系统

列车通信控制系统是将列车的各个子系统及相关外部控制电路的信息进行读取、编码、通信传递、数据逻辑运算及输出控制的一个计算机网络系统。该系统就好比人类的神经系统,能通过手和眼睛对自身所处的状态、外部环境进行感知和控制,并对不同情况作出一定反应。而在列车上,该系统则是对列车的供电状况、速度、列车运行模式等状态信息进行实时监控和识别,并根据读取到的列车驾驶人员发出的指令信息,对列车上各个子系统发出相关控制指令,进而使各子系统产生相应的调整控制,以符合设定的功能要求,则实现了对列车的有效控制。

列车通信控制系统在功能上类似于生物的神经系统,其传输的信息大致可分为以下三类:

(1)车辆控制用的信息,如列车牵引控制类和车辆功能控制类。

(2)列车故障诊断信息。

(3)乘客服务信息。

其实现的主要功能如下:

(1)列车通信控制系统通过对司机的控制指令进行读取和传输,并按照所获得指令信息进行相应的输出,以使列车各子系统按一定的要求正常运行,真正起到运输工具的效能。例如,当司机推牵引/制动手柄至牵引位时,则列车控制单元 VTCU 通过 AX 模块和 DX 模块读取相关牵引指令信息,并判断其他安全相关回路是否正常,如正常,则将指令信息传递该牵引逆变器,进行动力输出,则列车可以实现牵引动车。

(2)列车通信控制系统通过各种输入端口及相关故障诊断软件的运算,对列车各类子系统的实际运行状态进行监控和判断,如有异常情况发生,则实时地在人机界面 MMI 进行显示,相关数据也同时进行记录和存储,以便司机和车辆维修人员及时观察到异常情况,并能做出应急处理措施,以保证列车运行安全。

(3)向乘客发送如站名、提示等相关服务信息,以方便乘客的出行。

典型工作任务 2　列车运行自动控制系统

7.2.1　教学目标

1. 能力目标

能够通过驾驶员显示屏获取列车各种状态信息,熟悉列车的几种驾驶模式及应用条件。

2. 知识目标

了解城市轨道交通列车运行自动控制(ATC)系统的功能和原理。

3. 素质目标

培养学生对列车运行自动控制(ATC)系统在保证城市轨道交通安全,提高列车运行平稳性和旅客乘坐舒适性方面发挥的重要作用的认识。

7.2.2　工作任务

熟悉列车控制系统的组成和功能,熟悉列车的几种驾驶模式及应用条件。

7.2.3　所需配备

城市轨道交通列车模拟操作台。

7.2.4　相关配套知识

列车自动控制(ATC)系统是城市轨道交通信号系统最重要的组成部分,它实现行车指挥和列车运行自动化,能最大程度地保证列车运行安全,提高运输效率,减轻运营人员的劳动强度,发挥城市轨道交通的通过能力。自轨道交通问世以来,人们就对轨道交通的控制系统进行了不断的改进与提高。目前,列车速度自动控制技术已十分成熟,已经进入了列车超速防护和自动驾驶时代。

从控制目的来分,列车控制包括列车进路控制和列车速度控制,列车进路控制由联锁设备实现,列车速度控制由 ATC 系统实现。

1. ATC 系统的组成

列车运行自动控制(ATC)系统包括列车自动防护(ATP)、列车自动运行(ATO)及列车自动监控(ATS)三个系统,简称"3A"系统。系统需设置行车控制中心,沿线各车站设计为区域性联锁,其设备放在控制站(一般为有岔站),列车上安装有车载控制设备。控制中心与控制站通过有线数据通信网连接,控制中心与列车之间可采用无线通信进行信息交换。ATC 系统直接与列车运行有关,因此 ATC 系统中的数据传输要求比一般通信系统的安全性、可靠性、实时性更高。

ATC 系统按地域分为五部分:控制中心设备、车站及轨旁设备、车辆段设备、试车线设备、车载 ATC 设备,其构成框架如图 7.9 所示。

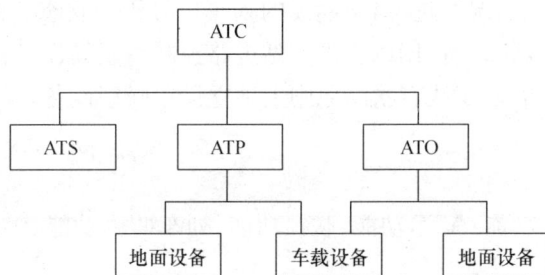

图 7.9　ATC 的构成框架

(1)ATP 子系统

ATP 子系统的功能是对列车运行进行超速防护,对与安全有关的设备实行监控,实现列车位置检测,保证列车间的安全间隔,保证列车在安全速度下运行,完成信号显示、故障报警、降级提示、列车参数和线路参数的输入,与 ATS、ATO 及车辆系统接口并进行信息交换。

ATP 子系统不断将从地面获得的前行列车位置信息、线路信息、前方目标点的距离和允许速度信息等通过轨道电路等传至车上,由车载设备计算得到当前所允许的速度,或由行车指挥中心计算出目标速度传至车上,由车载设备测得实际运行速度,依此来对列车速度实行监督,使之始终在安全速度下运行,以缩短列车运行间隔,保证行车安全。

采用轨道电路传送 ATP 信息时,ATP 子系统由设于控制站的轨旁单元、设于线路上各轨道电路分界点的调谐单元和车载 ATP 设备组成,并包括与 ATS、ATO、联锁设备的接口设备。

(2)ATO 子系统

ATO 子系统主要用以实现"地对车控制",即用地面信息实现对列车驱动、制动的控制,包括列车自动折返,根据控制中心的指令使列车按最佳工况正点、安全、平稳地运行,自动完成对列车的启动、牵引、惰行和制动,传送车门和屏蔽门同步开关信号。

使用 ATO 后,可使列车经常处于最佳运行状态,避免了不必要的、过于剧烈的加速和减速,因此明显提高了乘客的舒适度,提高了列车正点率并减少了能量消耗和轮轨磨损。

ATO 子系统包括车载 ATO 单元和地面设备两部分。地面设备有站台电缆环路、车地通信设备(TWC)以及与 ATP、联锁系统的接口设备。

(3)ATS 子系统

ATS 子系统主要实现对列车运行的监督和控制,辅助调度人员对全线列车进行管理,可自动或人工控制进路,进行行车调度指挥,并向调度员和外部系统提供各种信息。其功能包括:调度区段内列车运行情况的集中监视与控制,监测进路控制、列车间隔控制设备的工作,按行车计划自动控制道旁信号设备以接发列车,列车运行实绩的自动记录,时刻表自动生成、显示、修改和优化,运行数据统计及报表自动生成,设备运行状态监测,设备状态及调度员操作记录,运输计划管理等,还具有列车车次号自动传递等功能。ATS功能主要由位于OCC(控制中心)内的设备实现。

ATS子系统包括控制中心设备和ATS车站、车辆段分机。控制中心ATS设备有中心计算机系统、工作站、显示屏、绘图仪、打印机、电源等。每个控制站设一台ATS分机,用于采集车站设备的信息和传送控制命令,并实现车站进路自动控制功能。车辆段ATS分机用于采集车辆段内库线的列车占用情况及进/出车辆段的列车信号机的状态。此外,在ATC范围内的各正线控制站各设一套联锁设备,用以实现车站进路控制。联锁设备接受车站值班员和ATS控制。考虑到运用的灵活性,正线有岔站原则上独立设置联锁设备,当然也可以采用区域控制方法。

2. ATC系统功能

ATC系统包括五个功能:ATS功能、联锁功能、列车监测功能、ATC功能和PTI(列车识别)功能。

(1)ATS功能:可自动或由人工控制进路,进行行车调度指挥,并向行车调度员和外部系统提供信息。ATS功能主要由位于OCC(控制中心)内的设备实现。

(2)联锁功能:响应来自ATS功能的命令,在随时满足安全准则的前提下,管理进路、道岔和信号的控制,将进路、轨道电路、道岔和信号的状态信息提供给ATS和ATC功能。联锁功能由分布在轨旁的设备来实现。

(3)列车监测功能:一般由轨道电路完成。

(4)ATC功能:在联锁功能的约束下,根据ATS的要求实现列车运行的控制。ATC的三个子功能包括ATP/ATO轨旁功能、ATP/ATO传输功能和ATP/ATO车载功能。ATP/ATO轨旁功能负责列车间隔和报文生成;ATP/ATO传输功能负责发送感应信号,包括报文和ATC车载设备所需的其他数据;ATP/ATO车载功能负责列车的安全运营、列车自动驾驶,且给信号系统和驾驶员提供接口。

(5)PTI功能:通过多种渠道传输和接收各种数据,在特定的位置传给ATS,向ATS报告列车的识别信息、目的号码和乘务组号以及列车位置数据,以优化列车运行。

3. ATC车载设备系统构成

ATC车载设备包括在每一节A车上两个完全相同的系统,每个系统包括驾驶室后侧的ATC机柜,这样能使ATC容易测试。ATC系统由以下几个主要部分组成:

(1)1套ATP设备。

(2)1套ATO。

(3)ATP/ATO编码里程表,它收集车速、车辆移动的信息,由ATP/ATO板进行电子处理。

(4)列车定位PTI信号天线,它是用于车载ATP/ATO同轨道上信号设备的数据传输。

(5)两个信号接收线圈(ATC天线),它为车载ATP/ATO板不间断地收集线路上的向列车发送的信号。

4. 列车驾驶模式

司机可通过主控制器的模式选择器(如图7.10所示)和驾驶模式控制面板(如图7.11所示)来实现列车控制和选择驾驶模式,城市轨道交通列车的主要驾驶模式包括:

图 7.10 驾驶室主控制器

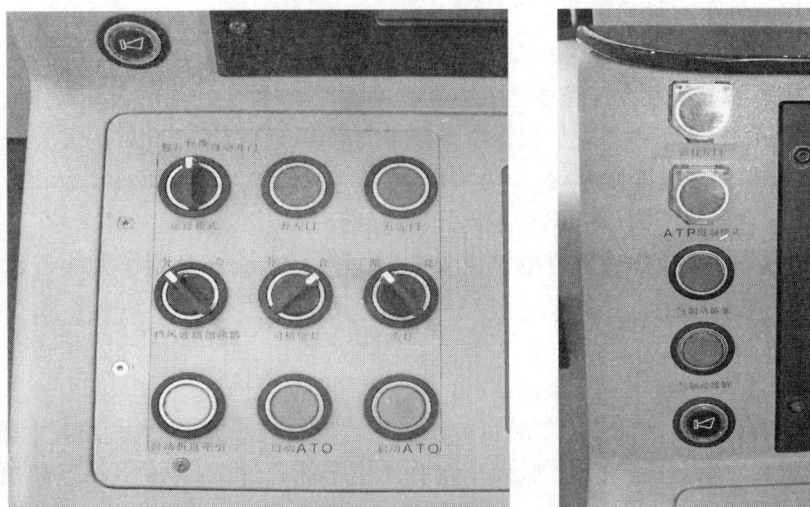

图 7.11 驾驶模式控制面板

（1）列车自动运行驾驶模式（ATO 模式或 AM 模式）

ATO 模式是正线或试车线上列车运行的正常模式，且在车辆 ATP、ATO 和闭塞设备正常的情况下使用。ATO 模式是优先级最高的驾驶模式，通过 ATC 信号系统实现。在这种模式下，列车自动启动、加速、维持惰行、减速、停车和开门，司机只负责启动 ATO、监控列车运行和在车站按压关门按钮关门，列车在车站之间的运行是自动的，不需驾驶员驾驶。列车完全在 ATP 的保护下运行，驾驶员只负责监视 ATO 显示，监督车站发车和车门关闭，以及列车运行所要通过的轨道、道岔和信号的状态，如果设备发生故障，ATP 系统自动采取措施，保证列车运行安全。

驾驶员给出列车关门指令关闭车门，驾驶台门全关闭指示灯点亮，人机界面显示器显示发车条件具备，这时，驾驶员按压 ATO 启动按钮给出出发指令。车载 ATP 确认车门已全关闭，列车便可启动。如果车门还开着，ATP 将不允许发车。列车站间运行中的速度调整、至下站的目标制动以及开车门都由 ATO 自动操作。ATP 确保列车各阶段自动运行的安全，在车站之间的运行将根据控制中心 ATS 的优化时刻表指令执行，确认其走行时间。

在 ATO 模式下,ATO 根据 ATP 编码和列车位置生成运行列车的速度控制曲线,完全自动地驾驶列车;ATO 还能根据到停车点的距离计算出列车的到站停车曲线;ATO 速度曲线可以由 ATS 的调整命令修改;ATP 系统控制列车的紧急制动。

(2)列车自动防护驾驶模式(SM 模式或 CM 模式)

SM 模式即 ATP 监督人工驾驶模式,是一种受保护的人工驾驶模式。在这种模式下,驾驶员根据驾驶室中的指示手动驾驶列车,并监督 ATP 显示以及列车运行所要通过的轨道、道岔和信号的状态,可在任何时刻操作紧急制动。ATP 连续监督人工驾驶的列车运行,如果列车超过允许速度将产生紧急制动。ATO 故障时列车可用 SM 模式在 ATP 的保护下降级运行。

在 SM 模式下,列车由驾驶员人工驾驶,列车的运行速度受 ATP 监控;ATO 此时对列车不进行控制,但会根据地图数据随时监督列车的位置;ATP 向驾驶员提示安全速度和距离信息;在列车实际行驶速度到达最大安全速度之前,ATP 可实施常用制动,防止列车超速;由 ATP 系统来控制列车的紧急制动。

(3)限制人工驾驶模式(RM 模式)

RM 模式即 ATP 限制允许速度的人工驾驶模式,是一种受约束的人工操作,必须"谨慎运行"。在这种模式下,列车由驾驶员根据轨旁信号驾驶,ATP 仅监督允许的最大限速值。

RM 模式在下列情况下使用:

①列车在车辆段范围内(非 ATC 控制区域)运行时。

②正线运行中联锁设备或轨道电路或 ATP 轨旁设备或 ATP 列车天线或地对车通信发生故障时。

③列车紧急制动以后。

此时,车载 ATP 将给出一个最高 25 km/h 的限制速度。

在此模式下,列车驾驶员使用驾驶员控制器平稳操纵列车起动,驾驶员控制器(MC)包含四个档位:牵引、0—惰行、制动、快制,列车行驶速度不能超过 25 km/h,一旦超出,ATP 系统就会实施紧急制动。

(4)非限制人工驾驶模式(关断模式、URM 模式)

关断模式是无 ATP 监督的人工驾驶模式,用于车载 ATP 设备故障以及车载设备测试情况下完全关断时的列车驾驶,列车是由驾驶员根据轨旁信号和调度员的口头指令驾驶的,没有速度监督。ATP 的紧急制动输出被车辆控制系统切断,车速不得高于 25 km/h 或 40 km/h,并监督列车所要通过的轨道、道岔和信号的状态,必要时采取措施,对列车进行制动。

在关断模式下,列车由司机人工驾驶,没有 ATP 保护措施;使用这种模式必须进行登记,此时,列车运行安全完全由司机负责。

(5)自动折返驾驶模式(AR 模式)

列车在站端(没有折返轨道的终端)调转行车方向或使用折返轨道进行折返操作,要求列车控制系统进入自动折返驾驶模式。为使自动折返操作具有高度的灵活性,自动折返驾驶模式有下列几种:ATO 自动运行折返模式;ATO 无人自动折返模式;ATP 监督人工驾驶折返模式。

采用 ATO 自动运行折返模式时,司机按压 ATO 启动按钮后,列车自动驶入折返轨,并改变车头和轨道电路发送方向;在折返轨至发车站台的进路排列完成后,再次按压 ATO 启动按钮后,列车自动驶入发车站台,并精确地停在发车站台。

采用 ATO 无人自动折返模式时,在司机下车后按压站台上的无人折返按钮,列车在无司机的情况下,自动驶入折返轨,并改变车头和轨道电路发送方向;在折返轨至发车站台的进路排列完成后,再自动起动列车驶入发车站台,并精确地停在发车站台。

采用 ATP 监督人工驾驶折返模式时,在人工驾驶过程中 ATP 将对列车速度、停车位置进行监督,并在列车驶入折返轨后自动改变车头和轨道电路发送方向。

(6)驾驶模式之间的转换

在实际运用中,列车的驾驶模式不是固定不变的,根据实际情况,司机可以采用不同的模式。各种驾驶模式的转换见表 7.3。

表 7.3 各种驾驶模式的转换条件

转换前的模式 ＼ 转换后的模式	ATO	AR	SM	RM
ATO		进入可进行自动折返的车站,列车停站后,可由 SM 模式转为 AR 模式	1. 模式开关转至手动位置; 2. 列车停站时自动执行	1. 列车紧急制动后自动转为 RM 模式; 2. 停车(SM 模式),按压 RM 模式
AR	只有折返站的发车轨使用,司机进入驾驶室,用主控钥匙打开操作台,按压 ATO 启动按钮		只有折返站的发车轨使用,司机进入驾驶室,用主控钥匙打开操作台,列车进入 SM 模式	1. 列车紧急制动后自动转为 RM 模式; 2. 列车停车后,司机进入驾驶室,用主控钥匙打开操作台,按压 RM 按钮
SM	1. 模式开关转至 ATO 位置; 2. 按压 ATO 启动按钮	1. 按压 AR 按钮; 2. 关闭操作台; 3. 司机下车按压自动折返按钮		1. 列车紧急制动后,自动转为 RM 模式; 2. 停车后,按压 RM 模式
RM	1. 如果列车接收到有效的 ATP 报文和经过了两个正常的轨道电路,自动地转为 SM 模式; 2. 将模式开关转至 ATO 位; 3. 按压 ATO 启动按钮	不能转换	如果列车接收到有效的 ATP 报文和经过了两个正常的轨道电路,自动地转为 SM 模式	

5.驾驶操作

(1)车辆段内操作

将列车驾驶室的保险开关合上,将 ATP 切除开关置于"合"位,打开主控钥匙后,显示屏出现 RM 和车库图标,若无 ATP/ATO 故障显示,司机可在 RM 模式下驾驶。当列车速度达到或超过 24 km/h,发出声音报警;当速度大于 29 km/h 时,ATP 产生紧急制动。ATP 功能不能监督列车运行方向,列车可以自由地以"前行"或"反向"的驾驶方向移动。

(2)出车辆段

司机以 RM 模式驾驶列车到转换轨,驾驶模式自动由 RM 模式转为 SM 模式,当信号开放,停车点取消后,司机可采用 SM 或 ATO 模式驾驶列车到下一停车点。

(3)入车辆段

司机以 ATO 或 SM 模式驾驶列车进入转换轨,当显示屏出现入库图标、车速低于 25 km/h 时,司机可通过按压"RM"按钮,使列车转为 RM 模式。

(4)在正线运行

列车在正线运行时,可以用 RM、SM、ATO 三种模式驾驶。

①RM 模式

RM 模式允许列车在司机控制下运行。在以下情况下会自动转为 RM 模式:

a. 第一次打开驾驶室及关闭驾驶室(非折返情况)后再次打开。

b. 折返不成功。

c. 紧急制动后。当列车在 ATO 或 SM 模式下产生紧急制动,会自动转为 RM 模式。

d. 列车要通过故障的轨道电路或停车点,司机在 SM 或 ATO 模式下停车并按压 RM 按钮,转换为 RM 模式。

②SM 模式

在 SM 模式下,司机必须根据显示屏显示的推荐速度 v 驾驶列车。当实际速度在$(v-1)\sim$ $(v+4)$km/h 这个范围时,会有声音报警;当实际速度大于$(v+4)$km/h 时,ATP 产生紧急制动。司机以 SM 模式驾驶时,要按下警惕按钮,否则会产生紧急制动。司机以 SM 模式驾驶列车进站,在停车窗内停车,ATP 给出门释放命令后,司机手动开门。

③ATO 模式

在 SM 模式下,将模式开关转至"ATO"位,牵引/制动手柄回零位,ATO 启动灯亮,按下 ATO 启动按钮(大于 3 s),列车由 SM 模式转为 ATO 模式,司机不需要做任何操作,列车自动驾驶到下一站停车,列车停在停车窗内,ATP 给出门释放命令后,ATO 自动开门。

在正线上 ATP 不允许列车退行,第一次退行超过 2 m,会产生紧急制动,第二次以后,每超过 0.5 m,都会产生紧急制动。

④列车退行

列车因故在站间停车需要退行时,司机必须立即报告行调,在得到行调的命令后方可退行。行调应及时通知有关车站。列车退行入车站时,车站接车人员应于进站站台端处显示引导信号,列车在进站站台端处必须一度停车,确认引导信号正确后方可进站。后端推进退回车站难以确认进路时,车站应做好站台防护工作。

退行列车到达车站后,司机应及时报告行调,同时根据调度命令处理。

⑤客车推进运行

客车推进运行,必须得到行调的调度命令,应有引导员在客车头部引导。

因天气影响,难以辨认信号时,禁止列车推进运行。

在 30‰及以上的下坡道推进运行时,禁止在该坡道上停车作业,并注意列车的运行安全。

⑥紧急制动

紧急制动用于紧急情况和滑行保护操作。如果出现紧急情况,操作者必须按下蘑菇按钮(EMPB)。紧急制动是纯空气制动并且制动命令是不可逆的。

当采用紧急制动时,所有车辆都最大限度地施加摩擦制动。紧急制动为安全制动方式,因此不考虑再生制动。紧急制动时,牵引立即切除。一个紧急制动命令后,必须重新复位才能重新牵引。只有当列车速度为零时，才允许紧急制动复原。

当出现下列情况时，ATP 车载单元将实施紧急制动：

a. 违反速度曲线；b. 超过最高速度；c. 按压位于站台的紧急制动按钮；d. 报文传输故障，运行超过 10 m 且时间超过 5 s；e. 起动方向错误，车辆退行；f. 列车进站停车时超时；g. 列车运行时（0.36 km/h＜v＜5 km/h）打开车门；h. ATP 车载设备全面故障；i. 在手动驾驶模式下未按压警惕按钮；j. 主风管压力＜700 kPa。

以上这些条件串联在一起形成紧急制动安全环路，任一条件的出现都将导致安全环路的中断，引起紧急制动。

7.2.5　知识拓展

1. ATP 子系统的基本原理

ATP 子系统是保证行车安全、防止列车进入前方列车占用区段和防止超速运行的设备。ATP 负责全部的列车运行保护，是列车安全运行的保障。ATP 系统执行以下安全功能：速度限制的接收和解码、超速防护、车门管理、自动和手动模式的运行、司机控制台接口、车辆方向保证、永久车辆标识。

ATP 系统不断将来自联锁设备和操作层面上的信息、线路信息、前方目标点的距离和允许速度信息等从地面通过轨道电路等传至车上，从而由车载设备计算得到当前所允许的速度，或由行车控制中心计算出目标速度传至车上，由车载设备测得实际运行速度，以此来对列车速度实行监督，使之始终在安全速度下运行。当列车速度超过 ATP 装置所指示的速度时，ATP 的车上设备就发出制动命令，使列车自动地制动；当列车速度降至 ATP 所指示的速度以下时，可自动缓解。而运行操作仍由司机完成。这样，可缩短列车运行间隔，可靠地保证列车不超速、不冒进。

ATP 是 ATC 的基本环节，是安全系统，必须符合故障—安全的原则。

2. ATP 设备的组成

采用轨道电路传送 ATP 信息时，ATP 系统由设于控制站的轨旁单元、设于线路上各轨道电路分界点的调谐单元和车载 ATP 设备组成，并包括与 ATS、ATO、联锁设备的接口设备。

连续式 ATP 系统利用数字音频轨道电路，向列车连续地发送数据，允许连续监督和控制列车运行。对于 ATP，由轨道电路反映轨道状态，传输 ATP 信息，在轨旁无需其他传输设备。当轨道电路区段空闲时，发送轨道电路检测电码。当列车占用时，向轨道电路发送 ATP 信息。轨道旁的轨道电路连接箱内（发送、接收端各一个）仅有电路调谐用的无源元件，包括轨道耦合单元及长环线。

车载 ATP 设备完成命令解码、速度探测、超速下的强制执行、特征显示、车门操作等任务。车载 ATP 设备包括两套 ATP 模块（信号处理器和速度处理器）、两个速度传感器和两个接收天线、车辆接口、驾驶室内的操作和控制单元（MMI）等。车载 ATP 设备根据地面传来的数据（由 ATP 天线接收）与预先储存的列车数据计算出列车实时最大允许速度。将此速度与来自速度传感器测得的列车实际运行速度相比较，超过允许速度时，报警后启动制动器。

借助于 MMI，司机可以按照 ATP 系统的指示运行。MMI 包括司机显示功能、司机外部接口两个子功能。司机显示功能向司机显示实际速度、最大允许速度、目标距离、目标速度，

ATP 设备的运行状态以及列车运行时产生的重要故障信息,在某些情况伴有音响警报。司机外部接口包括允许按钮、车门释放按钮以及确认按钮。

3. ATP 车载功能

ATP 车载功能负责列车安全运行,并提供信号系统和司机间的接口。车载功能由 ATP 命令解码、ATP 监督功能、ATP 服务/自诊断功能、ATP 状态功能、速度/距离功能以及司机人机接口(MMI)功能等组成。

(1)ATP 命令解码

轨旁音频轨道电路将格式化的数据传送到车上,车载 ATP 设备要将报文解码,以实现各种 ATP 功能。

(2)ATP 监督功能

ATP 监督负责保证列车运行的安全。各监督功能管理列车安全的一个方面,并在它自己的权限内产生紧急制动;所有的监督功能,在信号系统范围内提供了最大可能的列车防护。各种监督功能之间的操作是独立的,且同时进行。

ATP 监督包括:速度监督、方向监督、车门监督、紧急制动监督、后退监督、报文监督、设备监督等。

①速度监督

速度监督功能是超速防护的基础,是最重要的功能。它由 7 个速度监督子功能组成,每个子功能选定一个专用的以速度为基准的安全标准。各标准即为一个速度限制,这个限制速度可以是固定的,也可以根据列车的位置连续改变或阶梯式改变。如果实际列车速度超过允许速度加上一个速度偏差值时,列车实施紧急制动。该偏差值可以根据安全标准进行修改,并在系统设计时确定。各种速度偏差值选定后在 ATP 车载单元中编程。

②方向监督

方向监督功能的作用是监督列车在"反方向"运行中的任何移动,如果此方向的移动距离超过规定值,那么就会实施紧急制动。"反方向"运行移动距离的监督是累计完成的,以便无论是单一的移动或是在几个短距离移动中交替地被"前行"的短距离移动中断。

③车门监督

如果检测到列车在移动,而车门没有锁在关闭状态,车门监督功能就会实施紧急制动,除了被抑制,车门监督功能在所有驾驶模式中都有效。如果列车移动超过一定的距离(如 0.3 m),或者当列车以超过特定速度的速度运行(如"ATP 零速度"),当从车门接点没有接收到"全部车门关闭"信号时,列车实施紧急制动。作为选择,当列车速度大于某特定值时(如 5 km/h),禁止实施车门监督,这是为了避免假紧急制动的执行,这个假紧急制动可能是由车门接点的断续操作(振动)引起的。

在紧急情况下,当列车停稳,司机按压紧急车门按钮阻止了车门监督功能。这使得在车门接点故障时,也可以移动列车。当车门监督功能以这种方式被抑制时,司机必须完全负责并保证在随后运行阶段乘客的安全。当从车门接点再次接收到"全部车门关闭"信号,车门监督功能自动恢复。

④紧急制动监督

紧急制动监督功能保证接收到紧急制动报文时在最短距离内停车。在 SM、ATO 和 AR 模式中,紧急制动监督功能连续有效,在 RM 模式中无效。在站台按下紧急停车按钮,紧急停车命令会立即生成。

紧急制动发生在超过最大允许速度值(加上规定的误差)时,或者按压位于车站的紧急按钮时。紧急制动保存在故障存储器中。借助服务与诊断计算机可以得到记录的数据。

出现下列情况之一时,ATP 车载单元实施紧急制动:

a. 超过速度曲线的允许速度。

b. 超过车辆的最高允许速度。

c. 位于站台的紧急制动按钮引起的紧急停车;传输故障,运行超过 10 m 和 5 s。

d. 启动方向错误,车辆后退。

e. 列车运行时打开车门。

f. ATP 车载设备全面故障。

⑤后退监督

后退监督功能防止列车后退时超过某特定的距离。列车后退距离的累加减去几次短暂前行的距离不能超过规定的距离(3 m)。假如超过此距离,列车将通过 ATP 实施紧急制动,确保列车不后退。

⑥报文监督

报文监督功能是监测从 ATP 传输功能接收到的报文。如果检测出传输报文中断持续超过规定时间(如 3 s),或在此期间列车运行超过一规定距离(一般为 10 m),报文监督功能会触发一个紧急制动。这个功能在 SM、ATO 和 AR 模式中有效,但在 RM 模式中不起作用。

报文监督功能的输入是从车载速度/距离功能中得到的列车现在的位置,从 ATP 传输功能产生的报文。

报文监督功能的输出发给列车制动系统的紧急制动实施命令,发给服务/诊断功能的紧急制动实施记录数据。

⑦设备监督

设备监督功能是用来监控 ATP 车载设备的正常工作,确保当设备故障时的安全,列车不经检查是不允许运行的。一旦 ATP 车载设备被检测出故障,就会启动紧急制动直到列车停下来。此时司机使用故障开关强制关闭 ATP 功能,然后按照控制中心的指挥人工驾驶列车。

(3)ATP 服务/自诊断功能

ATP 服务/自诊断功能负责采集、存储、记录、调用列车数据、状态信息,为 ATP 监督提供服务,完成 ATP 车载设备的自诊断。

(4)ATP 状态功能

ATP 状态功能负责根据主要情况选定正确的状态和模式。

在列车有电的情况下,ATP 车载单元可能处于三种状态中的一种:激活的、待用的、备用的,其中备用状态是暂时的状态。

在 ATP 车载单元负责监督列车时.使用激活状态。ATP 车载单元监督列车的责任,取决于其中一个相关驾驶控制台的状态("关"或"开")。如果两个驾驶控制台中的一个是"开"的状态,那么 ATP 在 RM、SM 或 ATO 模式中进行的操作取决于 ATP 状态功能。

当 ATP 车载单元不负责监督列车时,使用等待状态,在列车得到电源但却没有插入钥匙的情况下,即刻出现待用状态。备用状态只是暂时的状态,当钥匙插入任何一列列车的驾驶室时,立即执行启动自检测,完成后更换为激活或待用状态。

(5)车门释放功能

车门释放功能保证当显示安全时允许打开车门,在所有的信号模式中可以连续使用此功能。

在满足下列条件时可得到车门释放指令:

①列车已停在带非安全停车点的预期停车窗内。

②非安全停车点对应于列车长度。

③ATP车载单元接收到许可打开车门的报文。

根据站台的布置,车门释放可以在列车的任意一侧或两侧。

在特殊情况下(如列车停在预期停车窗以外),列车停稳时司机可按下车门紧急按钮,不用考虑上述条件就可得到车门释放命令,允许列车车门的打开。当以这种方式得到车门释放时,司机必须负责车门的安全操作。

(6)速度/距离功能

速度/距离功能基于测速单元的输入,负责测定列车的运行速度、运行距离和运行方向。

(7)距离同步功能

ATP轨旁功能记录音频轨道电路的占用情况(这个信息由列车检测功能提供),然后ATP轨旁功能向列车传送有关在报文中音频轨道电路占用经过时间的信息。这个时间考虑到包括允许检测、列车检测功能相关的传输延误、地对车传输相关的处理和传输延误在内的余量。

一接收到ATP轨旁功能的同步化信息,距离同步化功能就通过计算在报文中消逝时间内列车运行的部分距离来计算列车前方的位置。计算包括列车前方位置相对于第一个轮轴的调整、检测报文中延误的偏离值。

(8)本地再同步化功能

对于列车位置高精度要求,提供本地再同步化(如停车窗和车门释放监督)。这是通过使用预定的同步基准点(同步定位环线的交叉点)实现的。由列车检测的同步基准点,预计位于列车已知的距离窗内,并假定列车距离的测量误差在规定限制范围以内。一旦达到第一个同步基准点,就会精确地知道列车的位置。在某种程度上,交叉模式的选定是由于停车点已足够地接近交叉点而达到了所需的精度。

(9)报文接收/同步定位环线检测功能

报文接收/同步定位环线检测功能的一个作用是从ATP轨旁功能接收、解码报文信号。通过安装在前方列车驾驶室底部的接收天线接收报文。当ATP车载单元一打开,此功能对各有效传输频率进行搜索,直到它识别出基于接收信号幅值的、当前列车所在的音频轨道电路使用的频率。一旦该频率形成且接收到报文,下一音频轨道电路的音频就会从报文数据中确定。

(10)司机人机接口(MMI)功能

MMI提供信号系统与司机的接口。借助于MMI,司机可以按照ATP系统的指示运行。MMI向司机显示实际速度、最大允许速度以及ATP设备的运行状态。另外,显示列车运行时产生的重要故障信息,在某些情况伴有音响警报(如超过了最大允许速度)。显示信息的类型和范围取决于设备的操作规程和ATP设备的配置。

(11)折返/改换驾驶室功能

在列车进行折返的情况下,要求司机改换驾驶室。ATP 车载设备必须考虑到使用不同的驾驶操作台,保存有关相对轨旁位置、列车前部和后部的信息。改换驾驶室引起列车前部和后部的互换,ATP 车载设备必须相应地调整位置信息。

项目小结

本项目主要介绍了列车微机控制系统在我国城市轨道交通中的应用,城市轨道交通列车运行自动控制(ATC)系统和的结构和列车信息与诊断系统的主要功能。通过本项目的学习,要求学生掌握列车微机控制系统、列车运行自动控制系统和信息与诊断系统的作用和功能,认识到先进的科学技术在实现城市轨道交通自动控制和智能控制,保证列车安全和舒适性方面发挥的重要作用,培养创新精神,树立科技就是第一生产力的思想意识。

复习思考题

1. AGATE 列车控制系统由哪几部分组成,各有什么功能?
2. 地铁列车故障等级如何分类,对列车运行有什么影响?
3. 简述 ATC 系统的组成和各部分的功能?
4. 车辆 ATP 系统的组成和功能有哪些?
5. ATP 驾驶模式有哪几种? 分别在什么情况下使用?
6. 什么情况下,ATP 车载单元将实施紧急制动?
7. 车载 ATP 设备由哪些部分组成? ATP 有哪些功能?

项目 8　列车乘客信息系统和广播系统认知

项目描述

本项目主要介绍城市轨道交通列车乘客信息系统、车载电台及列车广播的基本结构、主要功能和操作。

拟实现的教学目标

1. 能力目标

能够熟悉车载电台及列车广播作用和使用方法,会用驾驶员控制单元进行各种广播。

2. 知识目标

了解城市轨道交通列车乘客信息系统、车载电台及列车广播的组成和功能。

3. 素质目标

充分认识乘客信息系统和列车广播系统在引导和便利乘客、保证站车秩序、提高城市轨道交通运输能力发挥的重要作用,树立一切为了乘客的服务意识。

典型工作任务 1　乘客信息系统

8.1.1　教学目标

1. 能力目标

能够熟悉乘客信息系统的各种功能,通过系统了解列车运行的各种信息。

2. 知识目标

了解城市轨道交通列车乘客信息系统的组成和功能。

3. 素质目标

认识乘客信息系统在便利乘客出行、提高服务质量、保证乘客安全上发挥的重要作用,树立主动服务、优质服务的意识。

8.1.2　工作任务

熟悉城市轨道交通列车乘客信息系统的组成和功能,会通过系统了解列车运行的各种信息。

8.1.3　所需配备

城市轨道交通列车模拟车厢和司机操作台。

8.1.4　相关配套知识

1.乘客信息系统总体

列车通信系统由乘客信息系统(Passenger Information System,PIS)管理。乘客信息系统(PIS)是依托多媒体网络技术,以计算机系统为核心,以车站和车载显示终端为媒介,向乘客提供乘车信息显示和其他资讯服务的。

广义的地铁车辆乘客信息系统包括列车有线广播系统(PA)和乘客信息显示系统(狭义PIS),狭义 PIS 系统又包括列车综合图文显示系统(WDS)和车站闪光地图系统(FSM)。

为了乘客信息的交流,每个客室都安装了十个扬声器,司机室顶板上安装了一个扬声器(列车无线电)。每车车门上有地铁动态线路图(每车十个),每车四个站名显示屏可用来显示广告,新闻等。在紧急情况下,乘客可用乘客紧急通信装置(PECU)与司机通信。客室内乘客信息系统分布如图 8.1 所示。

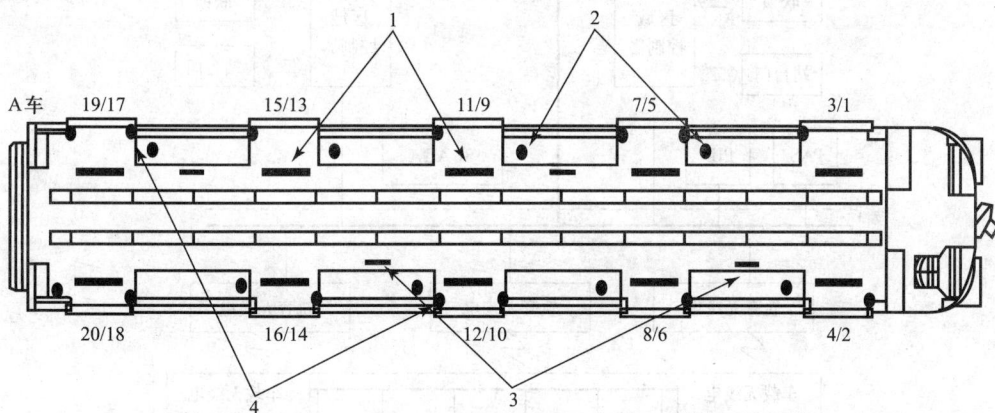

图 8.1　客室内 PIS 系统的分布

1—动态地图显示屏;2—客室扬声器;3—WDS 显示屏;4—乘客紧急通话单元

乘客信息系统在正常情况下,提供城市轨道交通乘车须知、服务时间、列车到发时间、列车时刻表、管理者公告、政府公告、出行参考、股票信息、媒体新闻、赛事直播、财经、天气预报、娱乐、体育、消费、广告等实时动态多媒体信息;在火灾、阻塞、恐怖袭击等非正常情况下,提供动态紧急疏散指示。车载设备通过接收无线传输的信息经过处理后实时在列车车厢液晶显示屏进行音视频播放,使乘客通过正确的服务信息引导,安全、便捷地乘坐轨道交通。乘客信息系统不但可以提高城市轨道交通运营和乘客服务水平,而且也可增加地铁、轻轨等运营部门的收入。

城市轨道交通 PIS 系统从结构上分为:中心子系统、车站子系统、车载子系统及网络子系统四个子系统。PIS 系统的体系结构如图 8.2 所示。

车载乘客信息(On Board PIS)能将总编播中心编辑的节目内容传输到列车上的车载液晶显示屏,实现实时、在线播放。同时也能把列车上的视频监控图像上传到总、分中心,供管理人

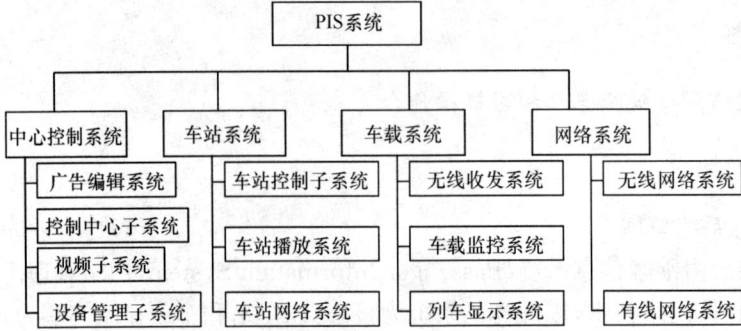

图 8.2　PIS 系统的结构框架

员调看列车上的实时监控图像或历史监控图像。

车载 PIS 的无线设备及相应的控制设备,主要有车载天线、无线网桥、车载交换机、车载控制器、电源适配器等。此外,为了实现实时播放功能,采用具备实时播放功能的 LCD 播放控制器。现代车载 PIS 原理图如图 8.3 所示。

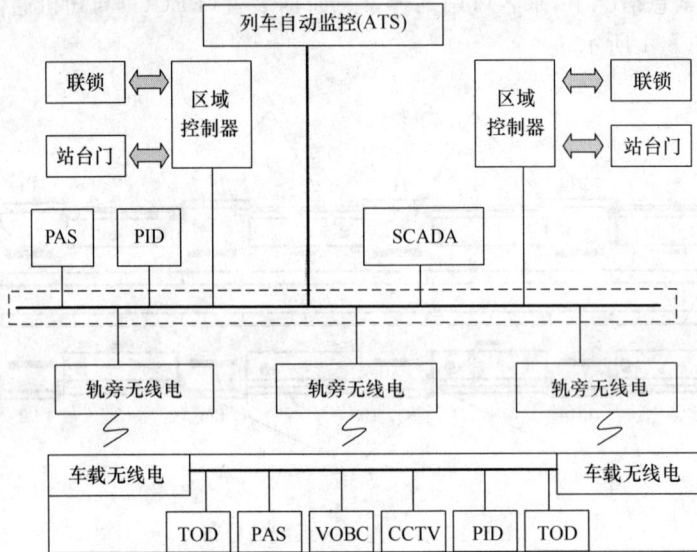

图 8.3　典型无线移动闭塞系统的系统结构

TOD—司机显示屏;CCTV—闭路电视;PAS—乘客广播系统;

PID—乘客向导系统;SCADA—电力监控系统;VOBC—车载控制器

车载 PIS 设备各功能如下:

(1)车载控制器通过车载局域网控制无线网桥与移动宽带传输网的连接(使得车载局域网始终能够通过车尾的无线网桥连接到移动宽带传输网,从而获得更好的传输效果)。

(2)LCD 播放控制器获得移动宽带传输网传输的播放数据,然后进行视频解码,并将视频信号经分屏器传送给 LCD 显示屏,同时通过音频线将音频信号传输给广播系统。

(3)分屏器接收 LCD 播放控制器输出的视频信号,并把视频信号分配到各显示终端(LCD显示屏)。

(4)车载交换机与列车上的媒体网关通信,以获取监控视频图像(包括历史数据和即时数据),并根据从移动宽带传输网传来的指令将选定的二路图像传送到本线路的 OCC 及应急指挥中心、地铁公安分局指挥中心。

（5）电源适配器接收车辆提供的 110 V 电源，分别为无线网桥、车载交换机、车载控制器及 LCD 播放控制器提供 DC 9 V、DC 12 V、DC 110 V 的工作电源。

2. 车载监控系统

车载监控系统包括客室及驾驶室摄像头、驾驶室的 CCTV 系统。

（1）车载 CCTV 系统的基本结构

车载 CCTV 系统，是由 CCTV 主机、触摸屏、媒体网关和彩色半球摄像机组成的。

（2）CCTV 系统的主要功能

CCTV 系统的主要功能包括如下几个方面：

①在列车车厢内安装高性能彩色摄像机，实现无死角全方位监视。

②在列车驾驶室内，机车安全人员或操作人员能通过该系统实时监控列车内的情况。

③在列车驾驶室内，列车操作人员能监控 150 m 距离范围内车站视频情况。

④地铁管理人员能通过该系统查询历史记录，以提供相关事件调查资料。

⑤列车内监控系统能将相关信息及时提供给中央控制室，与站台监控形成一个整体。

（3）CCTV 系统操作

CCTV 为四画面，12 路循环，自动定格，画面自动传输，如果画面传输不好会自动传输 10 次，10 次后不再传输。CCTV 系统显示符合信息发布的优先级规则：后端门报警显示状态为最高级，其次为乘客紧急情况报警显示，以后的优先级顺序依次是站台视频图像显示、驾驶员手控选择显示、驾驶室图像显示、正常状态显示。

直接通过液晶触摸屏对硬件录像机进行操作，人机界面包括视频显示区域、功能按钮区域和摄像机图标区域。

①视频显示区域可为单画面也可以为四画面，且四画面自动循环。

②功能按钮区域可以选择自动切换、驾驶室图像、站台图像和向后翻转的功能。

③正常显示时，摄像机图标显示为绿色；EHP 报警时显示红色；站台图像为灰色；后端门报警也显示为红色。

3. 列车显示系统

列车显示系统，包括客室门区电子闪光地图（如图 8.4 所示）、客室 LED 显示屏和车门指示灯（如图 8.5 所示）。车门开启时橙色灯亮，车门关闭时橙色灯灭；红灯亮表示有乘客报警。

（1）车站闪光地图（FSM）基本功能

①列车驶向站的 LED 闪烁，颜色为黄色。

②当停在站台上时，该站 LED 将变为不闪烁的红色。

③显示方向的"珍珠串"不经过标志列车已通过的红色部分，方向采用三个以每秒 10 个 LED 的速度移动的"黑色"LED 来指示。

④开门侧箭头闪烁频率为 1 Hz，在开门指示箭头区域有文字。

⑤当开往换乘站时，整条换乘线以频率为 1 Hz 的速度闪烁，颜色为黄色。当停止在该站时，线路变为固定的黄色。

⑥箭头闪烁速度设定为可变的 0.5 s、1 s、1.5 s。

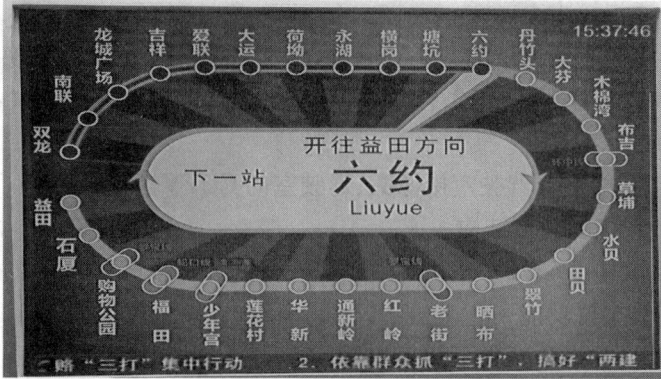

图 8.4　客室门区电子闪光地图(FSM)

(2)客室 LCD 显示系统(WDS)的基本功能

WDS 可以显示各种彩色的文字新闻、广告、公益信息等。客室 LCD 显示系统如图 8.5 所示。

图 8.5　客室 LCD 显示屏和车门指示灯

(3)乘客信息显示系统显示屏的自检功能

供电时,动态地图显示器及 WDS 启动时将进行一个简单的图形测试,以确认其功能正常。当司机室被激活时,列车微机控制系统给所有的显示器发送"清除显示"信息时,自检信息将被清除。如果没有收到"清除"信息,自检信息在 90 s 内自动消失。

4. 数字化报站的控制源

(1)手动报站的控制源

列车司机台激活后,PIS 系统经 90 s 自检后工作正常。此时司机可以通过人机交互界面设置目的站、起始站/到达站,则相关的广播号码将通过列车通信控制系统(TCC)的列车控制单元(VTCU)和通信网络发送到 PIS,触发相关的数字化广播和 WDS 的文字报站;动态地图相关的编码数据经 DMC 解码后在动态地图显示器上显示。

(2)自动报站控制源

列车运行时经过轨旁电路时,ATS 的报站信号(即目的站、起始站/到达站的信号)将通过轨旁电路以报文方式传送到车载 ATP/ATO,再经过 TCC 转换成相关的"广播号码",传送到 PIS 进行报站。

自动报站的信号流向为 ATS 系统→轨旁电路→车载 ATO/ATP→车辆 TCC→PIS。

8.1.5 知识拓展

1. 深圳地铁车辆火灾报警系统的结构与功能

列车火灾报警系统的功能主要是探测司机室、电器设备柜和车辆客室的火灾,并及时给出报警信号。火灾报警系统自动监控6车编组单元的大部分重要区域。由于一个监视区域的温度或烟雾散发而探测到火灾时,通过指定的报警线路激活火灾报警控制板,并通过高低电平输出将信息传送到列车通信控制系统。此外,报警线路自身发生故障和短路也会被检测到。如果出现错误,将会向列车的信息系统提供故障报告。

根据列车火灾报警系统的结构,三节车为一独立监控系统,其火灾报警监控线路分两路:

①线路1=司机室,电器设备柜,A车客室。

②线路2=B车和C车的客室。

司机室和电器设备柜由热传感器探测器保护,而每个客室安装4个光烟雾探测器,位于门区上方,天花板盖板下方。

火灾报警控制板被安装在B车车底电子箱中。控制板监控分别从A车和B、C车反馈的两路火灾报警信号(Fire Line A、Fire Line B),同时监控该两路监控线的状态信号(Failure Line A、Failure Line B),并直接输出控制信号反馈继电器,通过继电器触头将信息输入到DX模块。火灾报警控制电路板的外形如图8.6所示。

除此之外,每个安装板区上都安装一个110 V滤波器单元,如图8.7所示。

图8.6 火灾报警控制电路板

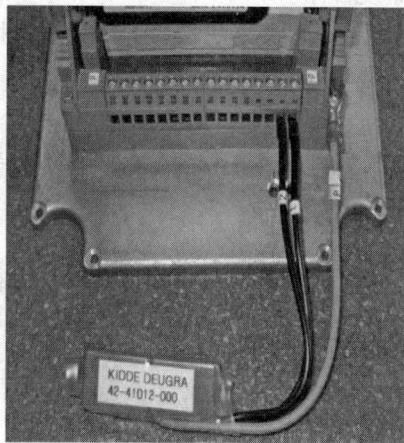

图8.7 火灾报警控制板的输入滤波线路

2. 火灾报警系统工作原理

(1)热传感器探测器检测环境温度时,一旦温度超过80℃,一个电脉冲发送到火灾报警控制电路板,探测器上的红色LED变亮。尽管后来温度下降,此状态维持不变。为了复位报警条件,火灾报警控制电路板的车载列车电源电压必须断开。

探测器通过简单的顺时针旋转,固定在一个标准的安装板内,实现机械和电气的连接。标准安装板内径较大,可以简单方便使用夹具。可以通过两个长圆孔将附件安装到墙或天花板上。

(2)烟雾探测器内部由一个测量箱和一个评估卡组成,外部为白色聚碳酸酯罩。测量箱是一个黑色铸造件,设计成迷宫式。可以防止环境光线进入箱内。迷宫箱的盖为完好的网格,防止昆虫进入箱内。在箱子内部,有光学布置,由两个主要元件组成:一个红外线发光二极管和一个光电二极管。LED不能位于光电二极管的光轴上,装备着一个集成的自然光滤波器,为防止环境光线提供附加保护。每10 s,LED像脉冲式的发光。如果空气是无烟的,光电二极管不会接收到任何光粒子(光子),光线是成束的并且光线的反射角度与光电二极管有关。如果烟雾进入箱内,光子直接进入光电二极管,因此光电二极管被激活。然后LED发出另外两束光脉冲—此时滞后2 s。由于箱子内有烟雾,如果光电二极管被光线激活,探测器也被激活,白色LED变亮,显示警报。电路板接收到警报信号,指派的报告线执行火灾呼叫。

典型工作任务2　车载电台及列车广播

8.2.1　教学目标

1. 能力目标

能够熟悉车载电台及列车广播各种功能,掌握车载电台和广播的使用。

2. 知识目标

了解城市轨道交通列车车载电台及列车广播的功能,认识列车广播系统在保运安全,服务乘客方面的作用。

3. 素质目标

培养学生应对紧急情况的心理素质,树立主动服务意识。

8.2.2　工作任务

熟悉城市轨道交通列车车载电台及列车广播的组成和功能,掌握车载电台和广播的使用。

8.2.3　所需配备

城市轨道交通列车模拟车厢和司机操作台。

8.2.4　相关配套知识

1. 车载电台的构成及作用

车载电台实现了列车调度员、车站值班员与列车驾驶员之间随时进行通话联系,能使列车运行置于调度员的控制之下,这对提高运输效率,保证行车安全具有十分重要的作用。如遇特殊情况,也可通过车载电台得到及时的处理。

无线通信中的车载电台系统,是由车站电台、机车电台、调度总机及传输线路等组成。图8.8所示为车载电台系统构成的示意图。驾驶室内的车载电台设备由无线电话筒和无线电控制盘组成。

调度总机与车站间采用有线方式连接,在传输线路上传送呼叫信息及话音信号,在车站台和驾驶员台之间则采用无线方式联络。在隧道区段,因电波在隧道中传输困难,则需要在隧道内的相邻车站的车站台之间采用漏泄同轴电缆,这样,无线电波可以从漏泄同轴电缆中泄漏出来,充满整个隧道空间而被机车台接收。

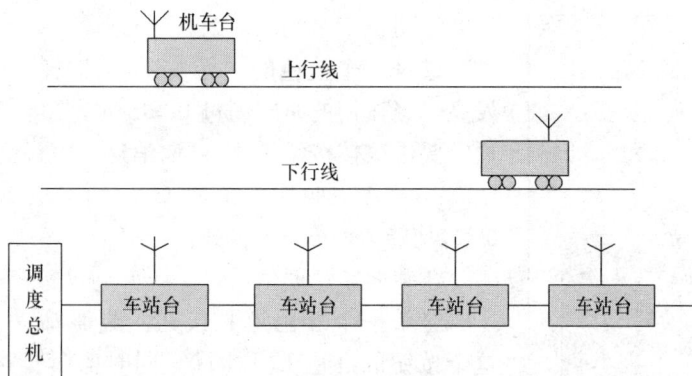

图 8.8　车载电台系统构成示意图

2. 列车广播系统

以深圳地铁一期工程车辆为例介绍列车广播系统。

(1)列车有线广播系统的基本功能

深圳地铁车辆有线广播系统可以实现以下功能：

①司机室对客室的广播(PA 广播,带有提示音)。

②后端司机室对客室的广播(PA 广播,带有提示音)。

③OCC 客室的无线广播,通过车载无线电系统来实现(PA 广播,没有提示音)。

④自动触发数字化广播(自动报站),已激活的司机室的乘客信息系统控制器(PISC)自动激活司机室的数字化广播,与乘客信息显示系统一起工作。

⑤司机人工触发数字化广播(手动报站及紧急广播),通过激活的司机室的乘客信息系统控制器(PISC)/列车计算机(MITRAC)来激活数字化广播,与乘客信息显示系统一起工作。

⑥乘客报警与通信(PC),司机与乘客紧急通信。

⑦司机室之间对讲(C−C),任一司机室到所有其他司机室(包括连挂的列车)。

⑧关闭车门提示声音信号。

该报站机能实现普通话、广东话、英语三种语言报站;而且可以存储 100 个站名和 20 条信息,每条时间为 30 s。

(2)广播各功能的优先级别

广播各功能的优先级别,由高至低如下:关闭车门提示声音信号、乘客紧急报警与通信(PC 模式)、对客室的无线广播、司机室对客室的人工广播(PA 模式)、自动触发的数字化广播、司机室之间对讲(C−C 模式)。

(3)列车有线广播系统的操作

司机台音频控制单元(DACU)提供了三个逆光按钮,如图 8.9 所示,通过选择可以进入以下主要的通信模式。当设备停顿时间超过待机时间时,每个模式将自动取消。司机室之间的对讲的待机时间为 60 s,其他模式的待机时间为 30 s。

①公共广播(PA)

这是一个黄色的逆光按钮,当选择 PA 模式时按钮发亮。当第二次按下 PA 按钮时,或选择另一种模式,或待机 30 s,均能取消 PA 模式。

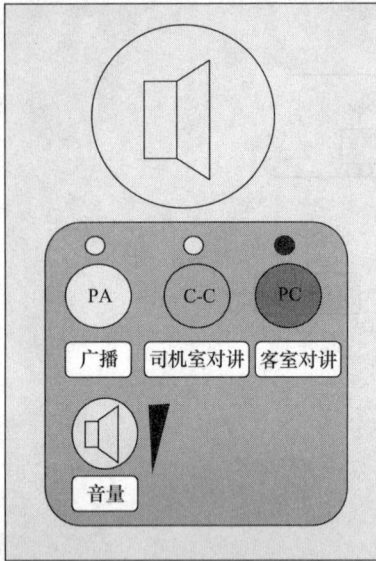

图 8.9　司机台音频控制单元

②司机室之间的对话(C—C)

这是一个蓝色的逆光按钮,当选择 C—C 模式时按钮发亮。当按钮的时间超过 0.5 s 时,要再产生一个提示音,通常要再次按按钮 1~2 s,取消这个声音就要简短地按(少于 0.5 s)。主叫用户清除 C—C 模式,或待机时间超过 60 s,均能取消 C—C 模式。

③乘客紧急通信(PC)

这是一个红色逆光按钮。当激活一个乘客报警时,这个按钮的红色 LED 闪烁,同时监听扬声器产生一个高声报警信号。当按下这个按钮时,应该确认乘客报警(或者是多个乘客报警中的第一个乘客报警),该按钮将变亮,同时激活 PC 通信模式。再次按下 PC 按钮可以清除第一次呼叫。如果有多个乘客报警,在清除第一次呼叫后,扬声器将产生一个高声报警信号,且按钮将继续闪烁。确认第二次呼叫的操作同上。每个乘客报警都按照它们被激活的顺序进行处理。一旦通信开始,就不可能返回相同的呼叫(除非重新设定乘客紧急通信单元 PECU)。如果一个新的司机室被激活,或者被激活的司机室掉电,所有保持激活状态的乘客紧急通信单元(PECU)将被再次报警,但报警的顺序是随机的。

④音量控制

当司机室音频通信单元(CACU)系统通电时,司机室监听扬声器的音量将被设置为最小位置(下方绿色 LED 亮起)。每次按下音响控制按钮将改变 LED 音量,如下:低—中—高—中—低—中—高等。

3. PIS 各部件功能及其接口

(1)司机室音频控制单元(DACU)功能

司机室音频通信单元具有以下功能元件:

①模式选择按钮,每个按钮都带有 LED。

②所有 DACU 按钮的背景灯。

③监控扬声器的放大器,额定 500 mW(1.5 W 输出)。

④音量控制(3 级)。

⑤音量等级指示。

⑥麦克风前置放大器。

⑦"模式"功能的微处理器控制系统。

⑧冗余处理逻辑电路。

⑨电源。

(2)鹅颈麦克风功能

麦克风位于司机台上、连接到司机室音频控制单元上。麦克风被连接到 2 m 导线终端的一个 9 针的凸头 D 形连接器上。麦克风具有安装支架和罩(遮进出孔),这样连接器就可通过孔连接到司机室音频控制单元上。

麦克风是动圈式、心形类型，它有一个超心形平滑线响应，可以减少司机室噪声。即按即讲(PTT)开关线是独立的电压无触点类型，因此司机室音频控制单元可达到最大的可靠性能。麦克风信号在司机室音频控制单元内部局部放大。

(3)客室音频通信单元(SACU)功能及其电气接口

每辆车都安装有一个客室音频通信单元，通常受主控司机室里的司机室音频通信单元(CACU)控制。客室音频通信单元包含：

①客室显示器的数据调制调解器。

②音频放大器，用于驱动100 V线路的扬声器。

③PA广播功率放大器，带有声控自动音量调节系统，当PA不使用时，扬声器作为麦克风使用，根据PA广播启动前3 s内采样的环境噪声电平自动设定增益。

当SACU安装或者更换时，或者当列车单元组装时，SACU必须要重新编程。连接X06与笔记本PC，输入车辆ID(列车标识码)。当一个司机室被激活时，本地的MITRAC系统将给激活司机室中的乘客信息系统控制器(PISC)提供一个运行顺序的车辆ID清单。

在下列情况中，必须使用笔记本PC配置SACU：

①当列车第一次组装时(在进行电气测试之前)，键入车辆ID。

②当把更换SACU的工作作为维修或者维护的一部分时。

(4)乘客紧急对讲单元(PECU)功能

乘客紧急对讲单元(PECU)能够使乘客激活警报器(然后由司机控制)与司机进行对讲，其外观如图8.10所示。每辆车客室有3个PECU。

PECU包括一个扬声器/麦克风，用于在乘客与列车司机之间进行半双向对讲。

PECU接口上未使用的针配有相应的空白插销，这是为了提供安全电路的一个高等级隔离。

PECU由SACU供电。

(5)扬声器(含100 V线路滤波器)功能

每辆车客室有10个扬声器。扬声器和变压器布置可能产生在1 m处、轴中心产生连续的信号等级90 dB(A)。累积的SPL等级将达到一个最高等级93 dB(A)，系统最大峰值是很大的，估计最大等级是96 dB(A)。

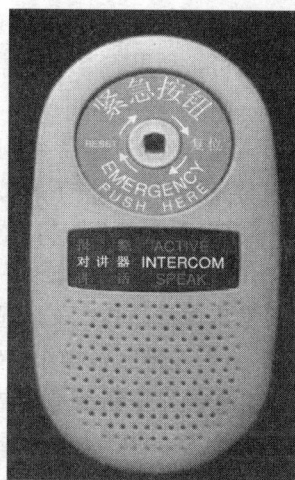

图8.10 PECU外观

扬声器配有一个防火棉防尘袋，保护扬声器声音线圈进入灰尘。长时间列车架修是通常需要更换真空防尘袋。

(6)CACU构架(带有PISC模块)功能及其电气接口

CACU模块安装在一个密封箱里。模块的前部面板用于提供外接接口和显示各种线路状态。CACU模块与PISC模块分享支架空间，但是两个系统相对独立，仅通过一个串行端口连接，PISC和CACU使用一个共同的主电源。但PISC和CACU使用单独的电源线路。因此，当PISC的电源线路出现短路时，不会影响CACU的功能。CACU框架里也包括A车的空调单元控制面板。

8.2.5　知识拓展——北京地铁列车广播操作

列车广播可实现人工广播、手动广播、紧急广播、驾驶室对讲及乘客紧急报警的功能。

（1）人工广播操作

首先,在激活端驾驶员控制单元 DCP 上选择人工广播,即按下"人工"键,再按下话筒旁边的"PTT"键,然后进行人工广播(即按即讲)。

注意,当"人工"键闪烁时是不能进行广播的,只能在灯常亮时开始广播。如果键灯一直闪烁说明系统设备有故障。

另外,也可以使用激活端的外扩话筒进行人工广播,按下外扩手持话筒旁边的"即按即讲"(四下)即可进行广播。需要注意的是,在驾驶员控制单元 DCP 上按"人工"键是不能结束人工广播控制的,只能在广播过程中用驾驶员控制单元 DCP 上的话筒讲话。

（2）手动广播操作

各线路的报站信息是事先录制好的,这时按下"强制"键,红色指示灯亮起,按"↑""↓"键以选中要广播的站名,再按下"播音/停止"键即可广播。需要注意的是,"播音/停止"键按下后,该键灯闪烁,后变为常亮。键灯闪烁时从驾驶室监听扬声器是听不到播报声音的,如果键灯一直闪烁表明系统设备有故障。

（3）紧急广播操作

紧急广播信息是事先录制好的,需要广播时,按下"紧急"键,并通过"↑""↓"键选择要广播的紧急广播条目,一般包括如下广播条目,如"故障清客""紧急疏散"等,再按下"播音/停止"键即可。如果需要中途停止紧急广播,按下"播音/停止"键即可。

（4）驾驶室对讲操作

通过列车广播系统可实现车头车尾两端驾驶室对讲。按下"对讲"键呼叫另一端驾驶室,同时只能有一端按下即按即讲"PTT"键;再次按下"对讲"键将结束对讲。

（5）乘客紧急报警

当有乘客按下车厢内的紧急报警按钮后,驾驶室的 DCP 报警指示灯闪烁,且 DCP 蜂鸣器将发出声音,同时 LCD 显示屏显示报警信息。

（6）按键区各操作按钮的操作功能

①操作按钮都是常亮后为正常,如闪烁为不正常或故障。

②人工:按"人工"常亮,进行广播,广播完毕按"人工"灯灭结束。

③手动:按"强制",用"↑""↓"翻,按"播音/停止",再按"停止"。

④紧急广播:按"紧急",用"↑""↓"翻,按"播音/停止"再按"停止"。

⑤驾驶室对讲:按"对讲",常亮开始,结束后按"对讲"结束。

⑥报警:看 LCD 显示,看 CCTV 监控,按"报警"常亮,开始接警;结束按"报警",LCD"报警"显示白字闪烁,表示"报警"挂起;如果在接警时按"人工"可变为全车广播,再按"人工"恢复单独。

⑦报警复位:到站后由站务人员恢复;在未恢复前,车厢外红灯闪烁,复位后红灯灭。

⑧多个报警:LCD"报警"两次闪烁;按"报警"完毕,再按"报警"挂起,按"→""报警"应答;要选择就按"→"进行选择接警。

⑨强制:按下"强制"可以设置起点、终点、越站、上行、下行;通过"↑""↓"来选择要报的站

名,再按"确认"键进行,若取消再按"强制",即是设置键。

⑩取消:在操作过程中按"取消"可返回上一级。

项目小结

本项目主要学习城市轨道交通列车通信和乘客信息系统、车载 CCTV 系统、列车车载电台和列车广播。通过本项目的学习,要求学生了解列车通信系统的构成和功能,掌握车载 CCTV 系统和乘客信息系统的组成和功能,熟悉紧急条件下列车广播系统和乘客紧急通信装置的使用操作,充分认识通信和乘客信息系统在引导和便利乘客,保证城市轨道交通运输安全,提高城市轨道交通运输能力发挥的重要作用,树立一切为了乘客、主动服务和优质服务意识。

复习思考题

1. 乘客信息显示系统的功能有哪些?
2. 列车有线广播系统的功能有哪些?
3. 简述车载 PIS 系统设备组成及功能。

参 考 文 献

[1] 曾青中,韩增盛. 城市轨道交通车辆. 2版. 成都:西南交通大学出版社,2009.

[2] 杨志强. 城市轨道交通车辆总体. 北京:中国铁道出版社,2007.

[3] 连苏宁. 城市轨道交通车辆构造. 北京:机械工业出版社,2010.

[4] 高爽. 地铁车辆构造与维修管理. 北京:中国铁道出版社,2003.

[5] 王珏. 城市轨道交通概论. 北京:中国铁道出版社,2011.

[6] 李建国. 城市轨道交通系统概论. 北京:机械工业出版社,2009.

[7] 阳东,卢桂云. 城市轨道交通车辆检修. 北京:机械工业出版社,2010.

[8] 曾青中,邓景山. 车辆空调与制冷装置. 成都:西南交通大学出版社,2008.